アドルフ・ロース

鈴木了二・中谷礼仁 監修

加藤淳 訳

Adolf Loos

ポチョムキン都市

Die Potemkin'sche Stadt

supervised by

Ryoji Suzuki

Norihito Nakatani

translated by

Jun Kato

みすず書房

オスカー・ココシュカによるアドルフ・ロースの肖像（1910年）

ポチョムキン都市　目次

I　装飾に抗して

II　オーストリアに西洋文明を

V　回想するモダニスト

ポチョムキン都市

GOLDMAN & SALATSCH
GOLDMAN & SALATSCH

I

装飾に抗して

ウィーン市のコンペ

ウィーン市がウィーン在住の建築家を対象に、皇帝即位記念博覧会[1]用パビリオンの建築コンペを開催した。結果が発表され、入選作品が現在、市庁舎の大広間の隣の部屋に展示されている。一見しただけでは、作品の甲乙は見分けがたい。どの作品にも斬新さはなく、出来は玉石混交だ。とはいえ、鉛筆をもつことができて建築専門誌「建築展望[2]」や「ドイツ・コンペ[3]」をまとめて読むことができる者なら、これくらいの提案をできてあたりまえである。それよりも私が問題にしたいのは審査員の判断基準である。応募作品を観察していると、審査員がどんな判断で選んだのかが見えてくるのである。

この定期購読者の世界に、ふたりの建築家が迷いこんだ。最初から勝ち残る見込みがなかったにもかかわらず彼らはコンペに応募した。その理由は私にもまったく謎である。というのもコンペ開催の年に、このふたりの建築家の方向性に異端審問状のごときものを叩きつける匿名のパンフレットが出版され、このふたりの建築家と彼らの指導者ゼンパー[4]に「マテリアリスト」という言葉を投げつけて、彼らの方向性がまるで悪であるかのようなレッテルを貼るという事件が起こったからである。本来マテリアリストという言葉は、素材《マテリアル》を重んじるという意味で使われていた。彼らはゼンパーの後継者を自任し、「すべての素材は独自の形態言語をもつ」というゼンパーのテーゼを実践していたのである。ところがこのパンフレットの作者は、厚顔無恥にもゼンパー本来のコンテクストから無理やり引き剝がし、まったく正反対の意味で使用した。そのためウィーンの建築業界の人間たちにとって、このふたりの芸術家とその指導者は御用済みの存在とされたのである。こうして彼らはコンペに勝つ見込みがなくなった。にもかかわらず彼らが応募したのは、いまだ芸術に希望を託しているウィーン人にむかって、こう言いたかったからではなかったか。「肩を落とすな！　われわれもここにいる。われらが望む時代が来れば、われわれはその呼びかけに必ず応える」と。

だが意外にもその建築家のひとりであったオルブリッヒが三等に選ばれ、もうひとりの建築家ホフマンは入選した。一等と二等をさらったのは、建築雑誌を読みこんで別の方向性をねらった作品だった。

とはいえ、一等と二等を手にしたふたりの建築家がすべての時間をコンペ研究に費やしていると考えるのは間違っている。彼らはすでにイミテーションの分野できわめてめだつ成果を出しているのだ。路上に出てみるがいい。鋳造製の持ち送り、鋸装飾、果実を抱いた枝輪、こうしたイミテーションがいたるところにとりつけてあることに誰もが驚くだろう。この建築家たちの如才なさときたら、まったくすさまじいとしか言いようがない。彼らはマテリアリストの嫌疑をかけられないよう木材の壁をスタッコのように塗り、トイレを囲むスタッコの壁を木材にでっちあげる！　そして今回のコンペではパビリオンにまでイミテーションをもちこんだのである！　なんと新しい視点だったろう。壁までイミテーションでうまく処理したのである。壁を壁として残しておくかぎり、匿名パンフレット氏によってマテリアリストとみなされ、非難を受ける。だがその轍を踏むことはなかった。思う存分木材を使い、それを平気で花崗岩のように加工してみせたのだ。

こうしてまた詐欺が自由にのさばることが許され、とどまるところを知らない。

こう反論するむきもあるだろう。そもそもこれまで建てられてきたすべてのパビリオンがイミテーションだらけだったではないかと。失礼ながら訂正すると、それは一回だけである。シカゴ万国博覧会である。あの場所で展開されたイミテーションはこの分野の頂点を極めたと言っていい。この壮大なガラクタ博覧会を凌駕するものは出てこなかったため必然的にシカゴが最後となったのであり、その後発展する可能性はなくなった。

またパビリオンは、シカゴ以来独自の様式をもつようになった。思い出せるものをあげればベルリン、ライプツィヒ、ハンブルク、ストックホルムである。そして今年ベルギーのテルビュレンで開催された博覧会[5]が続く。そのなかでもテルビュレンの様式がもっとも理想的だった。そこでは現代の建築運動と工芸運動を牽引するヴァン・ド・ヴェルド、ハンカル[6]、セリュリエ＝ボヴィ[7]、オベら[8]が来たるパリ万国博覧会でも同じものを再現すべくゲネプロをやっていた。パリ万博についていまの段階ではっきりいえることがひとつある。この博覧会は参加する文化国家がパビリオンで競いあう場になるということだ。間もなくウィーンで開催される皇帝即位記念博覧会も、オーストリアがパリでどこまで存在感を示せるのかを試すいい機会になるだろう。新しく切り開かれた道を後ろからついていくのでは実験にはならない。

オルブリッヒとホフマンのコンペ案が登場したのは絶妙のタイミングだった。彼らの作品を見ていると、芸術愛好者たちが少なくともこれを試してみたらどうなるだろうとあれこれ想像し、期待に胸を膨らませるのもうなずける。彼らのアイデアは軽快で、色彩豊かなフォルムの統一体を構成している点で骨の髄までウィーン的なのである。私は彼らの使うイギリス的なディテールに関してはあまり気に入っていないが、それもあくまで外面的な問題にすぎない。どちらも構造はごまかしのないラビッツ[9]建築を採用している。オルブリッヒのプロジェクトは、白い石膏の壁の上に着色されたフリーズと緑に塗装された木製の庇の組み合わせがうまく処理できれば、色彩の観点からみて完璧な絵画的魅力を放つ調和体が生まれたことだろう。あとは無駄なく上へ建てあげていけること、プロポーションの遵守、広々とした空間を尊重する図面という三つの条件を付け加えれば、いままでウィーンに一度も出現したことのない理想的なプロジェクトが誕生しただろう。コンペ全体を見渡してみると、あのホフマンを含めたほぼ全参加者がこの三つの条件を満たしえなかった。とはいえオルブリッヒとホフマンの作品には、パビリオンにふさわしい趣がある。

だが他の作品はこうはいかない。石造りに見せかけることで時間の経過には耐えると偽るのはまだしも、他のコンペ案は外観そのものが嘘をつく。たとえば自分は「顕彰記念堂」「博物館」「カフェパビリオン」だと主張する。一等をとったプロジェクトは「私はドイツ帝国議会議事堂のオマージュだ」と言いつのる。このプロジェクトは皇帝陛下の治世に誕生した様式であるなどと新聞が好意的に書くことはできるだろう。そのとおりだ！　だがそれはプロイセンで生まれたものであり、横から見たスタンプ道具の形からベルリン人が「スタンプ城砦」と呼ぶ大プロイセンの建築様式なのである。それを縮小して、わざわざオーストリアの皇帝即位記念博覧会でウィーンのプラーター公園に建てるというのも、わが君主たちへの忠誠の示し方としてはおかしくないだろうか。どうか誤解しないでいただきたい。たしかに私は立派なオーストリア人ではないかもしれないが、同胞が芸術をめぐって恥をかく姿は見たくない。お隣の国が脱ぎ捨てた服を、われわれが自慢げに着てまわる必要がどこにあるだろう。

二等を獲得したのは、なかなか巧みにつくられたロココ風の庭園パビリオンだった。シュトラスブルクの建築家クーダーとミュラーが、もともとドイツの町バルメンの顕彰記念堂のコンペに設計したプロジェクトである。「バルメン知事に捧ぐ」と言葉が添えられ、その事実を臆面もなく明かしている。このあけっぴろげな態度が選考の際に仇になることはなかった。だが元来温厚なホフマンでもさすがに業を煮やした。この選考結果に屈辱を感じたホフマンは、自分の作品の上に特徴のない飾り文字で「入選」と書かれて貼ってあった紙を引きちぎったのであった。

審査員の判断基準が、これでおわかりいただけたのではないだろうか。空虚さ、虚偽、凡庸さがたっぷり賞金をもらい、のさばりつづける。だが真に才能のある者が他人のアイデアを利用する者（私なりに遠慮した言い方をしたつもりだ）と同列に扱われているのである。こうした事情は内々の話であって、世間にふれまわるようなことではないのはわかっている。だがパリ万博が迫っているだけに、今回ばかりは声を大にして呼びかけたい。

すべての才能たちよ、出でよ！　君たちの力を示すときが来た。

パリではわが国が他の国の追随を許さないことを示さなければならない。オーストリア産業が質の高い現代的な枠組みを欠けば、海外のライバルから大きく引き離されることになる。オーストリアはいつも同じ考えを堂々めぐりしている、などと言われてきたが、そんな決まり文句は金輪際捨て去ろうではないか。審査員のひとりである上級建築官ワーグナー教授の尽力により、オルブリッヒが三等を獲得しホフマンが入選するという小さな成功があったものの、ワーグナー教授を除き審査員たちは今回も堂々めぐりを繰り返したのである。

（一八九七年）

ミルバッハ展

コールマルクトにあるアルタリア画廊で開催中のミルバッハ男爵〔1〕の個展は大盛況である。この優れた画家は優れたものを海外でしっかり身につけてきた。ウィーンに居続けていたら変にひねくれて成長は見込めなかったかもしれない。だがこれだけでは、なぜ彼がここまで称賛されるのか理由がわからない。この画家の筆運びや色使いがウィーンの画家たちの一般的な技量に比べて特別優れているわけではないからだ。

私ならこう説明する。ミルバッハは三流画家にすぎないが、人間としては一流であると。要するにサラブレッドなのである。ここに彼の勝利の秘密がある。彼は一八九八年の人間であることを恥じようとはしない。それに対し、同時代の画家たちはミルバッハよりも想像力やテクニックという点で優れていようと、自分たちが一八九八年に生きる人間であることを明らかに恥じているようなのである。彼らは十六世紀の画家のようにビロードと絹の衣装を身につけたかったのだが、それもかなわず、現代のイギリス製のウールの服に袖を通さねばならないことに屈辱を感じている。もし選択肢があるならば、彼らは喜んでアスターのようなブルーのズボンに、タンポポの花のような黄色い燕尾服に手を出していることだろう。

だがミルバッハはそうではない。彼は間違いなくたったいま身につけている現代の服を心地よく着こなし、いちばんしっくりくると感じているのである。このような男が現代の絵画界において、時代に居心地の悪さを覚える一群の画家たちと一線を画すのはあたりまえのことだ。たとえ彼らが風刺家としてではなく、時代から認められようと懸命に努力したところで、絵のなかの人間はつねに彼らの意にかなうよう表現される。キャンバスに登場する兵士、市民、女性、少女、子供はみな時代を巻き戻すことができると信じている画家たちによって現代にそぐわない服を着せられるのだ。たとえばズボン。兵士の場合は特別に堅苦しく表現され、市民の場合はきれいにタッグのついた堅気なものとなる。すべてが絵画的に表現されるのだ。上着、ネクタイ、シャツの襟にいたるまで絵画的であることが優先され、すべてが恣意的に変更を加えられる。さっぱりした質のいい服を着ている人間など汚らわしいモチーフでしかない。彼らにとって乞食こそが芸術的に最高のモチーフであり、まったく手を加えずに描くことのできる対象なのである。

そんな風潮のなかにひとりの画家が登場し、ふつうの人々をありのままに描いた。みな目を見張った。われわれにとってまったく新しいことだった。道をいく市井の人がはじめて絵画の対象になったのだ。その服に「芸術的な勢い」が欠けていようと、それはなんら観る者を軽視することではなかった。描かれた兵士がたとえプロイセンの軍人のように見えなくても、好感をもって受け入れられるようになった。ふつうの感覚をもって兵士たちを描けば十分描くに値するということをこの誠実な芸術家が証明したのである。

ウィーンが心から歓迎するのは、現状に不満を抱く人々から横槍が入ろうとも、時代とわれわれを和解させることができ、現代の産物である服装も含め、われわれがこの時代を心から受け入れられるような新しい価値をつくりだすことができる人間である。そんな人間の登場を、みなずっと待ち望んでいたのである。

（一八九八年）

皇帝即位記念博覧会のポスター

プラーター公園〔1〕に貼られている皇帝即位記念博覧会のポスターが、ウィーンの日刊紙ノイエ・ヴィーナー・タークブラット〔2〕の機嫌を損ねている。その理由はいまひとつはっきりしない。私はといえば、むしろこのポスターの作者〔3〕を驚異の念をもって眺めているのだ。大胆な手法であらゆるものを集めてきて形を与え、今世紀でもっとも複雑な芸術作品をつくりあげた。縦横の余白も無駄にせず、場合によっては重ねあわせ、あらゆる情報が盛りこまれている。以下その内容を列挙してみよう。

碑文——「力を合わせて《フィリブス・ウニティス》、一八四八—一八九八年〔4〕」。図形——ひとつのオーストリア。紋章——帝国鷲紋章〔5〕、ハプスブルク＝ロートリンゲン、ニーダーエステライヒ、ウィーン市の各紋章、王冠、帝国王笏。装飾——力強い下部の羽目板、月桂樹、ラウフェンダー・フント模様〔6〕、メアンダー雷文〔7〕。象徴——農業、工業、商業、果樹栽培、手工業、学問の各シンボル（各分野をまとめてではなく、それぞれの特徴的性質をとらえひとつひとつを別々に表現）。風景——左に古いウィーンと右に新しいウィーンの鳥瞰図。

皇帝記念博覧会の告知とともに、これらの情報がすべて縦〇・八五メートル×横一・二〇メートルに限定

上・皇帝即位記念博覧会ポスター。
アロイス・ハンス・シュラム作、一八九八年。
右・皇帝即位記念博覧会・ウィーン造形美術家協同組合（キュンストラーハウス）展示ポスター（部分）。
ハインリヒ・レフラー作、一八九七年

されたポスターの内部に描きこまれているが、宣伝内容が観る者に強く訴えるよう、それぞれの図柄に適したサイズが考慮されている。ノイエ・ヴィーナー・タークブラットがいったい何に不満を抱いているのか、さっぱりわからない。たしかにていねいにリストアップした情報を徹底して描きこんでいるとはいえ、付け加えたらいいと思われるものもある。たとえば帝国宝珠〔8〕と帝国聖剣〔9〕のあたりに皇帝の若いころと現在の肖像をうまく表現してもよかったろうし、農業の象徴の横に果樹の象徴も描きこむなら、他の産業分野も細かく象徴化してもよかった。

だが、こうしたことをすべて反映すると全体のバランスや調和が大幅に崩れてしまうおそれがある。やりたいアイデアがあったにしても、泣く泣くあきらめざるをえなかったことも想像がつく。また主催者がこのポスターを発注する際にケチな注文をつけたこともうかがえる。もしあと縦横一〇センチずつ大きくしていたら、もっと情報を盛りこめただろう。ノイエ・ヴィーナー・タークブラットは、進歩に捧げられた皇帝記念博覧会がウィーンのポスター芸術の新時代の到来を告げるべく慣れ親しんだ形式を壊す斬新なポスターを生みだすはずだと期待したのだろうか。とすれば、常識的な形式を重んずるウィーン気質の一面を見落としていることになるが、知識と情報の豊富なこの新聞にかぎってそれは考えづらい。

ところでこのポスターにはいわくがある。いまの形に結実したことはウィーン造形美術家協同組合〔後のキュンストラーハウス〕の展示用にレフラー〔10〕が制作したポスターによるところが大きい。レフラーと同じ図柄〔全体を覆いつくす巨大な鷲の前に女性がいる〕を採用したからである。これでは剽窃の印象を与えかねない。関係者が知りたがっているのは、もともと原案の段階では鷲の図がなかったのに、なぜレフラーの図柄が広く知れわたってから、わざわざよく似た鷲を描きこんだのかということである。

（一八九八年）

スカラの事件（オーストリア博物館と手工業連盟）

われらが愛すべき町ウィーンがここ数ヵ月、地方や外国の前で無様な茶番を演じてしまった。教育省の官吏である宮廷顧問官アルトゥール・フォン・スカラ[1]が、やり方も内容も異常としか言いようがない下劣な攻撃の対象として吊るしあげを食らったのである。もし教育省がこの官吏を擁護せず、攻撃者を激しくはねつけなかったとしたら、いまごろこの事件は悪意に満ちたひどいスキャンダルに発展していただろう。

オーストリア博物館（工芸博物館）の新館長フォン・スカラの方針については異論もあるだろうし、同意できない点も多々あるだろう。しかしこの新館長がいくつもの仕事にとりくみ、押しも押されもせぬ業績をつくったという一点は誰も否定しえないだろう。

彼の業績をあげてみよう。第一に、就任して四ヵ月の間に倉庫にまるでキャベツやカブのように投げこまれていた過去数世紀におよぶ陶磁器をきちんと整理し、コレクションとしてまとめた。第二に、半ば見捨てられていた今世紀最高のドイツ語の印刷物「芸術と工芸」を月刊誌として再刊した。イギリス人がウィリアム・モリス[2]によって印刷されたチョーサーの著作集を「世界最高の本」と呼ぶなら、この雑誌を「世界最高の雑誌」と呼ぼう。第三に、ウィーンでクリスマス展示会[3]を開催した。この展示会はその意義深さに反してあまり注目されなかったが、むしろ国外で話題になり、いまだ専門誌では取り沙汰されている。初代館長アイテルベルガーの時代から、世間は工芸に携わるわれわれのような存在に関心を示すことはなく、工芸関係者は無視されていたも同然だった。そこへ新館長スカラが登場したのである。彼は堅物の官僚的人間ではなく、生活に対して開いた目をもっていた。そのおかげで工芸に携わる者にふたたび光が当てられた。さらに前任者なら全任期を必要とするような斬新なビジネスを官主導で一気にやりのけたのである。これはきわめて短期間のうちになしとげたすばらしい成果といえるだろう。

対照的に家具職人協同組合、手工業連盟ならびに工芸連盟は、これまで工芸産業がこつこつと続けてきた活動がスカラのせいでいまや危険に瀕していると考えている。それがいったいどんな危険なのか説明を求められ、各団体は各々のやり方で対応しているのだが、彼らの言動たるや、いったいなんという有様だろう！彼らが展開するスカラ個人と活動に対する非難は、結局のところ虚偽と誹謗中傷で塗り固められていたということが明らかになった。その結果、三団体がつくりだす製品がなんとなく胡散臭い目で見られるようになってしまった。

スカラが始めたオーストリア博物館主催のクリスマス展示会は各方面から攻撃を浴びることになったのだが、もともとそこにはこんな経緯があった。

スカラがまだ商工博物館の館長だったころ、彼のもとに憂慮すべき情報がもたらされた。日用家具の輸入が増える一方で、輸出がどんどん減っているというのだ。原因を突きとめるべくスカラは各所を視察してまわった。驚くべき事実が明らかになった。シカゴで開催された国際博覧会がインテリアや住宅設備に革命を起こし、オーストリアのやり方が時代遅れになっていたのである。いままでインテリア全体の様式に責任をもつのは室内装飾専門家や壁紙職人だったのだが、その役割が家具職人に移っていた。建築家の出番も一挙に減り、柱、コンソール、コーニス、欄干など建築の専門知識が問われるときだけ必要とされるにすぎなくなった。家具は家具職人が全責任を負って自分の手でつくり、工房への信頼はひとえに職人たちの腕にかかっていると言われるようになっていた。お気に入りのテーラーのすばらしい魅力がどこにあるかウィーンの女性たちが明確に説明できなくても、既製品よりテーラーメイド・コスチュームを選ぶように、人々は家具職人がつくる家具、つまりキャビネットメーカーメイド・ファニチャーを眺めながら暮らすことを望むようになっていた。

視察の旅から戻ると、スカラは見聞きしたことをウィーンの家具職人に伝えた。職人たちは自分の仕事が誰の指図も受ける必要がなくなるのだという吉報を耳にして心が震えるような喜びを感じた……といいたいところだが、事実は違った。「しかし」と職人たちは口をそろえてこう言った。「フランス、イギリス、ドイツでは可能でしょうが、オーストリアではそんな家具は誰も買いませんよ。建築家の好きな柱型や装飾が多い家具ほど価値があるとされていて、お客さんだってみんなそう思っているんですから。宮廷顧問官フォン・スカラさんはたしかに優秀な官吏なんでしょうが、現場の仕事に関しては何もわかっていらっしゃらない」

だがスカラはひるまなかった。芸術を愛する高潔な紳士たちはオーストリアの家具職人の無能さゆえに国外に注文を出さざるをえないため、次の手を打てるようスカラのために相当額の財源を確保したのだ。スカラは比較的小さな所帯の職人たちを使い、自分がイギリスから持ちこんだ家具の複製をつくらせたのである。この事業にはどの職人でも参加できた。とはいえ最初は難航した。イギリスの高級家具をつくるのに（このいきさつに関しては以前の論考で十分に報告した）優れた海外の材料（マホガニー）をふんだんに使った文字どおり信頼に足るイギリスの仕事を再現するには、十分な木材が調達できなかった。さらに家具を安定して供給するには、いままで以上に緻密な技能が必要だった。中小の工房の親方は大規模な家具会社に頭が上がらず、意に反して瑣末なおこぼれ仕事を長年にわたり押しつけられてきた。それだけにこうした職人たちが実入りがいいなら腰を据えてしっかりした仕事をしたいと考えるのは自然なことだ。そこで宮廷顧問官フォン・スカラは上質な仕事には相応の報酬があり、イギリス流のシンプルな家具の製作によってもウィーンでしっかり稼げることを説明した。そして複製された家具を堅実で質の高い仕事の模範例として博物館に展示し、販売することにしたのである。それに合わせて販売員の女性が雇われた。こうした悪意のかけらもない事実から、スカラを中傷するためのばかばかしい話がでっちあげられることになった。その内容は後で紹介する。

クリスマス展示会は商業的に大成功だった。飢えた狼のように人々は殺到した。職人たちは自分の仕事にふさわしい名誉を求めることが許された。展示された家具には職人の名前が貼りつけられたのである。販売員への手数料と諸経費は、各商品に上乗せされた一〇パーセントの手数料が当てられた。個々の職人仕事がオーストリア博物館の品格に見合うかどうかの判断はスカラに一任された。スカラは国家に対してこの博物館の全責任を負っていたからである。

こうした一連の動きに対し、上述の三団体から批判が噴出した。そのなかで主張がいちばん単純だったのは家具職人協同組合だった。まともな論拠とは言いがたかったが、少なくとも彼らの敵意は本音から出た正直なものだった。これは営業妨害だと断言したのである。つまり家具職人協同組合は、オーストリア博物館で家具が売られることによって自分たちの店から顧客が奪われていると思いこんだ。しかしながら、これはまったく的外れな判断と言わざるをえない。博物館での購入者は例外なく宮廷の人間か高位の貴族であり、こうした人種が腕利きの家具職人が集う協同組合経営の店に足を踏み入れることはまずなかったのである。

組合の店を利用するのは大半が市民の富裕層である。実際には協同組合に属す職人の一部がスカラの事業に参加し、これまで装飾のついた家具ばかりを扱う大きな店にしか足を運ばなかった上流階級が顧客になり儲かったというケースもあった。スカラが博物館に展示を許可した小さな工房の職人たちは、みな家具職人協同組合に属していたのである。この状況を組合幹部は見誤った。そしてありもしない「営業妨害」をやめさせるために、こんな話をでっちあげた。

宮廷顧問官スカラは、博物館内に住宅用インテリアの会社を立ちあげた。商品は博物館内で製造されている。家具職人と壁紙職人は宮廷侍従のお仕着せを着て館内に潜りこみ、この秘密の工房で仕事に精を出している……。

要するにオーストリア博物館の新館長スカラが巨大な工場経営に乗りだしたと吹聴したのである。あまりにばかばかしくて信じる者などいないだろうと思いきや、市議会議員のシュナイダーがその話を信じこみ、事の顛末を文書にして議会に持ちこんだ。スカラの工場経営に関する動機について議会での議題にはならなかったが、そのぶん議員たちが集まるいつもの酒場で格好のネタになった。そのなかでこのウィーンの阿呆議員シュナイダーの耳にもだんだん情報が入ってきた。その中身はまったくいい加減なものだったのだが。

「誰がただで働くと言うんだ！　スカラに何がしかの取り分があるに決まっているだろう」

「でも、なんであの男が金を受けとるんだ？」とシュナイダー。

「そりゃ彼には金が入り用だからさ」

「でも、なんでスカラほどの男が金を必要とするんだ？」とシュナイダーがさらに聞く。

「おいシュナイダー。君もまったくお人よしのおバカさんだな。あの男がどんな服を着込んでいるのか見たことがないのか？　わざわざイギリスから取り寄せているのさ。そんな金のかかること、どこの宮廷顧問官が自分の給料だけでできるっていうんだ？　それにスカラはスポーツに熱心だそうじゃないか。最近、あの男が乗馬しているのを見たやつがいるって話さ！　まったく、宮廷顧問官が乗馬ときたもんだ！」

現在も、宮廷の召使いに扮装した職人が出入りしているという秘密の博物館工場をめぐる質問状に議会が応じる様子はないが、おそらくこれからも絶対応じることはないだろう。さすがのウィーンの阿呆議員も、フォン・スカラがたとえ月末に宮廷顧問官の給料を受けとらず、家具の売り上げを譲渡されなくとも十分暮らしていけるし、プラーター公園で乗馬するぐらいの余裕はあると知るにつけ、徐々に矛を収めていった。ウィーンの阿呆者は、この高潔の士が金を散財するさまを見ているのが楽しいのである。

手工業連盟と工芸連盟の対応はそこまで手荒ではなかったものの、真意は濁している。両連盟ともスカラ憎しのほんとうの理由を明らかにしないままだ。しかしスカラ側は、彼らの気持ちはお見通しだった。小規模な工房の職人たちの窮乏をみてきたスカラにとって、博物館で売買される家具の値段はいたって常識的だった。この値段には一〇パーセントの手数料が上乗せされているとはいえ、それでも安かったために大手の家具会社には脅威に映ったのである。スカラの事業がスタートするまで、家具本来の常識的な値段が一般市民に公にされることはなかった。そのためふつうは決まった値段があるわけではなく、その場の交渉次第で値段が決まるのだろうと世間では考えられていた。

今回のクリスマス展示会の広告は、ある展示品に関してこう謳っている。

「ある歌手の遺品。装飾用長椅子、新品同様」

だが実際に会場に足を運んだ客たちは鵜呑みにはしない。それは歌手が実際に使っていた家具の複製であり、実際は新品なのである。そして展示会に出品され、いよいよ世間をはばかっていた値段が明らかになる。長椅子についた値札は、フェルステルのつくった豪華なオーストリア博物館の柱廊広間のまんなかに陣取って、家具職人の窮乏や親方の惨状をひそひそと語るのだ。安値に慣れきっている親方には、その値段のつけ方は高い。夢にも思わなかったほど高いのだ。とはいえ買い手にとっては安いこの値段設定にスカラは責任を負っていない。彼に発言権はなく、出品者に利益の一〇パーセントの手数料を払うよう求めているだけである。世間も値段に関して言及してこなかった。職人自身も長年のガラクタ仕事ですっかり怖気づいており、自分の仕事にそれほどの商品価値があるものとは思っていない。もしスカラの事業に批判すべき点があるとするなら、この安い値段設定だった。だがそれに不満を抱く大手の家具会社が異議を唱えるはずはなかった。後ろめたいのである。彼らは長年の企業間競争によって値段を押し下げてきた張本人であり、しわよせを食うのはいつも彼らに使われてきた小さな工房の親方たちだった。その事実を認めるわけにはいかなかったため、両連盟はスカラを叩く理由を別に探した。手工業連盟はスカラによって手工業が損害を被ったと主張し、工芸連盟はスカラが芸術をだめにしたのだと言った。はたしてほんとうなのか、以下検証してみよう。

　手工業連盟と同じ趣旨で最初にスカラ批判を展開した最初の新聞は「東ドイツ展望《オストドイチェ・ルンドシャウ》」だった。この新聞がフォン・スカラの敵対者によって利用されたことは否めないだろう。この新聞がまず芸術史家オットー・フォン・ファルケ[4]によるスカラ批判を掲載した。ちなみに彼はかの有名なヤーコブ・フォン・ファルケ[5]の息子であり、現在ケルン工芸博物館館長を務めている。スカラの事業に対する警告は何人かの論敵によって繰り返され、最後にヤーレイ[6]が登場するにいたって決定的になっていく。一連の糾弾は二紙の学芸欄に掲載された。なかでもV・v・Lと名乗る学芸欄の匿名批評家が、スカラの事業になかなかセンスの光る命名をした。「イギリス病」である。真意は明らかだ。展示品である家具のほとんどがイギリスをモデルにしている。この状況が匿名批評家の怒りに火をつけ、次の「告訴状」につながった。

「イギリス様式が広く受け入れられている場所などどこにもない。この様式はわが国において、ある目的に奉仕するためにつくられたのである。だが、いまこそ用意周到に仕組まれた企みに待ったをかけるときが来た。いったいどこの国でイギリス様式が受け入れられるべきだったのか？　フランスか？　そうではない！　ドイツか？　それも違う。北ドイツでは皇帝みずからが、そして南ドイツではミュンヘンとシュトゥットガルトが手工業に携わる者たちの繁栄をめざしてドイツ・ルネサンスを推進中である。イギリスへの傾斜はフォン・スカラと、これでひと儲けをたくらむ数名の工場経営者によって演出されているにすぎない。この紳士たちは自分たちの利益だけはしっかり確保しており、いつイギリス・ブームが終わったところで痛くもかゆくもないのである。いまこそすべての工芸関係者を、イギリスかぶれの搾取から守るときだ」

　手工業連盟のもっとも戦闘的指導者たるヤーレイ氏はこの言説に同調しなかったが、新たに非難の声をあげた。彼はもっとストレートに表現したかったのだ。ある講演でこう述べている。

「館長の宮廷顧問官フォン・スカラ氏が仲介してフォン・シェーラー氏のために五万フラン相当の家具がイギリスで注文されたという話です（壇上のヤーレイがここで大げさな身振りを入れる）。オーストリアの納税者は、スカラ氏がイギリスの工場の斡旋をするために彼に報酬を払っているのではありません（客席から嵐のような拍手喝采）」

　この「告訴」にどんな根拠があるのだろうか。次の報告を読まれたい。スカラは、偶然イギリス総領事フォン・シェーラーを顧客にしている建築家で建築監督官を務めていたヘルマー[7]に出会った。ヘルマーは、フォン・シェーラーのふたつの部屋のインテリアをロンドンのM氏に任せるつもりだと語った。それに対してスカラは、「いや、その仕事はM氏に頼まず、あなたがやれば工芸関係者がみな諸手をあげて賛成するにちがいありません」と答えた。ヘルマーはその助言に感謝し、みずから引き受けることにした。そして一年後、商工博物館館長だったスカラはイギリス総領事フォン・シェーラーに招待を受け、ヘルマーが手がけた部屋を見にいったという。これのどこが「斡旋」だというのだろう。

ヤーレイはスカラの方針のみならず、イギリスの家具様式の真の悪行がなんなのかはっきり説明した。一言でいえば、わが国の手工業にダメージを与えるというのである。たしかにそういう面はあった。だがヤーレイに、スカラに異議を唱える権利などない。なぜか。スカラの事業が動きだす以前、ヤーレイ自身が長いことイギリスに滞在していた。そしてイギリスから模範になる優れた家具をオーストリアに山ほど持ちこみ、みずからイギリス家具を加工してきたのである。スカラはイギリス様式のプロパガンダをやろうとしている、というヤーレイの非難が滑稽に響くのも無理からぬことだった。

ヤーレイ殿、宮廷顧問官スカラ氏が必死に新しい鉱脈を見つけだそうと奮闘する以前から、あなたこそすでに長きにわたってわが国の手工業にダメージを与えてきた張本人だったわけですね。

ヤーレイがいったいどんな根拠をもってイギリスの家具様式に対する批判を先鋭化していったのか、耳を傾けてみよう。件の匿名批評家の言葉を以下に引用するが、ヤーレイはそれに対して何も付け加える必要はないだろう。ヤーレイの講演速記原稿の詳細を読むまでもなく、両者とも本質的には同じことを言っているからだ。

この匿名批評家V・v・Lは言う。

「実直なるアイテルベルガー、フェルステル、シュミット、ファルケこそはオーストリアの芸術産業を正しい方向へ導いてきた。すでにその成果は各方面でみごとに花開いている。芸術の領域のみならず経済の領域においても豊かな富をもたらしたのである」

この主張と現在のスカラの事業に対する各方面からの告発はどうかみあうのだろうか？

「そこへ突然あるひとりの男が登場してオーストリア博物館の頂点に立つ。彼はイギリス産業を発展させる以外の使命を知らない。イギリスの家具産業は家具からあらゆる木彫装飾を排除する」

私はむしろその点こそ望んでいるのだが、実際はイギリスの家具産業が彫刻を捨てたことなど一度もない。むしろ逆である。十六世紀に宮廷家具職人ミュラーによってつくられたイギリスの部屋を見れば一目瞭然だろう。かつて時代が一部に木彫による装飾のついた家具を求めはじめたとたん、彫刻好きのイギリス人は家具を木彫装飾で埋め尽くした。世界中がブリキやブロンズでできたアンピール装飾に熱を上げていた時代ですら、イギリスの家具職人は木彫の装飾にこだわるか、新しく生まれてきた寄木細工を駆使したのである。これもれっきとした装飾だろう。ヤーレイならこのへんで一言突っこんでくるところだろうが、彼の言説をとりあげるのはやめにしよう。彼は専門家を相手に語る際、相手にあわせて慎重に言葉を替える癖があるからだ。

いましばらく匿名批評家V・v・Lに耳を傾けよう。

「なぜ実践的に考えるイギリス人が木版彫刻を排除するのか、その理由は明快だ。いまだ彫刻をつくる機械が発明されていないからだ。彫刻は、機械が人間からとりあげていない手作業による数少ない領域のひとつである。そのためイギリスの家具は上から下まで装飾がないのだ」

V・v・Lさん、あなたはここ十年、ずっと寝ていらしたのですか？

先へ進もう。

「彫刻家同様、金具職人が新しいことを思いつくのはむずかしい。ドイツ・ルネサンス——これぞわが民族の様式——は家具に装飾的な金具をつけた。イギリスの家具がつけているのは、機械でつくられた蝶番と小さな錠前だけである」

ここでまたしても事実の歪曲にぶつかる。時代の違いとされるべきところが国の違いとされている。もう一度指摘しておく。ドイツ、イギリス、フランスにまだ装飾金具がなかった時代、イギリス人だけが例外だったわけではない。「ドイツ家具は木材を木材とわかるよう効果的に使ってきたが……ここに突然赤や緑、青に塗装されたイギリス家具が登場する」

私はV・v・L氏がどこでそんなイギリス家具を目にしたのか知らないが、おそらくイギリスのクラフツに感動してわが国の工芸を救おうと思い立った工場経営者のもとで見たのだろう。しかし宮廷顧問官フォン・スカラが塗装された家具として展示したものにイギリスの複製はひとつもなく、みなドイツとフランスの複製だけだった。ヤーレイの「イギリス人は手より機械を好む」という主張は、いくら反対してもしすぎることはない。いい加減な主張をすれば事実から反撃のこぶしを食らうばかりだ。実際はその正反対である。ラスキン[8]、モリス、ウォルター・クレイン[9]らによってイギリスから機械の否定は始まったのである。このイギリス人たちは自分たちの主張を貫くためにこう訴えた。デザインするだけで実作を職人に任せてきた芸術家は、これからは自分の手で作品をつくりあげるために工房に身を置くべきだと。ヤーレイは、イギリス様式に門戸を開く博物館など世界のどこを探してもないと結論づけているが、まったくのでたらめである。世界中のあらゆる工芸博物館はイギリス様式とじっくりつきあうことになっていくのである。

手工業連盟の重要な総会では、いつも正反対の提案が並び拮抗する。いかにもウィーンの土地柄特有の現象である。その典型がウィーン市内の交通機関をめぐる議論だった。路面電車という新発明があり、これをぜひ採用しようとする一派があったが、むかしながらの馬車を押す一派もあり、最終的に後者を選ぶことになった。進取の精神と保守性、どちらも同じくウィーン気質から発したものであるが、その気質がときにわれわれを迷わせ、文化の成長を妨げることもある。

次は工芸連盟からの批判を検証してみよう。この組織は手工業連盟と違い、美的側面からスカラ事業を攻撃した。スカラの前任者であった宮廷顧問官ブルーノ・ブッヒャーは工芸連盟の機関紙「工芸新聞」（十七巻第一号、R・v・ヴァルドハイム出版、ウィーン）上で後継者を批判しているのだが、「弁髪のルネサンス」というタイトルが、どの観点から新館長の熱心な活動を攻撃しているのか暗示している。そこにはいままでにないニュアンスが含まれていた。矛先はイギリス人ではなく、スカラによって模範とされたイギリス家具がつくられた時代そのものに向けられた。人々は二十年ほど前までその時代を「弁髪的《ツォピヒ》」〔時代遅れ〕というレッテルを貼って斬り捨て、からかっていたのである。そのむかし人は鬘をつけていたが、時代が変わり捨て去った。そしてその時代の家具も鬘のように捨てよ、とブッヒャーは言うのである。この常套句はブッヒャーの若いころ、論難する際相当効果的な言葉だったようだ。彼はこの文章でも、はばかることなく連発している。読者を煽っているのだろう。

だがブッヒャーも結局はイギリス人に言及し、相当紙面を割いて「弁髪的」と「イギリス的」という言葉を巧みに操ってみせ、気がつけば読者はこのふたつの言葉を切り離して考えることができなくなってしまう。じつに巧妙である。彼はこうも書いている。「私が長年にわたって求めていたものは、実用を通じてフォルムと装飾が抑制され、使用環境から新しい刺激が得られることであった」。いったいブッヒャーは何が言いたいのだ？　スカラの現代性ではまだ甘いと言いたいのだろうか？　さすがのスカラもここまでラディカルな要求を出すことはなかった。ブッヒャーの思いがほんとうに切実なものであったなら、博物館の実権を握っていた時代になぜこの言葉を実践しなかったのだろう？　彼の意に添う椅子はどこにあるのだろう？　机は？　ソファは？　実際の成功例はどこにあるのだろう？　たとえば操縦可能な飛行船が発明されるべきだと考えても、実際にチャレンジしなければその発明に貢献したとはいえない。たしかにブッヒャーは、古い家具を現代の住環境に合うようリメイクする計画にとりくんだ。だが実際にできあがった試作品を目にした者は、それらが現代の住環境によく調和し、実用性を発揮しているとは口が裂けても言えなかった。ついでに付け加えておくと、使用された古い家具は弁髪が流行った十八世紀後半のひどい代物だった。

ブルーノ・ブッヒャーは読者に対して誠実ではなかったというのが私の判断だ。私はかつてこのディ・ツァイト紙上でこう書いたことがある。「前世紀の王家が所有していた膨大な資産が広く社会に還元されることはなかった。そのため世間では材料と職人仕事を駆使して高級家具を複製している。その結果われわれの工芸を骨までしゃぶりつくそうとする目を覆いたくなるようなひどい代物、イミテーションが工房を次々と占領していくことになった」。ブルーノ・ブッヒャーはこの文章を引用しているが、「目を覆いたくなるようなひどい代物」の箇所だけで、イミテーションに対する私の真意にはふれていない。彼はいいものをイミテーション（複製）することと材料をイミテーション（偽装）することを混同しているのだ。そして私のことを「イギリスの潮流に感動し、わが国でその福音を広める伝道師を気取り、意に添わないものを邪悪な異端者として迫害しようとしている」と結論づけている。ブッヒャーは一貫して「イギリス的なものでさえイミテーションすることは許されない」と考えているのである。読者はブッヒャーの論法の「学術性」の真偽のほどをよく見極めていただきたい。

当然のことながら、宮廷顧問官フォン・スカラはブッヒャーの書いた記事を理由に、工芸連盟に対し即座に彼らの展示物を博物館外に出すと通告した。だが、まずは批判から始めるべきだった。一般市民がブルク劇場の劇場長の首を切り、二重帝国時代の首相カジミール・フェリクス・バデーニ[10]を失脚させているご時世である。彼らがスカラを博物館から追放できたとしても不思議はなかった。実際、先週はそんな話が取り沙汰された。

詳細の理解のため注目していただきたいのは、純然たる民間団体である工芸連盟がオーストリア工芸界全体に奉仕すべき工芸博物館に拠点を置き、保護される権利を享受しているという点である。この民間組織はまったく他をかえりみず、スペースが十分にないことを盾にとって博物館館長を動かし、模範になる古い家具をまとめて倉庫に収納させた。人々が理想的な作品に直接ふれる機会を失わせ、博物館側が本来自由にできるスペースまで占拠してしまったのである。これは工芸連盟に属さない人間には解せないことである。国有の建物のなかにおけるこうした所業は度をこしているといわざるをえない。連盟は二年に一回自主開催しているクリスマス展示会のために、オーストリア博物館の二階の全フロアと柱廊広間を自由に使えることになっている。二年のブランクを開けずに去年開催された工芸連盟のクリスマス展示会のために、館長スカラは博物館主催の展示会に必要だったにもかかわらず、彼らに柱廊広間を無理して使わせたのであった。スカラにとってこのスペースは非常に重要で必要としていたのだが、譲歩したという経緯がある。

先月の二十二日、スカラはオーストリア博物館で開催する次回のクリスマス展示会に関して話し合うため工芸関係者を数名呼び寄せた。そこで決定したのが次の二点である。展示会は大規模に開催すること、そしてそのために博物館の全スペースを必要とするため、他の団体の使用は認められないということである。

二十三日、その決定が報道に出た。

二十八日、工芸連盟が総会をおこない、彼らも大規模な展示会を開催することを決定した。これを含めれば、ここ三年で工芸界をにぎわす大規模な展示が三回開催されることになる。しかしながら、彼らはいったいどこで開催するつもりなのだろうか？　賢明なる読者もそれを言いあてるのは不可能だろう。よりにもよって帝国官吏である館長スカラが予定していた同じオーストリア博物館で、しかも同じ時期におこなうというではないか！　この決定はジョークとしては悪くないが、額面どおり受けとるならば、こんなことが許されていいわけがない。さすがの連盟側も正式な筋を通して話を進めることになった。

この組織のパトロンである大公に話を上げ、一官吏でしかないスカラより政治力のある大公から命令を出してもらうことでスカラの計画を頓挫させ、工芸連盟のために展示場所を空けさせるという算段である。彼らもいい度胸をしている。その点は認めよう。ところが内情を察知した教育省大臣がすぐに動き、帝国官吏の体面を汚しかねない工芸連盟の行動に待ったをかけた。大公を使ってスカラをつぶすという連盟の計画を世間に公表すると、急遽スカラに接見し、その場でクリスマス展示会を教育省大臣みずからがバックアップすることを確約した。こうして連盟の紳士連の沸騰した頭を少しは冷ますことになったのである。

スカラをめぐって起こるさまざまな出来事は、文化発展の各プロセスをすべて意義あるものにするこの時代に必要不可欠な栄養のように思える。もうこれ以上スカラの言動について語るのはやめにしよう。結びとして、大きな使命を担ったスカラに次の言葉を贈りたい。「東ドイツ展望《オストドイチェ・ルンドシャウ》」紙上に芸術史家オットー・フォン・ファルケが寄稿した前述の論考から引用する。

「めざすべきは次の二点である。一点は工芸に携わるオーストリアの職人が新しいフォルムを知り、使いこなせるようになること。そしてもう一点は、職人が他国の職人に遅れをとらず、自分たちが必要とすることをしっかり真正面から受けとめられるようになること。これを実現するために、オーストリア博物館は彼らの展示会において、イギリス流の仕事を披露することは正当であるのみならず義務でもある」

（一八九八年）

展示都市　新しい様式

彼はふいにやってきた。

百年かけてウィーンの建築家たちは手ごわい時代と格闘し、われらの時代に独自の建築様式の刻印を押すことに挑みつづけてきた。だがすべては無駄だった。いつもむかしからある様式に迎合せざるをえず、できることといえばただ目の前にある文化にあわせて既存の様式に少しばかり手を加える程度だった。彼を望む声は日増しに高まり、焦眉の問題となった。だが、まだ彼ははるか遠くにいるように思われた。それが最近になって突如姿をあらわし、ウィーンに入りこもうとしている。もう到着間近である。

オーストリアにおける新しい様式登場の兆候が開催を直前に控えた皇帝即位五十周年記念博覧会に際してあらわれたというのは幸先がいい。建築はあらゆる芸術のなかでパトロンたる皇帝を讃えるのにもっともふさわしいからだ。建築家は皇帝に感謝しないわけにはいかないだろう！　皇帝みずから直接手を下すことがなかったとしたら、下賜《かし》される豊富な資金は長年建築局に居座り、記念碑的な博覧会事業でも重用されることを当てにしていた建築家たちの餌食になっていただろうからである。皇帝の言動は彼らにとって不満の種となったが、芸術は救われた。建築家ゼンパーをウィーンに招聘した皇帝自身による驚嘆すべき人事を思い出していただきたい。この判断はいまだ十分な評価を受けていないように思われる。そのおかげでいまや続々とウィーンに建築家たちが登場し、このたびの記念博覧会にすばらしい贈り物を用意している。これが皇帝在位中に建築家たちが努力して手に入れた新しい建築様式なのだ。

いま、彼は到着した。しかし、いたるところで歓迎されているわけではなさそうだ。多くの人々は待ち望んでいなかったようで、彼を見たとたん、こんなものではないと言いだした。そのため、彼が入ってくるのに躊躇していることは証言しておかなければならない。

彼はたしかにこの博覧会開催にあわせてやってきたが、会場となるプラーターにいても会場の外にとどまったままで、六ヵ月後の博覧会終了時にはまた出ていくと前もって言いだしかねない勢いである。あらためて招待すればウィーンに長く腰を下ろすだろう。とはいえ彼は展示様式として存在する以外何も望んでいない。展示様式として彼にライバルはいない。独自の展示様式など存在しないという言い草は、今回ばかりは通用しない。むかしの文化時代は博覧会自体がおこなわれたことがなく、直接手本にするものがなければ手も足も出なかった。当座の間に合わせで先行する手短な様式をまねるしかなかった。ギリシャ神殿を建てるにせよ中世の建物を再現するにせよ、すべて木材とスタッコでイミテーションをつくりあげたのだが、痛々しいとしか言いようがなかった。ギリシャ神殿のなかに神への供物が供えられただろうか？　いや、機械が供えられたのである。中世の建物のなかで人を拷問にでもかけたのだろうか？　そんなことはありえない。中世とは縁もゆかりもない現代の教育事情が展示されていたのだ。このようなパビリオンは、いくら出来がよくても気の利いたジョークのようなもので賞味期限は短い。

どんなにおもしろいジョークも繰り返されれば、すぐおもしろみを失う。もちろんその種のジョークに慣れておらず、もっとほしいと望む素人もいるだろう。だが、今回の博覧会において彼らの期待に添えるのはメインパビリオンであるロトンダ[1]の手前までである。シカゴであれ、ニジニ・ノブゴロドであれ、どんな博覧会も見逃さない客は、すでにこの手のジョークには食傷している（ジョークにお愛想くらいは返したほうがいい）。今回、主催者側はなんとしても新機軸を打ちだす必要があり、笑いなしの真剣勝負にとりくまねばならなかった。そして観客をからかうのはやめ、パビリオンが何を展示しているのか建築的に表現することに最大限の努力を払うことになった。

　これはたしかに容易ではなかった。次に示す四つの条件をすべてクリアする必要があった。第一に、パビリオンは恒常的な使用は想定しておらず、開催期間中に限定されていることを示す。第二に、材料を芸術的にうまく処理し、高価な材料に見せかけるイミテーションは施さない。第三に、多くの人々の注目を集める。そして第四に、これが非常に重要な点なのだが、建物のフォルムによって展示の中身を暗示する。以上四つの条件はまったく新しいものであり、どの条件をとっても芸術家の全精力が要求される仕事だった。さらにパビリオンの役割として見栄えがいいことをもうひとつの条件に加える者もいよう。もっとも、いまあげた四つの条件をすべてクリアすれば自然と見栄えもよくなるだろう。いずれにせよ、すべての条件を満たす建物がほとんどないのは明らかであった。ある建築は三つを満たし、あるものはふたつを満たした。ひとつしか満たせないものも多かった。だが大半はどの条件も満たすことはできなかった。

　この四つの条件は理にかなっている。各条件をパビリオンの判断基準として当てはめていけば、どこがよくてどこがよくないのかウィーン人が明確に判断できるからだ。最初は既存の建築様式で建てられるパビリオンはたいてい受け入れられる。だが新しい建築様式が登場すると、まずそれに慣れなければならない。とはいえ、なんにでも素直に反応するウィーン市民の性格を考えてみると、ひと夏過ぎれば趣味嗜好も変化し

皇帝即位記念博覧会会場（1898 年）。南大通りからロトンダを見る

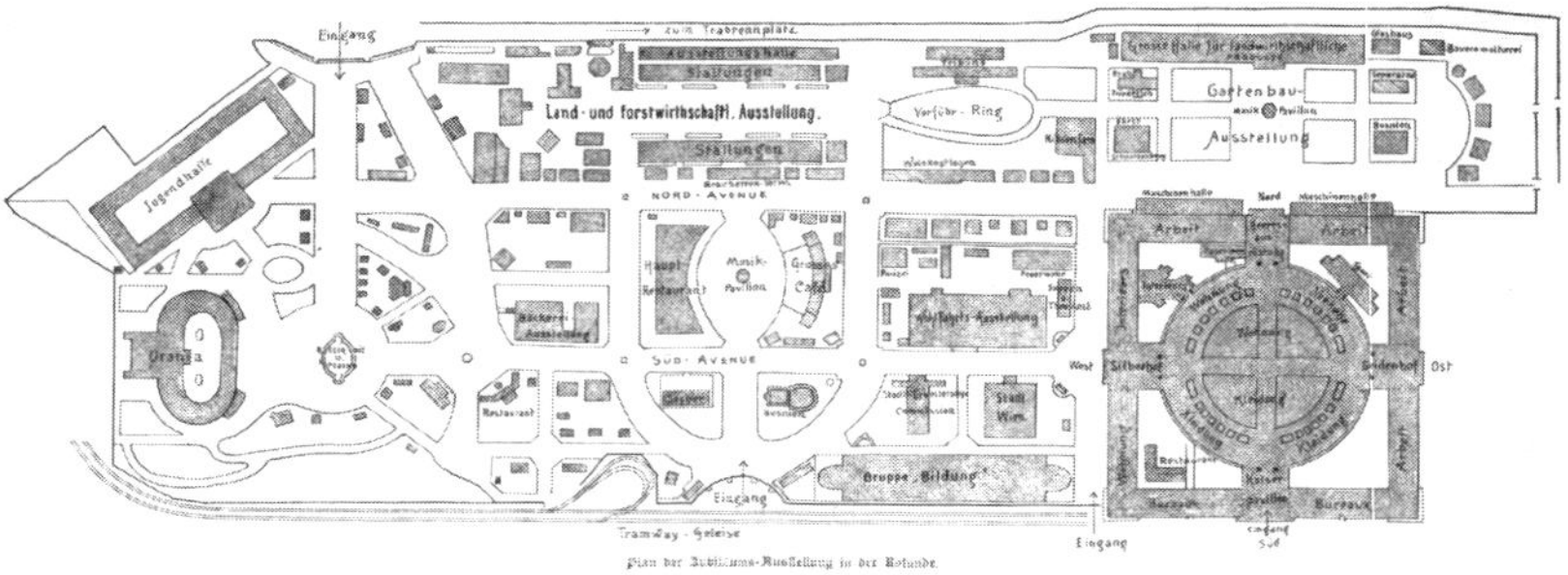

同博覧会配置図。右手円を囲む正方形がロトンダ。北側玄関口は北大通りに面している。
西側玄関口からは南大通りが延びていて、左端の楕円形がウラニア劇場

ている。つまり新しいものをつくりだす開拓者として茨の道に足を踏み入れた建築家でも、時が経てば報われる日が来るということだ。ロシア、ベルギー、ドイツ、イタリアと展覧会がどこで開催されようと、いつも勝利するのは真実への勇気だった。それは個々の芸術家の能力にかかっている。その力がパビリオンをみごとな骨組みでつくりあげ、パリ万博においてもオーストリア産業を勝利に導くのである。ウィーン人たちもまた、必ずやこうした力のある人物たちを見つけだすことができる。

ひとつ私からお願いがある。博覧会終了までパビリオンの良し悪しの決定的判断をいったん保留していただきたいのである。一度決めつけてしまうと、その判断が正しかったかどうか不安になるものだ。人は必ずしも確かな判断力をもちあわせているわけではない。でなければ、ほぼすべての展示ケースを見えないところまでマホガニーに見せかける塗装をするなどという馬鹿なまねがどうしてできようか。マホガニー製の展示ケースを購入する資金がないことを恥じる必要はない。だが粗悪な材料をイミテーションして美しいマホガニーに見せようとするほうが、よほど品のないおこないである。もっとも塗装によってすばらしい展示ケースになることもある。メゾン・シュピッツァーのヴェルニ・マルタン〔2〕を使用した緑のショーケースやロトンダ内に設置された建築家デチャイの木製展示ケースがいい例だ。とくにデチャイのものはきわめて上質で、理想的なものであるといえよう。

皇帝即位五十周年記念博覧会におけるパビリオンの配置を計画するにあたり、主任建築家ブレスラー〔3〕は苦しい立場に立たされた。資金と敷地が制限されたうえに、それまでの計画はできるかぎり変更するなとのパトロン命令が出て板挟みになったのである。シカゴ万博以来定番となったウォーターフロントが今回は使えなくなった。水辺は印象的な演出にむいているだけに、海外の博覧会に慣れたむきは残念だろう。さらに会場全体のまんなかに大きなスペースを置き、会場内を走る路面電車の敷設案も取り消された。各パビリオンは並行する北大通りと南大通りに面して隙間なく立つことになり、ふたつの大通りのあいだに光を放つふたつのガラス製オベリスクが立ち、通りを隔てる仕切りとなる。ふたつの大通りをつなげるスペースを完全に殺している鈍重な音楽館に、建築家カミロ・ジッテ[4]が都市計画に着手する際にはじめて使った「まんなかにスペースを！」という現代的スローガンをあてはめ、立ち退かせたいところだ。まんなかのスペースを大事にするなら、ここには軽快で明るい建築があったほうがよかっただろうが、パビリオンの建物自体が展示品のひとつである以上、変更はできない。

ウィーンのみなさま、何かと注文の多いパトロン〔皇帝陛下〕のために、ここはぜひとも溢れんばかりの展示品をご用意されたい。

いずれ状況が変わってくる可能性もある。新たに加えられた変更としては、ロトンダの床を高くしたことがあげられる。これでよくなったとは思えないが、少なくともこの処置を求めていた人々を黙らせることにはなるだろう。ただこれは一考に値する実験であり、ロトンダのまんなかにスペースができたというのは収穫だった。

各パビリオンをつなぐ通路は、皇帝が見てまわる順番に合わせて配置されているが、ロトンダ内の通路は建物の中心から放射線状にのびるのではなく、ふたつの通路が十字に交差するようつくられており、これが東西南北にのびて四つの玄関が設けられている。ロトンダの南玄関口に面して主任建築家ブレスラー[5]がつくった皇帝用の天幕があり、ロトンダ内部へ通じている。反対側の北玄関口（画家コラーと建築家フィシュル[6]が担当）には軍事関係の展示品が集められ、西玄関口にはジルバー〔銀〕ホーフ、東玄関口にはザイデン〔絹〕ホーフが配置されている。コラーとフィシュルは展示品そのもので装飾効果を出そうとねらっているが、ザイデンホーフを担当した建築家デチャイイは建築そのものに語らせようとしている。そもそもザイデンホーフにオリジナリティは必要なく、上品さが勝負である。まんなかには宝石のような逸品が展示されている。彫刻家シュトラッサー〔7〕の手になる皇帝一家の彫像だ。もっぱら装飾の手段として展示品を扱う場面はほんとうに少ないが、これは貴重なそのひとつである。従者二体と座る皇女四体の姿からは、ウィーン彫刻界が全盛時代を謳歌していることがうかがえよう。こうした才能に対する評価として、ドイツ語が与えうるぴったりの表現は「満ち溢れている《シュトロッツェンド》」しかない。

次はジルバーホーフに目を転じてみよう。ここでも偉大な芸術家が勝利を祝っているではないか。オットー・ワーグナーは、金銀細工師クリンコシュ〔8〕の展示品用にショーケースをつくっている。もっとも単純な方法で制作されているが、本物の銀を使い強烈な印象を残す。これに比べるとジルバーホーフの近くにあるロココパビリオンの中身のないうぬぼれときたら目も当てられない！

オットー・ワーグナーの弟子のひとりである建築家プレチニック〔9〕は、住宅産業ブースのインテリアを囲むみごとなラーメン〔骨組み〕をつくりあげている。ふたつの柱の上には彫刻家シムコヴィッツ〔10〕（彼はプレチニックと共同でグーテンベルク記念碑像のコンペでも勝っている）がとりつけた光を放つ守護神たちが、ジルバーホーフからこのブースに続く通路を照らしている。この建築家もまた手垢にまみれた既成の建築方法を弄することなく、材料そのものの力で新しい予想外の効果を生みだそうと試み、みごとに成功させている。

ロトンダ北側玄関口と倉庫のあいだにあたる敷地には、農業ブースが入った。まんなかの大きなフリースペースは四方を建物に囲まれており、そこにいる者は暑さも寒さも感じることはない。ここから食料通りが始まる。この通りはすでに「食事通り」と渾名がついた。この通りが農業ブースに近いこともあり、食料という言葉にはどこか農業的な響きがある。ただ豊かに育った都会の人間たちは農業に携わるわけではなく、ただ食べるだけだから、食事通りという呼び方のほうがぴったりかもしれない。食事通りというウィーン流の洒落た言い方に比べれば、この通りの建築のフォルムはそれほどおもしろいものではない。

この左からパビリオン・テルレイになる。このパビリオンを「装飾した」画家の名前を耳にしたとき、私は聞き間違いをしたと思った。私はこんなひどいパビリオンを人目にさらす勇気はない。悪くはないが月並みなパビリオンばかりが溢れかえるなかで、赤ワイン製造業者シュトゥーマーの慎ましいロココ風パビリオンは好ましい印象を与える。礼拝堂を模してつくられているが、そのなかで酒が飲める。担当建築家はエミール・フォン・フェルステル男爵。大がかりな歴史主義建築を手がける彼がこんなにかわいらしいものをつくるとはなかなか洒落ている。建築家オーバーレンダーも礼拝堂風のワイン・パビリオンを手がけているが、私にはおもしろくない。同姓同名の有名な風刺画家のほうがよほど笑える。だがジョークとしてはどちらも賞味期限切れだ。それに対し、この通りには四つの条件をすべてクリアする最高の建物が立っている。主任建築家ブレスラーがつくったビール醸造パビリオンである。このパビリオン製作を手助けしたのは画家ヴィルトとヴァイガンドでなく、彫刻家ヘジャで、じつに現代的な試みがされている。建築家トロプシュの手がけたレストランは建築家ベルヒナクのカフェの対面にあり、展示会場の中心点として考えられていた空間を効果的に仕切っている。このレストランの外装を担当したのは画家のクルツヴァイルとリストである。

会場のメインストリートは、建築家バウマンが担当したウラニア劇場を起点にしてのびている。劇場に飾られている絵画は画家エンゲルハルトが提供した。ベルタ・クンツ夫人のワインハウスはひときわ魅力的である。建築はクネールとハドリヒが担当。建物の色彩がとりわけ優れているのはアメリカン・バーで、オーバーレンダーが担当建築家であることは注目に値する。その対面に立つのがツァッヒェル・パビリオンで、フォン・クラウスとテルクがつくった。錬鉄でつくられている小ぶりの気象パビリオンはドレクスラーが担当。ここまで私が選りすぐりのものだけを列挙していることはお気づきかと思うが、なかには広場の外観を損ねている魚介レストランのようなものもあり、当然批判されてしかるべきだろう。フェルナー＆ヘルマーが出展するベーカリーは試食コーナーに力を入れており、往時の古きウィーンの風情をかもしだしている。大工の棟梁グラーザーが完成させたレストラン・ザッヘルはアメリカ的なフォルムを大胆に使っているが、とくに優れた仕事とは思えない。ディテールをロココ風に仕上げているが、そこがまったくいただけない。建築家ウルバンはボスニア・パビリオンのふたつの建築を設計し、建築家マルモレクはシェフテル・パビリオンを設計した。その右から教育グループ・パビリオンが姿を見せている。これをつくるのに建築家バウマンとふたりの画家ホーエンベルガーとレンツがタッグを組んだ。非常に印象的なものに仕上がっている。建築家フォン・ゴットヒルフは社会福祉館を手がけているが、これは今回の博覧会ではもっともすばらしく、ベストパビリオンのひとつと言っていい。建物の刳形に画家グラーフが豊かな装飾を描いている。自然描写はたしかに粗野なきらいがあるが、対面に立つウィーン・パビリオン（建築家ドレクスラー担当）よりはまともである。だがこのふたつのパビリオンには欠点もある。煉瓦でつくってみたら偶然うまくいったという印象を与えるのだ。もっとも、こうした印象はその隣に立つ都市拡張計画パビリオンにはみられないのだが、これは博覧会中最高の建築との誉れが高い。設計は宮廷顧問官フォン・フェルステルがイニシアチブをとる内務省建築局のアトリエで、建築家ファビアーニが描きあげた。建設の際には建築家バウアーも参加し共同作業によって完成させた。彫刻は装飾をさせたら当代一の才能であるヘジャが制作。

すべてのパビリオン建築と、装飾ならびに工芸関係の優れた仕事に関する詳細は次回書こう。最後に押さえておきたいことは、パリ万博のゲネプロともいえる皇帝即位五十周年記念博覧会が、われわれがパリでも他の国との競争のなかで名誉ある地位を占めるという確信をもたらしていることである。パリで凱歌を！と呼びかける者たちが、このゲネプロのなかから有益な教訓を得られんことを願うばかりだ。（一八九八年）

ワーグナー・シューレ展によせて

建築家プレチニックがローマ賞〔1〕を受賞した。このニュースはウィーン造形美術アカデミーで現在開催中のワーグナー・シューレ〔2〕展において一大センセーションを巻き起こした。賞の対象となった彼の卒業制作が展示されているのである。ちなみにワーグナー・シューレとは、オットー・ワーグナー教授のもとで建築を学ぶ特別講座のことである。そこで学ぶヨージェ・プレチニックのことを知らない者はいない。まだアカデミーの学生であるが、すでに内外の注目を集めてきており、激しい議論を巻き起こしたグーテンベルク記念碑コンペ〔3〕で優勝したことは記憶に新しい。残念ながらこの設計案が実現されることはないという。直近では皇帝即位五十周年記念博覧会のロトンダ展示会場において手工業連盟の出展する工芸ブースの内装を手がけたことが注目されている。こうした実績から、彼の卒業制作に誰もが期待したのは当然のことだった。だがまったくの期待はずれだった。にもかかわらず、この作品でローマ留学が特典として与えられるローマ大賞が授与されたのである。これには誰もが驚いた！

とはいえ、やはり妥当な評価ではあった。この賞は数平方メートルの製図用紙に与えられたのではない。

上・グーテンベルク記念碑設計競技案（プレチニック、一八九七年）。
左・一八九八年、ワーグナーのアトリエにて。前列左端ワーグナー、中列右端プレチニック、後列右端ホフマン、同左端オルブリッヒ

人間プレチニックに与えられたのだ。彼は並みはずれた存在で、ひとかけらのパンのようにローマの空気を必要としている。彼はわれわれ若い建築家たちのなかでもっとも飢えており、食べるものをしっかり与えなければならない。彼はどんなに食いつくそうと、それを千倍の力に変えて返す。この一点は誰もが確信しているところである。

この卒業制作はたしかに期待を裏切った。だから価値がないと言うわけではない。この作品が形になるまで幾千ものアイデアがプレチニックの脳裏にひらめいたことだろう。リヒャルト・ワーグナーのことも考えたはずだ。結果的に鉄の構造物として構想されたスケーベニゲン[4]の水浴施設のアイデアが選ばれた。この作品のために無数に生みだされた工芸デザインが、もはや製図の細部の完成など歯牙にもかけないプレチニックの想像力のすさまじさを物語っている。この点は完璧さにこだわる同級生たちと一線を画すところだ。

プレチニックについでローマ賞受賞の可能性があったのはフーベルト・ゲスナーだった。彼は今回、皇帝の式典のためにデザインした町を彩る荘厳な装飾計画を出品している。ウィーンの博物館街とリングシュトラーセのあいだにある広場を飾るものだが、この作品はめまいがするほどおびただしいフォルムで溢れかえっている。装飾芸術はワーグナー・シューレの得意分野であるが、オットー・ワーグナーその人の得意分野ではない。この点は区別しておくべきだろう。臨時に使う建物なら満艦飾の装飾も耐えられるだろうが、日常生活を送る集合住宅《ツィンスハウス》に同じものがあったら耐えがたいだろう。ふだんの暮らしのなかで人は年から年中やったあ!と叫ぶような気分でいるわけではないからだ。

アロイス・ルートヴィヒはウィーン造形美術アカデミー新校舎の設計案を出品しているが、非常に完成度が高い。グスタフ・ロスマンはある侯爵のための墓碑を設計している。彼はギリシャ庭園パビリオンのプロジェクトでハンゼン賞を受賞している。

二年生のなかでは、ヴィクトル・コヴァチッチとローデリヒ・スワボダが異彩を放っている。この学年は、共同プロジェクトとしてアン・デア・ウィーン劇場〔5〕と分離派会館のあいだにあるマグダレーネン通りに立てるホテルを設計した。一年生に言及するのはまだ早いだろう。

今回の展示会には、海外へ出た給費留学生たちも参加している。現在パリに留学中のレオポルド・バウアー〔6〕は某工場経営者の住居とベートーヴェンの交響曲を演奏する音楽ホールを設計している。住居プロジェクトのほうは出色の出来だ。昨年バウアーはイタリア修行を終えたばかりだが、そこで得てきたものが存分に活かされている。それに対してベートーヴェンハウスのほうはバウアー建築の魅力が感じられない。以前はもっと大がかりで完成度の高いものを発表していた。

この展示会のなかでいちばんの成功を収めているのは、前年のローマ賞受賞者であるヤン・コチェラ〔7〕だろう。シンプルな鉛筆の線で描かれた図面であるにもかかわらず、まわりに展示されているプロジェクトを食ってしまうほど不敵な力がこもっている。設計したのはアモールとプシュケの神殿である。かつてひとりの建築家がここまでギリシャ的に語り、ひとりの芸術家がここまでローマ的に表現したことがあっただろうか。これはもっとも感銘を与える作品だ。この建築家は明快で、かつどっしりと構えた古典的な態度で、過剰な身振りを呈する装飾家たちを黙らせてしまった。この現象は古典文化の圧倒的な力があらゆる分野に浸透して以来、建築の歴史のなかで再三繰り返されてきたことだ。アモールとプシュケの神殿から、ウィーンの建築は新しい方向を見いだしていくことだろう。コチェラの名前は要注目である。

（一八九八年）

ポチョムキン都市

ポチョムキン村[1]を知らない者がいるだろうか？　抜け目なく立ちまわる女帝エカチェリーナの寵臣ポチョムキンがウクライナにつくった村のことである。布と厚紙でできたこの村は、女帝陛下の目を楽しませるために荒野をみごとな風景に変えるという使命を負っていた。だが、ほんとうに村々を全部まるごと変える必要があったのだろうか？

こんなことはロシアだからこそできたことだ！

これから語ろうしている「ポチョムキン都市」とは、じつはわが愛すべきウィーンのことである。なぜウィーンがポチョムキン都市なのか根拠を示すのがむずかしいだけに、私の告発は難航するかもしれない。私の主張を理解してもらうには物のわかる聞き手が必要なのだが、残念ながらウィーンでそうした人々を見つけるのはほぼ不可能だからである。

自分を実際より高い身分に見せかけようとする者は紳士を騙る詐欺師であり、たとえ迷惑を被る者がいないとしても物笑いの種になるものだ。だが、もし擬石やイミテーションを使って高級を騙ろうとする者がいたらどうだろう。それを見下す国もあるだろうが、ウィーンはそこまで成熟していない。モラルを欠いた金儲け、詐欺だとイミテーションを批判する人間は、ウィーンにはまだほんの一握りしかいないのである。現実に目を転じてみれば、腕時計のフェイクシルバーの鎖に始まり、あからさまなイミテーションで組み合わされた家のインテリアや住居、建物そのものにいたるまで詐欺行為が横行している。

リングシュトラーセをぶらつくと、いつもこんな感情にとらわれる。現代のポチョムキンがこの町を歩く人々に「じつに洗練された町に来たものだ」と思いこませようとしているのではないかと。

かつてルネサンス期のイタリアが貴族の邸宅を建てる際に生みだしたすばらしい果実を、自分たちのウィーンをつくりあげるために新しく権力の座についた粗野な市民がもぎとってしまった。現代の邸宅は、土台から屋根のコーニスにいたるまですべて自分で所有できる市民だけに住むことが許されている。一階には厩舎があり、天井の低い中二階には召使い部屋がある。二階は天井が高く、豪華な構造となっており、祝宴用の大部屋がしつらえてある。三階から上には居間と寝室がある。こんな家を所有することをウィーンの大家たちは求めており、こんな家を借りて住むことに住人たちはあこがれている。そして家中どこもかしこもイミテーションだらけだ。最上階の小部屋を間借りしている貧しい男が外から自分の住む建物を眺めれば、自分が金持ちの貴族になった気分を味わえるというわけである。これでは偽ダイヤをはめた男がダイヤモンドだと思いこんでキラキラ光るガラスに目がくらむようではないかって？　そのとおり、詐欺師までもが騙されているのである！

こんな反論が聞こえてくる。「ロースはウィーン人の気持ちをまったくわかっていない。そもそも詐欺行為の責任は建築家にあり、彼らがそのように建てなければよかったのだ」。こう言われれば、私は建築家を擁護する立場にまわらざるをえない。なぜなら、どの町にもそこで暮らす人々のために働く建築家がおり、

上・旧フランツェンスリンク、1888年。左手に帝国議会議事堂（T・ハンゼン、竣工1883年）、
その後方に市庁舎（F・シュミット、竣工1883年）。下・ショッテンリンク、1890年ごろ

需要と供給のバランスが建築のフォルムを決定するからである。住民の希望に最大限応える者ができるかぎり建築に携わるべきなのだ。能力のある建築家にかぎってまったく仕事が入らず、この世を去っていくものかもしれない。通常は平凡な建築家のほうが広く受け入れられ、それを基準に家は建てられていく。誰もがそうした家に慣れ親しんでいるからである。実際、家とはそのように建てなければならないものなのだ。そこへ不動産で一儲けをたくらむ投資家たちが登場する。彼らがまず着手するのは、上から下までファサードにモルタルを塗りこんでフラットにすることである。この作業にたいしてコストはかからない。本来、この状態こそもっとも真実にかない、不正の入りこむ余地のない芸術的にもっとも正しい建物なのである。ところがこんな邸宅に入居したいと思う者はいない。そこで大家は住人を集めるために、フラットなファサードにゴテゴテの装飾を釘付けしなければならなくなる。

そう、釘付けするのである！　なぜならこのルネサンス風やバロック風の建物は、本物の御影石やスタッコでつくられているのではないからである。ローマやトスカーナにある石の邸宅のように見せかけ、あるいはウィーンバロック建築のスタッコ風[2]を騙っているだけなのだ。実際には装飾の細部からコンソール、果樹の輪装飾、カルトゥーシュ[3]、歯飾り[4]にいたるまですべてセメントを固めてつくられたものである。今世紀になって使われはじめたセメントは、たしかにこの時代の必然として生まれてきた材料である。しかしセメントを使う技術の誕生はこの材料の性質と密接に結びついているが、技術的に使い勝手がいいからといって安易にセメントをフォルムに応用すべきではない。芸術家の使命はまずこの新しい材料のために新しい形態言語を見つけるということにこそあったのではないか。形態言語なきセメント技術などすべてはイミテーションでしかないからだ。

とはいえ建築の新しい時代を生きるウィーン市民たちにしてみれば形態言語などどうでもいいことだった。

高くて手の届かない材料を安く模倣できるセメントに喜び勇んで飛びついた。骨の髄まで成金趣味のウィーン市民は、他人がこの詐欺に気づくはずはないと信じた。いまでもそう信じている。礼服の胸当てのフェイク、毛皮のフェイク、自分の身のまわりにあるすべての偽物を、成金はこれこそ自分の目的を完全に満たすものだと固く信じている。だが成金の上に立つ人間、すでに成金を卒業した人間、本物と偽物の違いを心得た人間は成金のむなしい努力を笑い飛ばすようになる。しばらくすれば成金にも本物が何か見えてくるときがくる。そうなれば他人のもっているものを見ても、かつてなら本物と思いこんでいたものが偽物でしかなく、そんなものは必要ないと判断できるようになり、最後には棄て去るのである。

貧しいのは恥ずかしいことではない。誰もが貴族の家に生まれるわけではない。だが自分を貴族生まれであるかのように見せかけるのは滑稽でモラルに反することだ。ひとつ屋根の下で社会的に同じ水準の人々と賃貸暮らしをしている事実を恥じるのをやめよう。自分には値が張って手が出ない建築資材があるからといって、それがなんだというのだ。十九世紀のいまを生きる人間であり、過去の建築様式の家には住みたいとは思わない人間であることを恥じるのをやめよう。そうした思いを払拭できれば、どれだけ迅速にわれわれが現代にふさわしい独自の建築様式を手に入れることができるのか理解できるだろう。すでにあるではないかと反論されそうだが、ここでいう建築様式とは自信をもって後世に伝え、遠い未来にいたるまで誇れるものである。しかし今世紀、われわれはそれをウィーンで見いだしえなかった。布と紙と彩色された厚紙でできた町をつくりあげ、農夫がしあわせそうに暮らしている演出をすること、上級貴族が住める大邸宅を煉瓦とセメントによるイミテーションででっちあげることは本質的に同じである。今世紀のウィーン建築はポチョムキンの亡霊に取り憑かれているのである。

（一八九八年）

建築における新旧ふたつの動向

ウィーンの芸術動向を特別考慮した両者の比較

さまざまある造形芸術が時代に支配的な潮流に適応していく順番というものを考えてみると、私は建築というジャンルが最後に来ると考えている。こう考えれば説明がつく。絵画や版画、彫刻といった造形芸術の作品の誕生は個人の着想にかかっており、すばらしい着想さえ得られれば数週間ないし数ヵ月後には作品が成立するが、建築の場合そうはいかない。着工までの準備段階で、数年もかかる精神労働や芸術活動が必要とされ、いざ工事が始まっても完成するまでに人の一生がすべて必要とされることもある。

これから建築が歩むべき新しい道を模索することは、他の造形芸術がたどってきた変遷を参考にすれば、さほどむずかしくはない。建築、つまり空間芸術・形態芸術（これは建築を視覚芸術とみなす考え方とは違う）はとくに彫刻に影響を受けているといえるだろう。ここ百年、手仕事にふたたび価値を見いだす社会的な潮流があるが、この流れは彫刻にもおよんでいる。

ついこのあいだまで、われわれは奇妙な時代に生きていた。もっぱら頭脳労働がよしとされ、手仕事がないがしろにされていた。青い作業着を着た職人はどんなに腕がよくても、給料の少ない役所の女性秘書よりずっと社会的地位が低かった。そして芸術界もご多分にもれずこうした偏見に囚われ、手仕事は奴隷のように働く職人に押しつけられてきたのである。さすがに画家が職人に絵を描かせることはなかったにしても、彫刻家は完成形のミニチュアをつくることに終始しており、実際に材料を使いこなす製作現場となると何もできなかった。建築家にいたってはもっとひどかった。事務所にこもって図面を完成させ、あとの作業はすべて職人に任せきりにして、自分の創造活動の舞台である工事現場を見にいくこともなかった。たしかに一部の勤勉な建築家が現場に足を運ぶことはあったが、そんな彼らも顔を出すのはほぼ完成に近づき、もはや手の加えようがないという場面だけであり、それでも自分の意図が細部にいたるまで実行されていないとケチをつけ、汗をかく現場の職人たちを怒鳴り散らすのがつねであった。そうした建築家は、職人たちが人間であり、機械ではないということを忘れていたのである。

手仕事に価値はない、とする世間の見方を着実に取り除いていったのは、誰あろうイギリス人たちだった。壺をつくりたいなら、壺をデザインするのではなく轆轤《ろくろ》の前に座れ。椅子をつくりたいのなら、あれこれスケッチしていないで鉋《かんな》を握れ。これが彼らの流儀だった。「芸術家よ、まずは工房に戻れ、それからお手並み拝見だ」と呼びかけたのである。

その効果はすぐにあらわれた。それまで工房で働くのはありふれたことだったが、それがとたんに高尚なことになった。なかには女神ダナエの胸像を色とりどりの大理石を使って自力でつくってしまおうと考えるN・Nのような彫刻家も出てきた。これはさすがにやりすぎというものだ！　だが工芸復興《ルネサンス》運動の熱風はこうしたエピソードがきっかけになって世間に広まっていったのである。小槌とノミを手にすることをいとわず、石工の技術を学ぼうとする芸術家が注目を集めるようになった。こうして手仕事を重んじる芸術家が、スケッチやミニチュアづくりだけに終始してきた芸術家を凌駕していった。自分の作品を意志のない複製機械、つまり見ている世界が違う石工に任せきりにするのではなく、自分でつくる真の彫刻家がふえていったのである。

建築家もまた、こうした時代の要請をしっかり見極める必要があろう。それを自覚できれば、これからは多くの時間を現場で過ごすようになる。仕事の手順は変化し、まずは空間を完成させ、空間内の照明設備を決めてからはじめて室内装飾にとりかかるという段取りになっていくだろう。装飾のモチーフとして動植物の細部を事務所にこもってデッサンするという、時間ばかり食う無駄な作業が必要なくなるのだ。建築家は作業場か、場合によっては直接現場におもむき、着想を描いたスケッチにしたがって室内装飾の模型をつくらせ、光のあたり具合や人の視点からの距離を厳密に点検し、調整を重ねていくことになるだろう。当然建築家の手をわずらわせる時間は長くなるため、手がける案件は減り、住宅を量産する大規模な建築事務所は消えていくだろう。

こうした手順を経て完成した建物は、人々の目にどのように映るのだろうか？　急進的に改革を推し進めていこうとする疾風怒濤派たちが求めているものに比べれば、よほど保守的なものになるにちがいない。建築芸術は人々の感情や習慣と分かちがたく結びついており、そもそも人の感情や習慣は数千年前から存在する建築にたえず影響を受けてきたからである。

いったい建築家の目的とは何か？　それはある材料によって、本来材料に備わっているわけではない気分・感情を人々の心に沸き起こすことである。たとえば教会を建てるとする。建築家は人を深く敬虔な祈りを捧げる気持ちにさせるような建物を考える。飲み屋ならどうだろうか。そこは人々がリラックスして酒を楽しめるような場所でなければならない。そのためにはどうすればいいか。まずはこのような気分・感情をもたらす既存の建物をじっくり観察するのである。そしてこれからつくる建築を考えるための手がかりにしなければならない。人はある特定の空間のなかで祈り、ある特定の空間のなかで酒を楽しんできた。そうした気分・感情は喚起されるものであり、生まれつき備わったものではない。建築家は自分の芸術に真剣にとりくむつもりがあるなら、喚起される気分や感情というものを筋道に沿って研究しなければならない。

五百年前に人を喜ばせたものが今日でも通用するのだろうかと疑問に思うむきもあろう。たしかにそうだ。むかし人々の涙腺をゆるませた悲劇でも、今日ではたんに興味本位で鑑賞するしかないものもあり、人々を笑いの渦に巻きこんだジョークでも、いまでは口元の筋肉をぴくりとも動かさなくなっているものもある。したがって建築もつねに人々の気分・感情を刺激しつづけるよう新しいフォルムを使いつづけなければならないのである。涙を誘わなくなった悲劇は上演されなくなり、つまらないジョークもいずれ忘れられる。だが建築はどんどん様変わりしていく後世の世界のまんなかに立ちつづけるのである。時代精神が時の流れとともに変化しつづけていくなかにあって建築はもっとも保守的な芸術であるということがおわかりいただけただろう。

古代ギリシャ・ローマの古典時代が精神的に突出しているという認識は、もう二度と記憶から消すことはできない。この認識が広く受けとめられるようになるとゴシック様式やムーア様式、中国様式は完全に相手にされなくなってしまった。こうした様式はルネサンス様式に影響を与えたであろうし、事実与えてきたのだが、そのつど偉大な精神が外部からの影響を拭い去り、純粋で古典的な建築様式を復興させてきた。私はこうした精神の持ち主を超人ならぬ超建築家と呼びたい。そしてわれわれは偉大な超建築家に拍手喝采してきたのである。なぜなら、あらゆる人間の思考、気分、感情のなかにも古典主義者が住んでいるからである。

イタリア・ルネサンスは偉大な建築家たちを生みだしたが、その後ドイツでは恣意的なアイデアと想像力に富むだけのつまらない建築家しか輩出しなかった。その証拠に、彼らの名前を記憶している者がいるだろうか？　しかしその後、北ドイツにシュリューター[1]、南ドイツにフィッシャー・フォン・エルラッハ[2]、フランスにはル・ポートル[3]がついに表舞台に登場してくる。みな古代ギリシャ・ローマの感覚の持ち主であり、ふたたび建築は黄金期を迎えた。だが、この流れも時代とともに衰退した。芸術のあらゆる分野でフォルムが勝手気ままにもてあそばれるようになっていった。当然、建築家もその動向に染まった。彼らの名前もいまでは資料のなかに散見されるだけだが、仕方のないことだった。しかし、そこへシンケル[4]があらわれた。彼こそは放縦きわまる想像力を飼い慣らす猛獣使いだった。だがふたたび時代は下降線をたどり、今度はゼンパーの登場によって一気に息を吹き返す。こうしてみると、どんなときでも同時代に妥協することなく脇目もふらず古典主義の立場を貫いた芸術家のみが勝利の栄冠を勝ちとってきたことがわかるだろう。なぜか。建築家は自分が生きている時代のためだけに仕事をしているのではないからだ。後世の人々にも建築家が遺した作品を享受する権利がある。その実現のためには確固たる不変の基準が必要である。この基準こそギリシャ・ローマの古典時代なのである。現在も未来も、価値転倒を引き起こすよほどの大事件でも起こらないかぎり、それは変わらない。

　将来の偉大な建築家は古典主義者である、と言いうる。先行する建築家の作品に縛られることなく古典時代と直接対話する建築家たちである。彼らはルネサンスやバロックの巨匠、あるいはシンケルやゼンパーの弟子たちに比べても、より豊富な形態言語を自在に駆使することができるだろう。なぜなら最新の考古学研究の成果により古代の遺物にふれる機会がふえ、古代のエジプト人、エトルリア人、小アジア人らの存在がますます人々の関心を集めているからである。古典主義復興の兆しはすでにワーグナー・シューレの建築家が手がける最新の装飾に見てとることができる。

上・カールス教会（フィッシャー・フォン・エルラッハ、竣工 1715 年）、撮影 1880 年。
下・ブルク劇場（ゴットフリート・ゼンパー、竣工 1888 年）、撮影 1913 年

結論を言おう。将来の建築家が守るべきは、まずみずから現場に赴き職人とともに仕事しなければならないこと、そして必ず古典の教養を身につけることである。さらに後者の点に付け加えると、あらゆる職業のなかでもっとも厳しく古典の教養の基礎教育を必要とするのは建築家なのである。そしてまた、同時代の物質的要求を満たすためには、現代的なセンスの持ち主でもなければならない。時代の文化的な要求を正確に把握するだけでなく、つねに文化の頂点に立つことも求められる。なぜなら建築家は、建築の設計や日用品の造形を通じて、既存の文化形態や習慣に従来とは異なった刺激を与えなければならないからである。建築家には文化を堕落させるのではなく、進化に導く役割が求められているのである。

さらに将来の建築家はジェントルマンでもあらねばならない。物を盗まない人間はみな信用できるという時代ではない。正義の人として名高い古代ギリシャの政治家アリスティデスは貧しかったから賛美されているのではなく、清廉潔白だったからいまに語り継がれているのである。あたりまえの話だろう。正しい、間違っているという判断についてわれわれはかつてより敏感になる一方である。正しさを突きつめれば建築家は材料に関して嘘をついてはならないということになる。建築家みずからがイミテーションではなく本物の材料を選びだし施工することを徹底すれば、その嘘は避けられる。現場の職人は建築家のように材料で嘘をつくすべを知らない。この嘘はただ図面を描いている建築家によってはじめて持ちこまれたものだ。[1] だが建築家はあらゆる材料に通じて同じように使いこなせるわけではないため（実際、誰でもただひとつの材料しか使いこなせない）、自分の得意とする材料をひとつに絞り専門的に特化すればいいのだ。むかしから石を専門とする建築家（石工）[2]、煉瓦を専門とする建築家（煉瓦職人）、スタッコを専門とする建築家（スタッコ職人）、木材を専門とする建築家（大工）に分かれていたとおりである。石づくりの教会を建てたいならば石工のもとへ行けばいい。装飾のいらない煉瓦の兵舎をつくりたければ煉瓦職人が請け負う。スタッコ仕上げの家を建てたければスタッコ職人に注文すればいい。食堂に木の天井がほしければ大工がつくる。

だが、さまざまな材料が組み合わさって、専門分野の異なる建築家が共同で仕事をすることになった場合、建物全体を貫く芸術的統一性はどう保たれるのか、と疑問に思うむきもあるだろう。そんなことにこだわる必要はない、と私は考えている。一貫性を考えなくとも、いままですばらしい建築が建てられてきた事実を誰も否定しないだろう。あらゆるディテールから鍵穴にいたるまで、ひとりの建築家の頭のなかから生まれた建築など新鮮味に欠け、退屈極まりないにちがいない。同じ装飾、同じプロフィールが大きくなり小さくなり、ファサード、家のドア、玄関広間、モザイク模様の床、照明、壁紙などあらゆる場所に繰り返されるだけである。その点、ドイツ南部の町アウグスブルクの市庁舎[5]にある黄金の間はすばらしい。この空間はふたりの芸術家の共同作品である。空間の効果を大建築家エリアス・ホルが担当し、豪華な天井を大工の棟梁ヴォルフガング・エプナーが手がけた。仕事が分業化されるに伴い、個々の細部にいたるまで芸術的統一性をもたせるなど事実上不可能になった。ふたりないし三人の建築家が共同でひとつの建築事務所で仕事をすることなどざらにあり、そうした事務所では実際の施工を大勢の製図工に任せればいい。プロジェクトのトップにいる建築家が簡単にスケッチしたものを、現場の作業にも通じている製図工がディテールを完成させるというやり方をとれば修正は簡単だ。建築家がディテールを修正するが、最終的には現場に精通した職人の判断に任せるのがいいだろう。建築家自身も上述した石、煉瓦、スタッコ、木のなかでどれかひとつの材料には精通しておく必要がある。

以上、私は実地の伴わない理想論に溺れることなく、論理的に突きつめられる範囲で持論を展開した。これらの提案は、現代と未来にむけたものである。今後既存の価値を一変させる革命が起こり、新しいフォルムや思想を生みだすかどうかといった点については検討する必要性を感じなかった。依然として資本主義的

アウグスブルク市庁舎「黄金の間」（E・ホル& W・エプナー、竣工 1619 年）、撮影 1912 年

世界観が現代を支配しているからである。私の論考も、とりあえずこの世界観に則ったものである。

（一八九八年）

（1）　こう書くと、一見もっともらしい反論が出ることが多い。たとえばイタリアのルネサンス時代に造られたスタッコ仕上げを指して、これは大理石のイミテーションではないか、というものである。それに対してはこう言っておこう。当時、大理石に見せるようスタッコに模様をつけたのは、大理石という材料をまねたかったのではなく、大理石の美しい模様をまねたかったのである。この点、石工も同じことをしており、彼らも石材を大理石に見せかけようとしたのではなく、仮面飾りやアカンサスの葉飾り、懸華装飾を石材の上に表現しようとしたのである。またむかしの職人が大理石模様をスタッコにつける場合、現代と違ってつなぎ目をイミテーションすることはいっさいしなかった。それどころか、つなぎ目のないまっさらな表面にこそ、本物の大理石に勝るすばらしさを見てとり、それをスタッコで表現したのである。この態度こそ、本物の誇り高い職人気質と呼ぶべきではないか。現代は逆である。現代のスタッコ職人は、イミテーションが露呈することに戦々恐々とするけちな詐欺師になりさがったのである。

（2）　「フリードリヒ・シュミット[6]、ドイツの石工」。この肩書きの誇り高い精神に注目してほしい。彼は実際には大聖堂の主任建築家であり、自他共に認める建築家でありながら、そう呼ばれることを頑なに拒否したことはよく知られている。そして彼はいつも職業が石工職人であることを強調したのだった。

女性と家

北から南、アジアからヨーロッパにいたるまで、ドイツ・オーストリアの主婦たちへの称賛の声はやむことがない。彼女たちは手ずから靴下を編み、園芸雑誌「四阿《ガルテンラウベ》」を定期購読して研究を怠らず、家具に塵が溜まればきれいに拭う。午後一時の昼食に間に合うよう朝八時には牛肉料理に使うお湯を沸かしている。それまでに小麦粉と卵をかき混ぜて、アップルパイの下ごしらえはとっくに済ませてしまう。夫たちが食べるおいしい料理の準備には時間がかかるのである。

夫たちはフランスやイギリス、アメリカの男性がそこまで恵まれてはいないと聞けば、さぞ得意な気分に浸れることだろう。さらにアメリカの主婦の話を聞くにいたっては、もう自分の妻に感謝感激するのではないか！　彼女たちの生態は有名だからご存じの方も多いだろう。日がな一日ロッキングチェアに座り、ゆっくり煙草を吹かしているというのである。そんな彼女たちは哀れな夫たちに何を食べさせているのか？　五時間かけて煮込んだ柔らかい上質な牛肉のグラーシュというのはこちらの話、アメリカの亭主たちは来る日も来る日もステーキを食べなければならない！　ビーフステーキに小牛のステーキ、マトンチョップにカツレツ、みなグリルネットに投げこまれ、五分だけローストされてできあがる肉料理ばかり！

アメリカの主婦たちは怠け者で、自分で靴下を編もうともしない。既製品を買ってくるのである。子供の服にほころびがあっても繕わない。すぐに新調するのである。市場に買い出しにも行かない。必要なものはすべて配達させ、値切りもせず、店員の言い値で買う。まったくなんという浪費家だろう！　わがドイツ・オーストリアの主婦をごらんいただきたい。一ポンドの小麦を二クロイツァー安く買うためなら、どんな遠くにでも出かけていくのである。

こんな噂がひとり歩きするアメリカ人女性だが、私はかつて直接この目で確かめる機会に恵まれた。ロッキングチェアと煙草云々の話だが、あれは真っ赤な嘘だった。そもそもアメリカにはわれわれが言うところの揺り椅子など存在しない。それに女性が煙草を吸う姿など見たことがない。アメリカでは男性ですら、女性同伴の際はいっさい煙草を吸わないそうだ。

だとすれば、なぜここまで悪いイメージが生まれてきたのだろうか？　あれこれ想像をめぐらせてみると気がつくことがあった。骨の髄までアメリカナイズされて堕落した女たちとは違い、われわれが誇りに思っている純粋で本物のドイツ・オーストリアの主婦が、もし仮にもっとも安く買える市場まで馬車で行くことができず、靴下を編まず、朝早くから水仕事をすることもなく、「四阿」を読むこともなかったとしたら、彼女たちはいったい何をするだろうか？　こんな境遇に陥ったら、一生何もしなくてよいと宣告されたようなものだ。わが国の主婦たちにとって何もしないというのは、煙草を吸って無為に過ごすことである。したがって自分たちがすることをアメリカ人女性がまったくしないということから、件《くだん》のうわさが生まれたのではないか。

だが、実際のアメリカの主婦は無為に過ごしているのではない。彼女たちはこちらの主婦とは別の仕事をしているのである。スケッチをし、絵を描き、イギリスの工芸雑誌「ザ・ステューディオ」[1]を購読して自分の眼を鍛えている。アメリカの夫にそんな暇はない。われわれ同様、いつも仕事のことで頭がいっぱいである。ドイツ・オーストリアの主婦にはアメリカの主婦と同じことをする余裕はないから、家のなかで美的センスを問われる問題がもちあがると手も足も出なくなる。だが、家では次から次へとそうした問題が起こる。新しいオーブンを設置したい、部屋の壁紙を新調したい、家具に新しいカバーが必要だ、叔母に誕生日プレゼントを買わないといけない……こうしたことは日常茶飯事だ。そんなとき、わが国の主婦たちは店員たちに一任するしかない。買い物ならまだしも部屋のインテリアを一新するとか家をつくるということになると、もうてんやわんやである。夫婦で相談し、自分たちで選ぶとなると、あれにしようかこれにしようか死ぬまで迷うことになる！　結局結論は出ず、急場の助っ人に壁紙職人を呼びだすことになるが、壁紙職人は従来のやり方にしたがって一般人が広く満足できるよう無難に処理するだけである。夫婦に良し悪しを判断する眼はないから、職人のやったことにとりあえず満足する。見る眼のない者にとって、部屋の壁紙が赤だろうが緑だろうがどうでもいいのである。

だが、アメリカの女性には見る眼がある。彼女たちはスケッチによって物のフォルムがどうあるべきか学んでおり、絵を描くことで色彩の選択にも慣れている。いよいよ購入する段になっても悩むことはない。何が役に立ち何が必要なのか、彼女たちは熟知しているのである。そのゆるぎない自信のほどは家を見ればすぐにわかる。壁紙職人が入りこむ余地はない。部屋にはみごとなセンスの色調が広がっているではないか！　自然界に存在する色をパレット上の絵の具で再現できるようになり、有名な画家の色調をまねるのではなく、自分が心からいいと思える色を選んで使えるようになれば、新しい色彩の世界が開けてくる。この世界が新しい光のなかで輝きだしてくる。疲れた眼しかもてない者、生き生きとした眼球をもたず、頭のなかに白黒の写真機しかもてない者がみずみずしく見開いた眼に映じる青い樹木や赤い空という独自の色彩感覚をなんと言おうと、世界は新しい色を得て光り輝くのである。健康な眼が色彩に対してもつ飢えには必ず必要なものが与えられ癒される。だが見えていない眼が飢えると、なんでもかんでも食らいつくから腹をこわすことになる。確かな色彩感覚なしにはまともに色は扱いえない。いろいろ冒険してみなければセンスも磨かれない。

造形芸術を趣味として楽しむいわゆるディレッタンティズムがいままでさんざん非難を浴びてきたことはご承知のとおりである。ディレッタンティズムが芸術を堕落させた張本人だと言いたがる者もいる。なんたる近視眼だろう！　趣味でピアノを弾くことがベートーヴェンやワーグナーの芸術を駄目にしてきたとでもいうのだろうか？　そんなことはない。せいぜい隣人に迷惑をかけるくらいだ。だが造形芸術となれば、隣人に迷惑をかけることはない。

造形芸術が人々の暮らしにそこまで浸透していなかったとしても、インテリアを考える際に女性の協力は歓迎すべきことだ。女性は男性よりも色彩と関わることが多い。ファッションでは依然として色の役割は大きく、彼女たちは服を選ぶのに年がら年中色を合わせているから、センスは自然と磨かれている。だが男性の場合、地味な服しかチョイスがないから色のセンスが育たない。同じことは壁紙職人にもいえる。彼らはリアルな色彩について学ぶ経験をもたない。時間の経過とともに磨耗や汚れによって変色した壁紙をそのまま保存することしか学んでいないのだ。緑はオリーブ色に変色し、赤は焦げ茶色に変色している。その結果われわれはこの百年ものあいだオリーブ色と焦げ茶色の壁のあいだを行ったり来たりしてきたというわけなのだ。

結論。ドイツ・オーストリアの主婦は、おいしい料理で夫を家族につなぎとめておこうとするのに対し、英米の主婦は快適な住まいで夫をつなぎとめておこうとする。だが、それぞれの家庭生活には敵が存在する。オーストリアには居酒屋、英米にはクラブがあり、男たちの足を止めてしまうのである。

だが昨今、ドイツやオーストリアの夫が時流に合わせてイギリス人たちと同じような希望をもちはじめている。彼らも住み心地のいい住まいをもちたいと考えるようになっているのだ。そのためには、まず主婦たちがアメリカを見習うことだ。インテリアの研究をするならウィーンの雑誌「ヴィーナー・モーデ」[2]が役立つだろう。これは女性の手芸まで網羅する工芸における近代運動を扱っている唯一のドイツ語雑誌である。刺繍専門店ルートヴィヒ・ノヴォトニー[3]と組んで刺繍界を大きく変えてきた。

ルートヴィヒ・ノヴォトニー社は近年の展示会でもみごとな作品を出品している。刺繍は従来、利用のされ方が悪かった。かつて四方の壁が刺繍だらけで、刺繍博物館と見紛うようなひどい小部屋があったのを想起されたい。そのためないがしろにされてきたが、同社は刺繍をたっぷり使っても、内装が魅力的に引き立つことを示したのである。ノヴォトニーは展示部屋全体をイギリス様式でしつらえ（詳細なコメントは控えるが、その意気やよし！）、装飾部分をすべて刺繍で覆った。展示品とはいえ、刺繍装飾は部屋をとても温かく居心地のいいものにしている。一目でわかるのは、この部屋の主役が女性であるということだ。これでいいのだ。家族の居場所にはどこか女性的なものがあるべきである。とはいえ壁紙職人が手を出すとこうはいかない。彼らが女性的なものをめざすと、部屋全体をすぐに娼婦の部屋のようにしてしまう。主婦たるものは自分たちの部屋に実直で市民的な雰囲気を与えてしかるべきである。

最近ではカーペットを編むことまで主婦の仕事にあげられるようになった。ここ数年、大失敗に終わっている現代的な試みを目にすることが多いが、去年のクリスマス展示会では、あるウィーンの芸術家の発案で絨毯の上に竜が闘っている様子を織りこむのを競いあった。四十年前はライオンの闘いだった。形は変われど頭のなかは古いままなのがよくわかる。工芸改革運動の雄モリスも同じようなことを試みている。彼は新しいものを生みだすことに何度も挑戦してきたが、できあがるものはいつもオリエント絨毯になってしまうのだ。それも当然で、オリエント絨毯は名実ともに世界の頂点に立つ完璧なものだからである。柄模様をなくし、しつこい装飾もなくし、あらゆる色を使い、遠近効果を断念し、あらゆる試みをしてみたところで、完成したオリエント絨毯にはおよばない。展示室にはほかにもオレンディ社[4]がギンツキー[5]の指導のもとマッファースドルフの工場で製作した絨毯を出品している。現代的な試みである。近い将来、実を結ぶことを願ってやまない。

ドイツやオーストリアの住まいは、まだイギリスの理想からはほど遠い。歌ひとつとっても、われわれは行進曲や山歩きの歌、愛の歌なら歌うが、英語の「ホーム・スウィートホーム」のような歌をまだ知らない。「わが家のよう《ホームライク》」という単語がドイツ語にはない。「くつろいだ気分《ホームフィーリング》」という単語もない。子供たちは家族との結びつきは強くても、家と固い絆で結ばれるということはない。引っ越すときに、それまで住んだ家の思い出に浸る者などいない。その逆で新しい家が楽しみで仕方がない。もっと親切な隣人や管理人と出会えるかもしれないと期待する。このほうが大事なのである。庭つきのマイホームをもてば隣の住民や管理人といざこざを起こす必要もなくなるという発想はない。だがマイホームをほしがる声が主流になっていく日もそう遠くないだろう。私はふたたび「イギリス病」[6]がオーストリアに押し寄せることを心から願っているのである。昨今はマイホームをもちたいという気持ちだけが結婚の動機になっている。たしかに独身者たちにしてみれば、望めばなんでも手に入る時代にはなった。ひとつだけ例外があるとすれば、それはマイホームなのである。

（一八九八年）

II

オーストリアに西洋文明を

カッラーラ

駅で車掌がカッラーラ、カッラーラ[1]と大声で繰り返している。オーストリアではカッラーラといえばたいてい大理石を意味するが、イタリアでは町の名前である。第一音節にアクセントがある。

カッラーラに行くにはマッサ駅で降りると考えるのは旅慣れていない証拠。これまで私もそうだった。だがX駅で降りたほうがいいことを今日知った。マッサで降りるとカッラーラまで一駅戻らなければならない。

列車が大理石で溢れかえるマッサ＝カッラーラ県の町に無事入った。ここでは葡萄棚まで大理石である。この地方で木材はめったに見ない。いまは一月、デルモンテ・ペレグリノは雪を被っている。麓はすっかり氷河に覆われている。オーストリアのグロースグロックナー山を見ているのかと錯覚する。ここでは氷河まで大理石に見えてくる。

列車が駅に到着した。そんなに長旅ではなく四五チェンテジミ[2]だった。車内検札が来なかったものだから、つい切符を他人に売ってしまった。やましくもなる。

いよいよお目当ての場所に足を踏み入れる。いや、町というべきか。まあどちらでもよい。

この町はよく管理が行き届いている。すべてが白い。家々も舗道も埃も木も白い。そう、木までが白い。プラタナスが植えてあるのだ。じつにていねいに手入れがされている。

駅で乗ったバスがホテル・デラ・ポスタに到着。

スイートルームに案内される。ここでは建築家は王様のような待遇を受け、大理石業者はVIP扱いのようである。

天蓋つきのベッドはやめて、使用人部屋のような粗末な一室を選ぶことにした。

さっそく町をぶらつく。郵便局がどこか尋ねると、なんと英語で答えが返ってきた。私がつかまえた男は彫刻家で、ロンドンで八年仕事をした経験があるという。外国人だからイギリス人だと思われたようだ。おもしろい。

椰子の木が植えられた公園があった。そこには功成り名をとげたカッラーラの人々の立像が立っていた。この町では、他郷で弁護士などの高い地位についた者は有無をいわさず大理石の立像にされるのである。なにしろ大理石は二束三文だ。成功を望む若者がここで生まれたいと願うのもうなずける。

カッラーラの人々はいまだ外から入ってくるものをありがたがる風もあるようだ。歩いている途中、ガリバルディシャツ[3]を身につけている婦人を見た。ほかにも異郷の物が散見された。この事情はベルリンでも同じである。

さあ、今度は雄牛がやってきた。そこのけ、そこのけ雄牛が通る！　数えてみると十八頭で、一塊の大きな大理石を引いているではないか。これはカッラーラでもなかなかの見物にちがいない。この小さな町の政治を左右する雄牛と大理石が、そのまなざしを勝利に輝かせながら、大勢のカッラーラの住民を引き連れて大喝采を浴びながら歩いていく。

（一九〇六年）

婦人クラブの安楽椅子

六年前、ウィーンで婦人クラブ[1]が設立され、クラブ内のインテリアは私が担当した。できあがった館内は会員に気に入っていただき、私も嬉しいかぎりだった。

クラブがオープンして二週間が経ったころ、インテリアの具合を確かめに行ってみた。するとと椅子のことでクレームが噴出した。なかに入ると受付の女性にさっそくクロークで足止めを食らい、椅子の座り心地がいかにひどいか訴えられた。こんな椅子には座れない、座るとずり落ちるというのである。

私の啞然とした表情を想像していただけるだろうか。なにしろ私が使ったのはイギリスのクラブでよく見かけるじつに座り心地のいい、ゆったり深く座ることのできる安楽椅子《ファトゥイル》で、あれをご存じの読者なら私の驚きも少しは想像できるのではあるまいか。

「まったくひどいんです。座っているといつも……」とその女性が言ったとたん、彼女の声は隣の部屋から響いてきた調子外れの物音に遮られた。何か重いものが落ちる音、悲鳴、飛び交う怒号、助けを求める声……私はパニックに陥った。

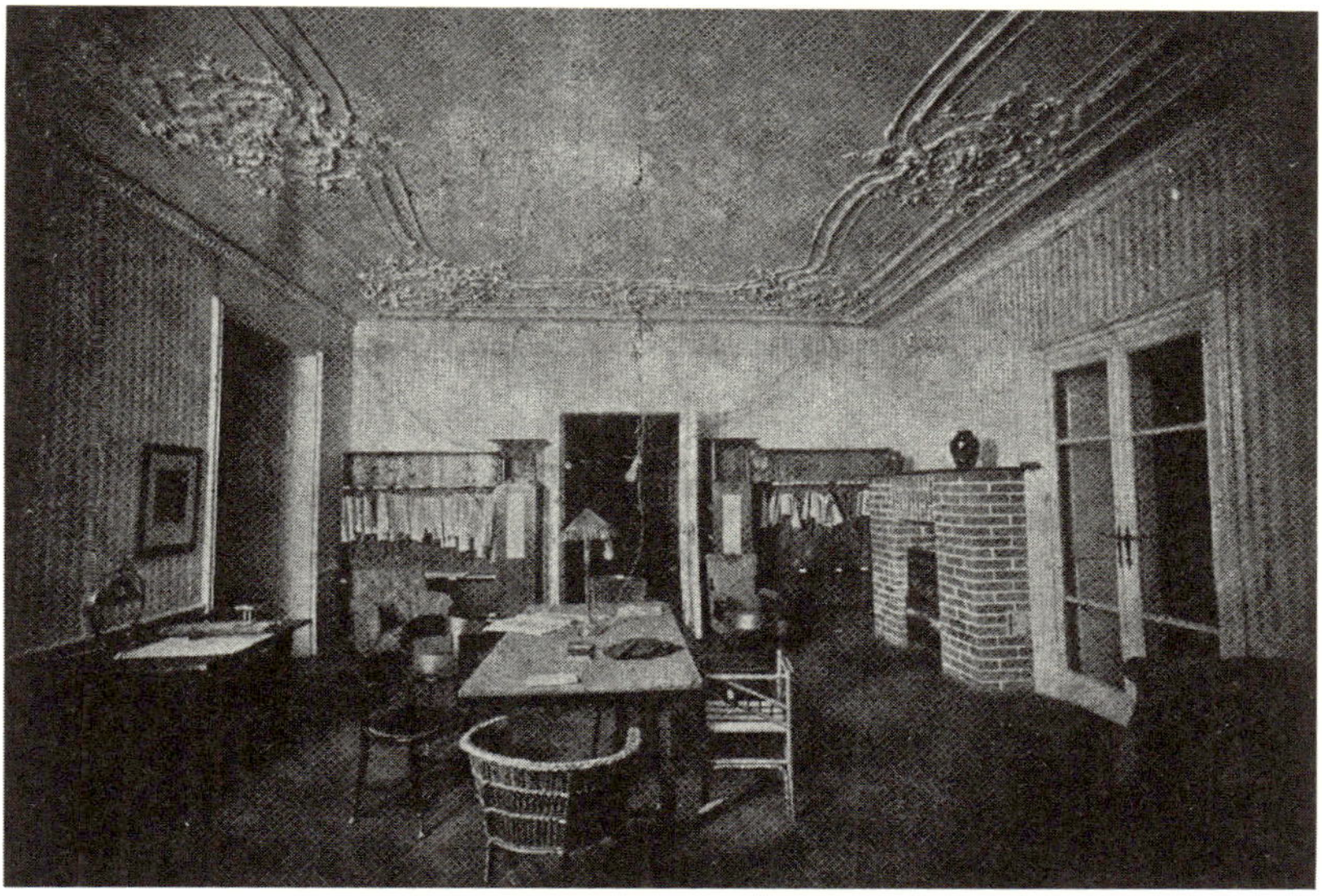

婦人クラブ（1900年）のためのスツール（上左）と安楽椅子（上右）。
下・婦人クラブ室内。撮影同年

だが受付の女性は、何も言わず平然としている。慣れている様子だ。みなさんがお使いの椅子がどれだけ「実用的」か納得されるだろう。あっ、どうやらまた誰かがずり落ちたようだ。

もし読者がこの椅子を見たら、私の話はにわかに信じられないかもしれない。私も最初に聞いたときには誇張しすぎではないかと思った。さっそくこの目で確かめてみることにした。

サロンに足を踏み入れてみると、三十人の心優しき婦人クラブのメンバーが椅子から落ちた女性を介抱しており、敵意剝き出しで私をにらみつけるではないか。なかのひとりが「人殺し！」と叫んだ。隣の読書室は三人のメンバーの応急処置室と化していた。

まったくいつもこうなのだが、この「殺人機」に腰を下ろすとなると誰もが決まって浅く、とても浅く座るのだ……。

（一九〇六年）

住居探訪

二年前あたりから、現代のインテリアがもう破綻をきたしていると語られるようになった。もう一度過去の様式に戻したほうがいいというのだ。そこで出された決定的な処方箋が「ビーダーマイヤー[1]に帰れ」だった。

ドイツで現代の流れをつくっているのはユーゲントシュティール[2]運動であり、オーストリアでは分離派がそれにあたるだろう。このふたつの呼称がいまや侮蔑の語彙に成り下がったのである。

私は十年前、一連の論考のなかでこのふたつの様式に対して警告する意味でこう書いた。「求められているのは、古い様式でも新しい様式でもなく、現代の様式で内装することなのだ」

こうした意見は、当時マイノリティだった。というより、そんなことを言う者は誰もいなかった。

ユーゲントシュティールや分離派が新しい様式として登場した当時、すでに社会に浸透していた真に現代的な製品は、芸術家や行政からまともに扱われなかった。それでも私は主張した。われわれは時代の様式をすでに手にしているのだから、故意に新しい様式をつくりだす必要などないと。現代の生活に入りこんでいる機械、服、馬車、馬具、金属製品、ガラス製品、これらはみな時代を無視する建築家の改悪から逃れており、すべて現代的だったのである。たしかに家具づくりはここ五十年、ずっと建築家に丸投げされてきたという経緯がある。そのため建築家によって好き勝手にいじりまわされ、ガラクタに成り下がった。そして家具を救いださなければならなくなった。その過程で、われわれは現代のインテリアを手に入れることができたのである。

道のりは単純だった。家具職人、つまり木材を加工する職人の仕事のなかには、建築家に改悪されることなく、手つかずのまま残っているものがあった。そうした家具を集めてきて先例にし、踏襲すればよかったのである。葉巻を客に提供する小さなシガーケースがウィーンのレストランにあったし、ウィーンのカフェハウスにはアイスクリームを保存しておく冷蔵庫があった。各種の店のなかにはガラスの展示ケースがあったし、スーツケースをつくる工場には鍵用の金具があった。水洗トイレもすでにあり、トイレの壁の板張りがどのように処理されているか学ぶことができた。水を溜めるタンクと後ろの壁を組み合わせて板張りにしてあったのである。

これらはみな現代の職人仕事である。建築家が口を挟むと必ずついてくる装飾がない。古い家具には彫刻か象嵌による装飾とプロフィールがつきものだが、現代の家具職人は装飾のデザインを描くことができない。そこに建築家がつけこむ余地があった。職人ができないのは、彼らが現代性を身につけている人間だからである。だが建築家には現代性がないため、むかしからいまにいたるまでずっとデザインができるのである。これは十年前にも指摘していることだが、現代性を身につけた人間はもうこれ以上装飾を生みだすことができない。スーツケースをつくる職人、革職人、テーラー、電気技師、機械製造技師、彼らは装飾に手を染めない。現代の文化が生みだす製品に装飾はないではないか。この時代にいまだむかしと変わらず、新たに装飾をつくりつづけているのはごく一部の人間だけである。それはいまだ前世紀と同じように暮らす者、女性、田舎者、アジア人（日本人も含む）、ネクタイや壁紙のデザイナーといった病んだ者たちである。

現代文化の偉大さは、もはや新しい装飾を生みだしえなくなったという点にある。人類の進歩は、身のまわりの日用品から装飾を排除してきた過程と軌を一にしている。応用芸術家たちには自己弁護のためにぜひ反論していただきたいところだが、私は断言しよう。文明化された人間にとって刺青の入っていない顔は入っている顔より美しい。たとえ刺青の図柄をコロマン・モーザーがデザインしたとしてもである。真の文化人は、顔や肌だけでなく本の表紙やナイトテーブルを野蛮な御用文化人がつくるインディアン風の装飾から守るのである。

むかしのマイスターや現代のアジアの人々は人間的な魂から装飾に命を吹きこむが、命の宿らない現代の装飾に価値はない。無価値であり、無駄な仕事であり、材料の浪費である。このナンセンスは日に日に広まるばかりである。五年前なら価値があると思われたものも、いまではドロテウム[3]のオークションに行けばその十分の一の値段で買える。どうか肝に銘じていただきたい。いまどきの洗練のない、時代を無視した現代性を欠いた製品も、数年後には同じ運命が待ち受けているのである。

われわれは不変の価値をつくりあげることに心を砕く必要がある。私の得た教訓を未来ある若い人々の心に訴えるチャンスはなく、私が特定の芸術グループに属していないために、展示会に参加させてもらうこともない。そこで不変の価値をもつインテリアのあり方とつくり方に関心を寄せるすべての人々に、私が手がけてきた住居を見ていただこうと思いたった。

いまだ装飾に手を出すつくり手たちを現代的だと考えるかぎり、もう一度むかしの様式に戻ろうと考える人々が正しいということになる。だが家具製作における真の現代性は、こうした人々の目を開かせるだろう。

この住居探訪を通して、過去の様式への回帰を阻止したいと考えている。自己宣伝ではないかという非難が出れば気にはなってしまうだろう。だが、いままで私が携わってきた住居が芸術雑誌に掲載されたことは一度もなかったし、卵を産んでも鳴かない雌鶏のように、自分の作品についてあれこれ語ってもこなかった。それを思えば、そんな非難もやりすごせるというものだ。

無制限で人を集め、大人数で住居を拝見するとなると、われわれのために自宅を開放してくださる公平無私な住人に大変迷惑をかける。よって人数制限を設ける意味で、二日間で二〇クローネを徴収させていただく。チケットはグラーベン通りにあるゴールドマン&ザラチュの店かケルントナー通りに新しくオープンした造花製造販売のシュタイナーで購入できる。チケット一枚で二名まで参加可。集まったお金は参加者の希望する慈善事業に寄付させていただく。

家具職人、壁紙職人、室内装飾業者などインテリアのプロたちはふるって参加されたい。だが建築家だけはお断り！

建築家が来てまねされると困ると考えているからではない。逆である。建築家がみな私の意を汲んで自分の仕事に活かすなら、むしろ大歓迎なのである。ところが実際はそうはいかない。装飾を排した私のカフェ・ムゼウムのねらいを誤解したように、彼らは私の真意を読みとることはできないだろう。たしかにこのカフェハウスの出現以降つくられた住居からは装飾が消えたようにみえる。かつて家のなかには「応用芸術」と呼ばれるものが多少なりとも感じられた。その時代は赤、緑、紫、灰色などに着色された木材が使われており、まるみを帯びさせるためにどの家具も湿らせてまるい雛型に嵌めこまれるか、あるいは湿った木材をまるく成形して家具に仕立てた（思い出すのは、ヨーゼフ・ホフマンがつくったアポロ蠟燭店とカフェ・ムゼウムが同時期に生まれたということだ）。だがカフェ・ムゼウムの誕生以来、排水溝の蓋の格子模様までが花瓶や

ゴールドマン＆ザラチュ紳士服店（1898-1903年）。店舗奥から入口方向を見る。撮影1901年以前

果物鉢の装飾モチーフになるとされてしまった。もちろん私がそんなことを意図したわけではない。とはいえ、もしカフェ・ムゼウムが存在しなかったならば、オルブリッヒやヴァン・ド・ヴェルド、ホフマンたちのめざしていた装飾主義はとっくに行き詰まっていただろう。図らずもこのカフェが彼らに新しくも間違った道を示してしまった。私はこれ以上彼らを間違った方向に導きたくない。文化は、もういい加減この装飾実験者たちから解放されねばならないだろう。

この機会に、私の考えてきたことを多くの方と共有したいと願っている。

一日目

訪問先——ウィーン一区、グラーベン通り、ナーグラーガッセの角。ゴールドマン&ザラチュの店舗。店舗のなかに内部をふたつに分けるように天井近くにベルトを渡し、そこから真鍮とガラスでできた大きなランタンを吊り下げた。スネークウッド材。荒漆喰。

訪問先——ウィーン一区、ナーグラーガッセ一番地、四階、A氏の食卓（エレベータなし。入口はゴールドマン&ザラチュの店を通りぬけた奥）。茶色に塗装したオーク材使用、ヴェルデアンティコ大理石の暖炉。ギリシャ製。

訪問先——ウィーン一区、ケルントナー通り三十三番地、ジークムント・シュタイナーの店舗。真鍮とギリシャのスキーロス島大理石を使用した正面入口。ウィーンでいちばん大きい湾曲ガラス板を使用。内部——壁に嵌めこまれた鏡により小さな室内が二倍に見える。その錯覚を補完するために、天井部には梁があり、鏡の下の壁にはカーテンがかけてある。東インドのサテンウッド。

訪問先——ウィーン一区、ファルケン通り六番地（シュトゥーベン門に面している）、W氏の音楽室。三階

シュタイナー造花・装飾用羽毛店（1907 年）。撮影 1920 年代

（エレベータあり）。白いワニスで塗装した古い家具のある玄関。音楽室はカルテットの演奏が可能でひとりでも多くの聴衆が座れるよう工夫した。座席となるベンチはバルコニーと入口から玄関扉までのスペースにも設置した。この家族はウィリアム・ウンガーと懇意にしていたので、彼の作品を一部壁に飾った。日本風の壁紙、マホガニー材を使用。金のメダル型の装飾のついた小テーブル。これはホフマンの弟子であるアンガー嬢の作。

訪問先――ウィーン四区、ヴォールレーベンガッセ十九番地、アレーガッセ角、二階、T邸（エレベータなし）。玄関は私によるものではない。マホガニー材を使用した男性部屋。この部屋の家具はもとからあった物をそのまま使った。食事部屋はちょうど防火壁が斜めになったところに当たる。食器棚を多角形にすることで斜めの壁の印象を和らげる視覚効果をねらった。それに合わせオーヴァル型の机を設置。この家には古い銀食器と陶磁器がたくさんあったので、食器棚も必要だった。材料はサクラ材。女性用の寝室にはカエデ材を使用。

訪問先――ウィーン四区、シュライフミュールガッセ、パウラーナーホーフの中庭側、五階（エレベータあり）。黒く塗ったハンノキ材を使った食事部屋。マリア・テレジア時代の古い収納家具を使用。

訪問先――ウィーン一区、オペルンリング十三番地、三階、L氏の食事部屋（エレベータなし）。もともと居間とお勝手に分かれていた。壁を取り払ってひとつの食事部屋にしたが、梁のために隔壁が一部残った。梁をマホガニー材で覆った。いくつもの梁が露出した平天井ができあがった。マホガニーの壁は横六〇センチ、縦二四〇センチのピラミッド型の木目が走っている（希少価値）[4]。豚革を使った椅子。イタリアの大理石パヴォナッツオ・フォルノを使った窓枠飾り。テネリファ織りをあしらったスライド式開閉の新しい窓。ボーツェンの絹をカーテンに使用。

上・ウィーン１区、W氏邸（ヴァイス邸、1904年）音楽室。
下・ウィーン４区、T邸（トゥルノフスキー邸、1900年）紳士室。ともに撮影1930年

上・ウィーン4区、T邸（トゥルノフスキー邸）食堂。右に暖炉。
下・同食堂、家族の肖像画下の食器棚（上の写真左手）。ともに撮影1930年

上・ウィーン１区、L氏邸（レオポルド・ランガー邸、1903年）食堂。
下・同食堂、暖炉のあるアルコーブ（上の写真左奥）。ともに撮影1903年

訪問先――ウィーン一区、エリザベート通り十五番地、五階、S邸の男性部屋。男性部屋と防火壁が斜めに空間を仕切る屋根裏部屋が一体になっている。所有者はアマチュア写真家で、屋根裏部屋を暗室として使っている。暖炉の形状により、斜めの壁であることを感じさせない。壁には手染めのイギリス風の壁紙。無塗装のオーク材（オフィスの内装と同じように）。それでも古い黒のアップライトピアノがとてもよく調和している。カエデ材の寝室。

訪問先――ウィーン一区、ニーベルンゲンガッセ十三番地、二階、K邸の住居（エレベータなし）。引っ越しの際、ポルトワ&フィクス社の家具が持ちこまれた。住居のあちこちに問題があり、リフォームする必要があった。吹き抜け窓を拡大（二階のオリジナルの形に注目）。バスルームの前を通る新しくなった玄関と食事部屋をつなぐ廊下。新しくつくった箇所――黄色い漆喰の基礎を白いワニスで塗装した玄関。食事部屋の付属部屋の半分を暖炉、もう半分を温室とした。スキーロス島産の大理石、ドナテルロ・フリーズ[5]。

二日目

訪問先――ウィーン八区、ヴィッケンブルクガッセ二十四番地、中二階、ドクターT邸。食事部屋はサクラ材を使用、診察室はマホガニー材、寝室はブラウス用の生地。この寝室は雑誌「芸術《クンスト》」に掲載した私の妻の寝室[6]に倣った。

訪問先――ウィーン九区、アルザー通り二十二番地、二階、ドクターSch邸（エレベータなし）。白いワニスで塗った玄関、茶色に彩色したオーク材を使用した食事部屋、日本風の壁紙――グラスクロス（ラミー繊維で織った布）、白いワニスの居間、古い暖炉。

訪問先――ウィーン九区、アルザー通り五十三番地、三階、ドクターH邸（エレベータなし）。食事部屋。

上・ウィーン1区、ロース自邸（1903年）居間、暖炉とアルコーブ。
下・同、夫人（リナ・ロース）の寝室。ともに撮影1903年

診療室としても使えるようにした。不恰好な竈《かまど》に大きな時計をつけた。フラワースタンドには古いイタリアの鋳物を使用。壁は黒く塗ったオーク材を使っている。まだ拡張する予定のため仕事部屋は完成していない。寝室はカエデ材。

訪問先――ウィーン八区、ヨーゼフシュテッター通り六十八番地、中庭側の住居。中庭に入る際には入口のドアノブのボタンを押すこと。エラ・ホファー嬢の食事部屋。彼女は以前、フォルクス劇場で活動していたが、現在はニューヨークの舞台に出演している。もともとこの建物は皇帝顧問官ハヌシュのものだった。この部屋はきわめてユニークで、梁を組みこんだ天井を低くつくり、斜めに小部屋を付け加えた。石膏でできた暖炉と、その上にはドナテッロの鋳物。白のワニス、サクラ材、緑の吹きつけ壁。ふたつのありふれた窓をひとつの大きな窓に変えた。窓の支柱が大きいせいで部屋全体が薄暗かったため、取り外してバルコニーにした。

訪問先――ウィーン八区、ヨーゼフシュテッター通り七十三番地、三階、ドクターG邸、右記の住居の対面（エレベータあり）。玄関は私によるものではない。白いワニスとマホガニーを使った食事部屋。男性向けだが、ここにピアノがあると引き立つだろう。こうした発想は私が住居を手がける際の起点となる。その一例である。私が最初に提示するのは大まかなベースラインだけである。未完成。この部屋の主が引っ越してきてまだ二週間しか経っていないのだから。

訪問先――ウィーン一区、バレリア四番地、二階、F邸（エレベータあり。オットー・ワーグナーの最初の建築である）。主はチェロ奏者で、本の装丁をコレクションしている。妻は彫刻家。食事部屋――オットー・ワーグナーはこの建物をつくる際に、ベルリンで過ごした学生時代の経験を活かしてベルリン的な部屋を再現している。中庭に面しておりふだんは暗く、中庭から照明を当てる夜だけは、内部が明るく使いやすい。壁、

上・ウィーン8区、エラ・ホファー嬢の食堂（シュヴァルツヴァルト邸、1905年）下・ウィーン1区、F邸（フリードマン邸、1906年）書斎。右手に安楽椅子「クニーシュヴィンマー」。ともに撮影1930年

上・ウィーン一区、F邸（フリードマン邸）音楽室。
右手にエレファントトランク・テーブルがある。撮影一九三〇年。
右・一九〇〇年、F・O・シュミット社製作のエレファントトランク・テーブル。天板に貼られたタイルはビゴー社製

食器棚、暖炉はすべてイタリアのパヴォナッツォ大理石製[7]。日本風の壁紙。椅子はチッペンデールのリバンドチェア[8]のコピーでマホガニーを使用。壁には泉とポンペイ遺跡の蛇の壁画を描いた（この夫婦の新婚旅行の思い出から）。音楽室はサクラ材、暖炉はヴェールヴェール（ベルギー）。マホガニーを使用した男性部屋、暖炉はチロル産のオニキス。

食事部屋に用意した椅子はオーストリア博物館に展示されているものを複製した。食事部屋以外はイギリスの椅子を複製したF・O・シュミット社[9]の椅子を使った。

象の鼻《エレファントトランク》型テーブル[10]はマックス・シュミット氏の依頼でF・O・シュミット社の工房で製作されたもの（製作にあたったのは同社工場長のベルカ）。その上に貼ったタイルはパリのビゴー社製。

その他の現代的な家具と照明器具は私が自分でデザインした。

今回紹介した住居は、すべてここ八年のあいだに私が手がけてきたものである。われわれの訪問を引き受けてくださった住人のみなさまには心より感謝申し上げる。

住居に関する詳しい解説は、虚心坦懐に聞きたがっている依頼主にだけするようにしている。スノッブを相手にするつもりはない。なお今回お邪魔した部屋はいっさい建築専門誌に掲載されることはない。また、今後こうした住居探訪をおこなうつもりはないことをお断りしておく。

（一九〇六年）

ミヒャエル広場にある私の建物のファサードに物言いがついた件

まず私と施主が驚いているのは、私たちと市建築局とのいざこざがマスコミの知るところとなったことです。この衝突はいずれ穏便に解決するだろうと考えています。いまもなお立場を変えずに主張しているのは次の二点です。まず私たちの計画が市議会の承認を得るのは間違いないこと、さらに建築局側が仕事の手順に関して私たちにあれこれ指図する権限はないということです。そもそも建築局から認可を受けた計画では、ファサードは一階とメザニンにギリシャ産の大理石を使い、その上の残りの四階分はモルタルを使うことになっています。このモルタルファサードの装飾にはコーニスからメザニンにいたるまで、等間隔で水平のメアンダー雷文を使います。しかしその雷文装飾の材料に何を使うかはまだ確定していません。磁器、テラコッタ、セメント、人造石、あるいは別の材料を使うべきか迷っており、文様を壁からどの程度盛り上げるかもまだ決まっていません。この二点に関しては、今後完成するファサードの大理石部分の印象で自然と決まってくるでしょう。いまの段階では、誰にも判断しようがありません。これまでこれだけの規模でチポリーノ大理石[1]が使用された試しはありません。ローマの滅亡後、この大理石を使った遺跡はいったん忘れ去られ、

「ミヒャエル広場に建つ建築」、通称ロースハウス（1911 年）。上・工事中の 1910 年夏。下・1911 年夏。店舗階はすでにチポリーノ大理石で覆われている。左手の通りがヘレンガッセ、右手がコールマルクト

中世とルネサンスの時代は、わざわざ古いローマ遺跡からとりだしてこの材料を使っていたのです。しかし六年前、ギリシャのエウボイアでまたチポリーノ大理石が発見され、このたびミヒャエル広場で、この最高級の豪華な大理石をふんだんに使って、はじめて大きな建築物がつくられる運びとなったのです。

以上の経緯を考慮したうえで私たちが建築局に提案したのは、まずはこの大理石を使ってできあがるファサードがどういう印象を与えるのかを見極め、そのうえで残りのモルタルファサードのつくり方を考えたい、ということです。明日の金曜日、市の調査委員が集まることになっています。町の景観と美しいミヒャエル広場の外観を損ねることがないよう委員たちが賢明な判断を下し、私の考えに賛同されることを切に願っています。

（一九一〇年）

道を急ぐ現代人は、自分の目の高さの物しか目に入りません。屋根の上の彫像を見つめる時間はないのです。そのため街の現代性は、路面の舗装に表現されるようになりました。

ミヒャエル広場で私が手がけている建物では、商業施設と居住空間を分けるために、それぞれファサードの処理が違います。そしてファサードの両端を固めるどっしりした主柱とそのあいだに立つより細い柱によって、建築に不可欠のリズムを強調しようと試みました。商業施設と居住空間、それぞれの軸線を変えることで両者の違いを際立たせようとしたのです。そして建物全体の重々しい印象を軽くし、テーラーがここで営業していることが外からもわかるように、窓にはベイウィンドウのフォルムを採用しました。それはたとえ格式のある高級テーラーであっても事情は同じです。この窓はガラス部分が小さいので店の内部にとても親しみやすい印象を与え、なかにいる者に二階から外に墜落する心配はないという安心感をもたらす実用的な面もあります。

ジャーナリストのラオル・アウエルンハイマーはこの建物についてこう書いています。「この建物は暗く

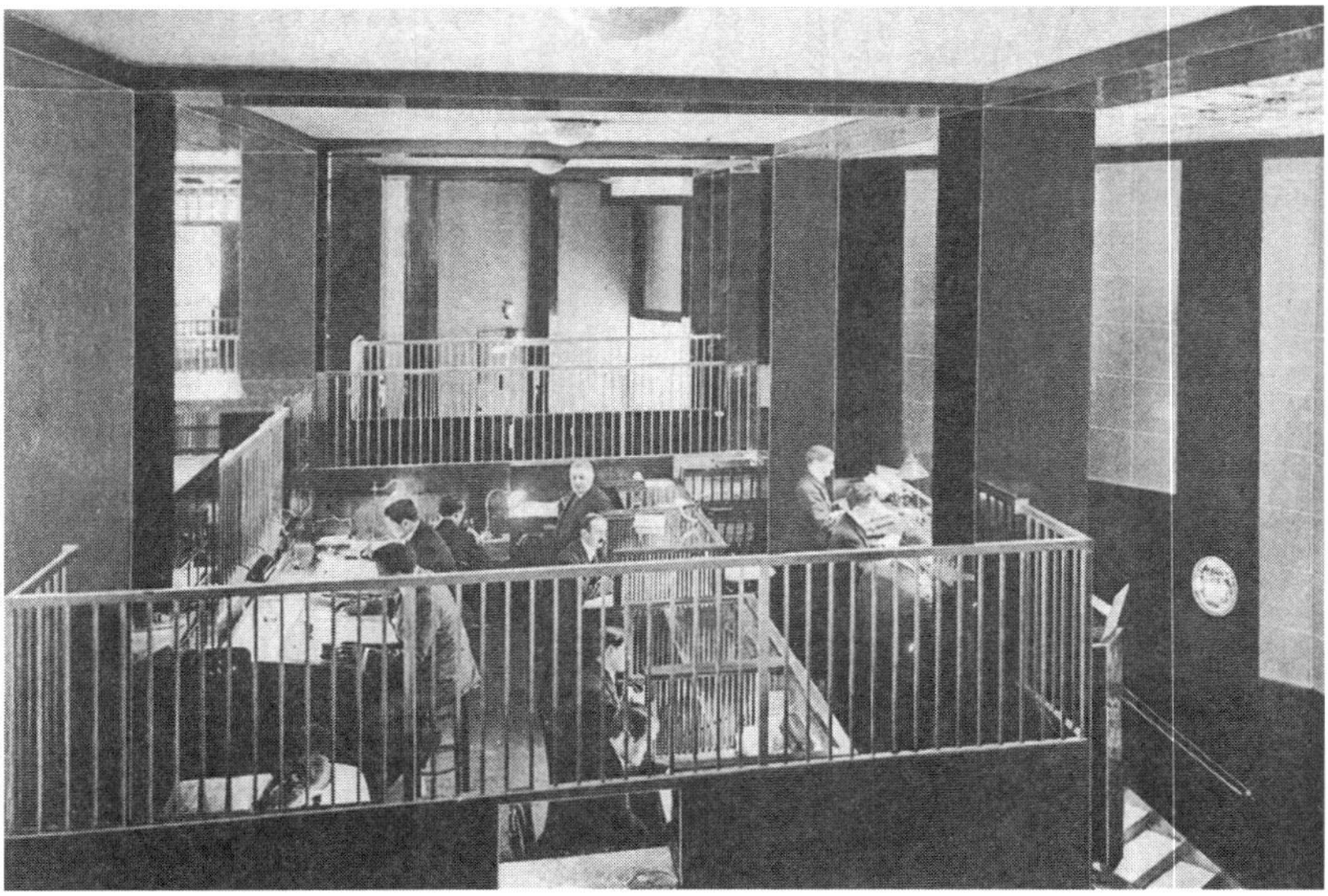

ロースハウス。上・コールマルクト側2階ギャラリー（床高6.32m）と中2階（床高4.10m）の布地倉庫。下・同ギャラリーより2階オフィス（床高5.00m）を見る。右手が階段室。ともに撮影1911年

上・ヘレンガッセ側中2階、裏地縫いコーナー（試着室の真下にあたる）。下・同、裁縫コーナー。一部吹き抜けで左上に裁断コーナー（床高6.32m）の床が見えている。ともに撮影1911年

ロースハウス、住居階専用の階段室。ヘレンガッセ側の入口を入って建物奥を右に曲がった内廊下にある

同、裏庭より住居階専用エレベータを見上げる

て気むずかしいまなざしをしており、ほほえみはなく、髭をそりあげたつるつるの顔をしている。これがロースの原則ということだろう。ほほえみも装飾だからというわけである」。ほほえみもなければ髭もないベートーヴェンの顔は、私に言わせればキュンストラーハウス[1]の面々のおかしな髭面に比べたらよほど魅力的です。まじめで厳粛、ウィーンの建物はいままでずっとそうだったし、これからもそうあるべきだと思っています。愚劣なコスチューム展示（グシュナス）[2]も悪ふざけももうたくさんです！

歴史を帯びた重厚な建物のまわりに建てられる家は、かつては特定の様式をもち、とても控えめでした。それが装飾のない市民の家というものでした。ひとつの建物が語れば他の建物は黙ってじっと耳を傾けているという感じです。しかし昨今、無意味にお金をかけて建てられる一連の建築群はどれも互いにわめきあっているだけで、その声に耳を傾けることがないのです。

（一九一一年）

立つ、歩く、座る、寝る、食べる、飲むことについて

古い文化に生きた人々は、他者へ与える立ちふるまいの印象というものをうまく演出しようと努力したものでした。得意になってポーズをとるのに、古典古代の彫像から威厳を学んだのです。十八世紀になると彼らはポーズを見ることを楽しむようになり、すばらしい芝居が少なかったから、舞台では演者を踊らせ、さまざまなポーズをとらせました。しかし今日では外面《そとづら》はあまり気にすることではなくなりました。私たちの立ちふるまいがすべて自己目的化しているからです。彫像は通常二本足で立っていますが、彫刻家ロダンは人間の姿勢にまつわる古い決まり事をすべて壊しました。現代人はむかしよりスピーディに大股で歩いていきます。人に迷惑をかけるのは速い歩行ではなく、むしろ緩慢な歩行です。フリードリヒ大王時代の軍人は一分間に六十歩進みましたが、今日比較的ゆっくりとされるオーストリアの軍人でさえ規則正しく一分間に百十五歩進み、中国人に比べると断然速く歩きます。一方で古代ローマ人はトガを着ていたので大股で歩くことは物理的に無理があって、たいていはぼんやり突っ立って暮らしていました。また現代のシカゴでは歩行者はみな同じ速度でつかつか歩いていくので、あちこちでドイツ人にぶつかったりしています。歩く、走

るというふたつの身体動作はそれぞれ別のもので、そのやり方をきちんと学ぶ必要があります。その動作のなかにも文化というものが表現されるんですね。もっともオーストリアにはまだ文化と呼べるものがありませんが。座るという動作にも、それぞれの文化に独自の特色があります。ふくらはぎの上に体を乗せる黒人の座り方は私たちには苦行でしかありません。日本人はオーストリアの学校なら罰としておこなわれるような姿勢で座っています。そしてまた歩くテンポが速くなればなるほど使う椅子が低くなっていく。歩行速度と椅子の高さは反比例するんですね。イギリスの椅子の高さは一・五フィートですが、ウィーン人はあまり快適ではない肩肘をはった無理な姿勢で座るせいでイギリスの安楽椅子に座ると必ずずり落ちる。オーストリア人は快適さよりも拷問のほうが気持ちいいのでしょう。イギリスの王女たちは日本人の座り方にならって床の上に座る。まったく恐れ入ります。イギリスではそれがおかしいことだとは誰も思いません。いつの日かオーストリア人もこのくだけた座り方をまねするようになるかもしれません。

同じことが横になることにも当てはまります。十八世紀には人は座りながら眠ることができました。病人は安楽椅子に座っていました。座ったまま死を迎えることだってあったのです。神経の細くなった現代人にはできないことです。現代人は座りながら、半ば横にもなろうとする。この姿勢をかなえるためにイギリスの安楽椅子が生まれたのです。イギリス人はこの椅子で眠るための服装までつくっている。もう、彼らは羽毛のベッドに体を埋めるなんてことはしません。

食べ方に関しては、私たちは長いことイギリスをまねてきましたが、最近ではアメリカ流が入りこんできました。私たちは元来食事のマナーにはうるさいほうで、使い終わったナイフをテーブルクロスの上に戻します。シンプルで目的にかなった動きしかしないアメリカ人は、私たちがどの筋肉を使って、こんなに複雑な動作をしているのかを観察するたび、毎回びっくりしています。ところで最近わが国では、芸術を教えている大学の教授が食器の使い方を指南しています。本人がその食器をデザインしているんですが、先生ご自身がうまく使うことができないような食器なんですね。分離派がさんざんやってきたのは、そうした装飾ゴテゴテの非実用的なものをつくることでした。もはや陶磁器も実用的な工芸品であることをやめてしまい、そのせいですっかり時代遅れのものになってしまいました。そんななかで洗練された装飾がついてはいても、何も飲めない形をしたグラスがつくられたりもしました。最近になってまともで堅実な手仕事が復活してきました。世界中どこでも、デザインをする製図板と実際に製作する窯が互いに切り離されています。もう壁に古くさいドイツの箴言を刻みつけたり、家具の上に聖櫃や装飾用の絵画や彫刻を置いたりしようとは誰も思いません。現代文化の価値観が次第に私たちのなかに浸透してきて、ルネサンス時代や過去に隆盛をきわめた様式をまねるのは恥ずべきことになってきたのです。大むかしの原始的文化や過ぎ去った数世紀は私たちとは関係がなくなっていて、もうないに等しくなった。私たちは誇り高き現代的な人間になったのです。[1]

（一九一一年）

オットー・ワーグナー

ゲットヴァイガッセにはたったふたつの建物しかない。数年前、そのうちのひとつで電信局が入る建物に行く機会があった。玄関ホールからしてすでに目を引くものがあったが、階段には驚嘆した。建物は間違いなく非常に古い。十九世紀中ごろの建造と思われるが、このような玄関口と階段をつくれるのは、おそらくあの人だけなのではないか。オットー・ワーグナーその人である。

私は感心と驚きを隠せないまま外側から建物をじっくり観察してみた。この建物のことはもともとよく知っているつもりだった。それでもあらためて新鮮な目で見ると、外観にもオットー・ワーグナーの精神が見てとれる気がする。古くなったみごとな集合住宅《ツィンスハウス》を眺めては設計した建築家が誰なのかを推測し、あれこれと想像することはいつも大きな楽しみを与えてくれる。ヨーゼフ広場にあるパラヴィチーニ宮殿をつくったヘッツェンドルフ・フォン・ホーエンベルク[1]が十八世紀の終わりにウィーンで手がけた邸宅など、私ならいともたやすく見つけだすことができる。そして目下オットー・ワーグナーの仕事を掘り起こしている最中で、ご本人に確認するたび、そのとおりだという返事を頂戴する。そのひとつにカフェ・オペラ[2]がある。これはみごととしか言いようがない。彼が一八六〇年代前半に手がけた繊細を極める建築成果のひとつだが、こうした繊細さを感じとる感性を現代のわれわれは残念ながら失ってしまった。そんなわけで今回もワーグナーのもとへ足を運び、ゲットヴァイガッセにおける最新の考古学的な発見を知らせたというわけなのだ。

するとと答えはノーだった。この建物の設計は彼ではなかった。たしかにワーグナーが手がけるには時代が古すぎた。しかし彼に結びつくところもあった。本人に質したところ、なんと偶然にも彼が幼少時代を過ごした彼の父君の建物だったそうだ。

この建物で、オットー・ワーグナーはハンガリー帝国宮廷公証人ルドルフ・ズィーモン・ワーグナーとその妻ズザンネ・ワーグナー（ヘルフェンシュトルファーの貴族出身）の間に一八四一年七月十三日に生まれた。ここが彼の生誕地となったことをわれわれは感謝すべきだろう。当時、この建物はモダンで独特の存在感を放っており、後年偉大な建築家に成長するワーグナーの幼少時代の記憶に刻みこまれ、彼の創造的営為に一貫して影響をおよぼしていくからである。この建物に備わる妥協を許さない厳密さは、その後五十年にわたり建築家が無節操なファンタジーを弄ばないよう戒めつづけた。もちろんそれには幸せな学生時代の影響もある。ファン・デア・ニュル[3]のもとで学んだウィーン造形美術アカデミーを卒業すると、ワーグナーはベルリン王立建築アカデミーに入学している。[4]ウィーンではいいと思うものをなんでも吸収した。二千年前から続く円柱のオーダー、プロフィール、および装飾を資料として収集し、自分の建築を設計する際に応用していった。師であるニュルはこの方法によってウィーン宮廷歌劇場とラリッシュ・メニッヒ宮殿[5]を建てることができたのである。一方でニュルの弟子たちはみな無節操な折衷主義に陥ってしまった。そうしたなかでベルリンはワーグナーを守ってくれた。ワーグナーがいた当時、シンケルの偉大さはまだベルリンの建築家たちのあいだで影響力を失っていなかった。彼らの作品には往々にして古典主義につきものの堅苦しさが見受けられたが、この堅苦しさがオットー・ワーグナーに伝染することはなかった。その点、彼はかたくなにウィーン的でありつづけたのだ。古典主義がもつ秩序だけが彼を強めるものとなったのである。

幸運にも彼は若くして仕事の注文に恵まれた。ベラリア通り四番地の賃貸住宅は最初の独立した仕事だったろう。この仕事にはとくに強烈なベルリンの影響がみられる。ふたつある出窓の張り出し部はあとから補足したものである。その次につくったのがバジリカ屋根のついたダンツァー劇場[6]である。ここでは建築だけでなく、インテリアも手がけている。この分野では非常に豊かな想像力が発揮され、細部は古めかしいものにもかかわらず驚くほど現代的な効果を出している。部屋のなかを歩く者はみな驚きの声をあげるばかりで、インテリアがマカルト時代[7]につくられていたことに誰も気づかないほどだ。これらの部屋——たとえばアム・カイにある工場経営者マイヤーの住居などもそうだが——は、息を呑むほどの独創力に富んでいると言わざるをえない。ここには大きく堂々とした表現を求めて奮闘する者の姿がある。彼はこぢんまりとしたオブジェが嫌いなのである。

この偉大で想像力に満ちあふれた人間に訪れた悲劇的な瞬間についても言及しておこう。時代におけるもっともモニュメンタルな建築的課題を解決するにふさわしいこの建築家は、課題を重い任務とは受けとめなかった。彼はあらゆるコンペに参加した。しかしオットー・ワーグナーが本物の芸術家でありすぎたために、一等に選ばれることはなかった。彼が残した全作品を眺めてみてほしい。彼のすばらしいアイデアが採用されず、代わりにひどい作品ばかり入賞していることを知れば誰もが憤慨したくなるだろう。どこでも大手を振っていたのはこの芸術家を見下す凡俗ばかりだった。私だったらとてもではないが、こんな失意の人生を生きたいとは思わない。それに耐えるほど強くはなれない。

ワーグナーが一八九一年以降何度も改訂しながらシュロル出版から出している『スケッチ、プロジェクト、実施作品』と題した作品集を開いてみれば、ワーグナーの宿敵たちも私が言っていることがよくわかるだろう。ベルリンの帝国議会議事堂建設案、ブダペストの国会議事堂建設案、さらにハーグの平和宮殿建設案。みな紙の上にとどまったままだ。その一方で存分に力を発揮することができたのは集合住宅の分野だった。

彼は賃貸住宅の設計で本領を発揮した。シュターディオンガッセにあるふたつの集合住宅に対して文句をつける余地があったのはたしかだろう。だが鉄格子に閉じこめられたライオンが蠅を叩きつぶすように、彼は強く叩きすぎたのである。集合住宅にはふさわしくない、あまりに強い和音が響きわたった。とはいえ、その音がどれだけすばらしかったことか。リングシュトラーセの造営計画で最初に建てられたこの建物には、度肝を抜くような玄関ホールがついている。この空間には近寄りがたい高貴さが漂う。「ここでの物乞いと行商は禁ず」と書かれたパネルなど必要ない。物乞いであれ行商人であれ、この空間に気安く足を踏み入れようとする者は誰もいないだろう。ここにあるすべては高価な材料によってではなく、フォルムによってその高貴さを生みだしている。オットー・ワーグナーは柱の配置を楔状にすることで遠近感を高めようとしているのだが、この試みを見るたび胸にこみあげるものがある。限られた空間しか使えない、与えられた小規模の仕事のなかで、彼が必死に大きな効果を出そうと奮闘する姿が目に浮かぶのだ。同時代人は彼にふさわしい規模の仕事を与えなかった。自分の生みだす建築は、世間が受け入れないほど突飛なものなのだろうか、とワーグナーは眠れぬ夜に自問せずにはいられなかったことだろう。だが私から言わせれば、柱の配置を楔状にしたことはまさに天才の技そのもので、これだけで十分建築界の殿堂入りにふさわしいほどだ。

彼は記念碑の注文も受けた。皇帝夫妻の銀婚式に使う演壇とそれ専用の天幕をつくる仕事が入った。まさに一日のための記念碑である！

その対価として彼は自宅を建てることが許された。ヒュッテンドルファーターレに風変わりな建物がお目見えした。ふたつの点で目を引いた。どこを探してもふたつとない独自性があり、バロック装飾が使われているにもかかわらず、すぐれて現代的な建物が完成した点。そしてもうひとつは見慣れぬ印象を与える建物でありながら、ウィーンの伝統を一身にまとったシェーンブルン宮殿の四阿《あずまや》（ヘッツェンドルフ・フォン・ホーエンベルク製作）とよく調和している点だ。両者のあいだにはじつに百年の隔たりがある。ワーグナーはギリシャ建築を復活させたといえるだろう。ホーエンベルクの作品が列柱を半円アーチと結びつけるローマ的思考に従ってつくられているのに対し、ワーグナーの自宅は水平のアーキトレーヴ[8]をもっている。だがファサードは左右に大きな花瓶が飾られた中央突出部《リザリートエプロン》になっている。その上には豊かなカルトゥーシュで彼の人生の座右の銘がラテン語で刻まれている。「芸術もなく愛もなかったら人生ではない。芸術は必要にのみ従う」[9]きわめて大きな案件が三つ舞いこんだ。ホーエンシュタウフェンガッセの連邦銀行[10]とレオポルドシュタットのディアーナ浴場[11]、そしてブダペストのシナゴーグである。

連邦銀行にはまだのびのびした印象を与えるイタリア・ルネサンス様式が採用されているが、それとは対照的にディアーナ浴場の内部空間《アトリウム》には後期オットー・ワーグナーの本領が動きだしている。いまだかつて、きわめてシンプルな方法によってここまで豪華な印象を与える建築はなかったのである。白い漆喰壁の浅彫りの繊細さ、そして照明器具とドアノブの鈍い光沢を放つ真鍮が驚くほどの気高さと偉大さを感じさせる。

この作品以降、思想家ワーグナーの時代が幕開けする。座右の銘「芸術は必要にのみ従う」は『近代建築』[12]のなかで体系化された。続いてホイガッセにはパレ・ホヨース（自邸）[13]と賃貸住宅、さらに大学通りにも賃貸住宅が建てられた。賃貸住宅では水平的な構成が試みられる一方で、パレ・ホヨースでは垂直的な構成が試みられた。だが垂直構成は非難轟々で、当時は「ズボン吊り《ホーゼントレーガー》ハウス」と呼ばれ嘲笑された。にもかかわらずワーグナーは大規模な芸術都市計画「アルティブス」[14]の功績により一八九四年、ハーゼマンの後継者

上・シェーンブルン宮殿グロリエッテ（ホーエンベルク、1775年）。撮影1920年代。
下・ヴィラ・ワーグナーⅠ（ワーグナー、1888年）

上・ヴィラ・ワーグナーⅠ、正面階段より見上げる。
下・同、1900年、アトリエに改築された側面パーゴラ

大学通り 12 番地の賃貸住宅（ワーグナー、1888 年）

レンヴェーク3番地のワーグナー自邸（後の「パレ・ホヨース」、1891年）

としてウィーン造形美術アカデミー教授に選出された。「アルティブス」プロジェクトはあらゆる芸術分野に役立つさまざまな建物が集まった理想的な施設であり、世界中の建築家たちに感銘を与えた。

ワーグナーは大々的な市営鉄道プロジェクトにも携わった。鉄道関連施設に建築的装いを施していく仕事だった。このプロジェクトに携わる年月のなかで独自の世界を開くとともに、ウィーンの伝統との乖離も生じていった。この乖離に対して私個人の感想を言えば、残念だったと言わざるをえない。ワーグナーは意図的にギリシャ的形態言語から遠ざかり、自分独自の形態言語で語ろうとしはじめたのである。そのやり方は、いつの時代であれ間違っていると私は言いたい。現代の作家たちも、言わんとすることはすべて自分の言語で表現することができると考えている。彼らは表現に世界共通言語ヴォラピュク[15]など必要ないと考えているのだ。ワーグナーがベルギーのアールヌーヴォー的風潮に同調し、新しい装飾をつくりだそうと奮闘しはじめたのがそもそもの間違いだったのである。

装飾に関する私の見解は誰もが知るところだ。すでに十三年前から自分の考えをこう表現してきた。「新しい装飾をつくりだすことはもうわれわれに与えられた仕事ではない」(この表現から私の敵対者たちは、私が装飾を全否定しているととらえているが、私はいわゆる現代的な装飾を否定しているだけで、既存の装飾を否定しているわけではない。全否定しているのは材料を偽装するイミテーションである)。だが現代において装飾しようとする者は既存の装飾を利用するしかない。教養ある現代人のなかにあって新しい装飾を生みだすのは才能の表出ではなく退化のあらわれにすぎないと私は考えている。パプア人なら話は別だ。彼らはアイデアが枯渇して装飾を生みだすことができなくなるまで新しい装飾をつくりつづければいい。

しかしオットー・ワーグナーは退化していたのではない。当時ワーグナーのアトリエからウィーンの町に撒き散らされたおどろおどろしいヒマワリや螺旋、ギザギザのラインや蔓、ミミズといった装飾は彼のアイデアから生まれたものではない。アトリエに集まった仕事仲間たちがつくりだしたものだ。これは秘密でもなんでもない。当時レオポルド・バウアーは誇らしげに語っていたが、ワーグナーの代表作カールスプラッツ駅[16]につけられた七匹の蛇の装飾はバウアーがつくったものだそうだ。それらは階段を歩く乗客に寄り添うように配置されている。いまでは蛇の頭の部分が壁の腐食によって破損しているが、まだしも救いである。ワーグナーは彼らのやりたいようにやらせた。それがいつもうまくいくとは限らなかった。たとえ巨匠ワーグナーのゆるぎない設計のおかげで奇抜な装飾が表面的なお飾り程度で済んだとはいえ、独立した建築家として仕事を請け負っていたのはワーグナー・シューレの生徒たちだったのである。アポロ蠟燭店[17]の内装はその悲惨な一例である。

堂々たるヌスドルフの水門[18]のように組んでいた装飾家たちの手が入らなかった作品は、この先も永く価値を失うことはないだろう。

ワーグナーのアトリエから生みだされたものがすべていいと言っているわけではない。その点はここまで読んできた読者ならおわかりだろう。私は伝統を信奉し、ワーグナーは否定する。しかし敵であれ味方であれ今日もっとも偉大な建築家がオーストリア人であり、ウィーンで暮らしていることをわれわれはもっと誇るべきではないだろうか。ワーグナーの存在はシンケル、ゼンパーの流れを引き継ぐ十九世紀の建築の発展史における画期的事件なのである。世界中の人々がそのことを理解しているにもかかわらず、ウィーンでは誰もが理解しているわけではない。人類の発展にとって偉大な者たちの失敗は、卑小な者たちの美徳よりもよほど意味がある。まだ若々しい七十歳のワーグナーが八十八歳まで生きて活動したミケランジェロの境地に達するまで、まだ時間は残されている。彼の生きる町、彼が属す国が、どうかこの貴重な時間を無駄にしないよう心から願うばかりだ!

（一九一一年）

上・カールスプラッツ駅舎（ワーグナー、1899年）。
下・ヌスドルフの水門（同、1898年）。右手に運河管理棟

ヘレンガッセ

乗馬学校の建物のみごとなドーム屋根とその周辺の建物とのみごとな調和ぶりをみれば、私がなぜミヒャエル広場にこのような建物(ロースハウス)を建てたのか、逆にドーム屋根のついた城塞のようなヘーベルシュタイン邸[1]がこの広場にいかに合わないか理由がわかるだろう。わかってもらわなければ困る。

ヘレンガッセは、もともと郊外のカーレンベルク山とウィーン川をつなぐ道としてつくられている。ウィーン宮廷歌劇場ができる以前は、ヘレンガッセに立つとヨーゼフ広場に続く門のアーチを通してカールス教会が見渡せた。

ヘレンガッセ五番地にある邸宅はヴィルチェク伯爵のもので一七五〇年に建てられた。七番地のモーデナ邸は一八一〇年建造。入口には、大きな梁間に非常に太いトスカーナ風の柱が立っている。もしイオニア式の円柱を使っていたら、ここまで太くすることはできなかっただろう。九番地は一六九〇年に建てられたクラーリー邸[2]である。ここで目を引くのは、窓につけられた鋳鉄のパラペットだ。装飾はすべて石材を使用し

上・ホーフブルク宮殿ミヒャエル門。中央ドーム下の門より建物左側がスペイン乗馬学校。
下・ウィーン造形美術アカデミー（ハンゼン、1877年）シラープラッツ側正面。撮影1913年

ており、方杖《ほうづえ》[3]の部分だけがスタッコである。それがオリジナルのまま残っているのだからすごい！　十一番地は地方総監の邸宅で、一八四五年シュプレンガーが建造した。この建物をもって、それまで受け継がれてきた伝統が消えることになった。十三番地は田舎風の別荘で、一八三七年ルートヴィヒ・ピヒェル作。特別すばらしいとは言いがたいが、いいものにはちがいない。この建物の存在はありがたい。なぜなら一八三七年（別荘）から一八四五年（地方総監の邸宅）の間に建築は徐々に伝統を失い、乱れていくのである。この別荘よりもっといいのが十五番地の邸宅である。これは私がミヒャエル広場の建物（ロースハウス）を手がける際にもってこいのお手本になった。じつにみごとな建物で、一階と中二階の組み合わせ方が絶妙であり、上層階はすっきりしていて小屋組みがなだらかである。一八二三年に建てられた十七番地のオーストリア＝ハンガリー銀行も価値のある建物だ。古典の影響がとくに顕著なのは、とても美しい表玄関だろう。ちょうどこのころ、アテネのエレクティオン神殿が発掘され注目を集めた。そこから、瑞々しく気高い古典の影響を受けたのだろう。門を担当した職人の仕事は非の打ちどころがない。

ウィーン造形美術アカデミー

一八七〇年代にハンゼン[4]によって建てられたもので[5]、彼にとって最初の記念碑的作品といえるだろう。ゲトライデマルクトから見る後ろ姿は、この建物がまわりからひときわ高いため、非常に存在感がある。花崗岩の礎石は、ここ最近ウィーンで建てられている建物のなかでもっともすばらしい。ハンゼンは建物の背面の半円アーチと横面の窓をコーニスの下でみごとに調和させている。そして前面中に突出部《リザリートエプロン》を使わず、ファサードにも背面にも双塔状のパイロン[6]を採用することによって重厚感を生みだしている。これは「現代人」の感覚ではできない技だ。マカルトガッセ側の入口前を通るたび、感嘆せざるをえない。

この建物はリングシュトラーセに面していて、立地条件も最高である。この大通りは地面が少し高くなっているため、リングシュトラーセからアカデミーを見渡すと、迫ってくるような存在感が感じられる。アカデミーからリングシュトラーセを見渡しても、その光景は強烈だろう。こうした眺望は町を豊かにする。だがリングシュトラーセに無理やり迫りだしている感のあるブルク劇場やまわりから浮いているゲーテ記念碑像は、こうした感興を呼び起こすことがない！

（一九一三―一四年）

ウィンタースポーツホテル

これは冬山に建てることを想定したホテルプロジェクトである。

バスルームの窓は通気孔側ではなく外に面して設置し、直接外光が入るのが望ましい。バスルームをふたつ並べ、そのあいだに小部屋《カビネット》を挟んでまんなかで仕切り、両方のバスルームから使えるようにする。こうした空間構成にすると当然費用はかさむ。ただでさえバスルームの維持費は一般の客室より高くつく。山に建つホテルでいちばん快適な場所はロッジア[1]である。大きく外に張り出したバルコニーは好ましくない。高所恐怖症のゲストがいるからだ。どの階層に何をもってくるかは、ホテルが建つ山の高さに応じて考える必要がある。

通常、玄関の間と従業員の住みこみ部屋には直接外光をとりいれる必要はないとされる。これらの部屋は廊下側の壁の高い位置に窓があり、そこから光が入る。だがホテルを運営するうえで住みこみ部屋を粗末に扱うことは危険である。従業員に不満がたまれば、ホテルの運営をめちゃくちゃにしてしまうこともありうる。宮廷の侍従が実際の権力を握っている場合と同じである。だから従業員の部屋は中庭にも外側にも面す

ウィンタースポーツホテル（計画1913年）、1920年のサロン・ドートンヌで展示された模型（背面側）

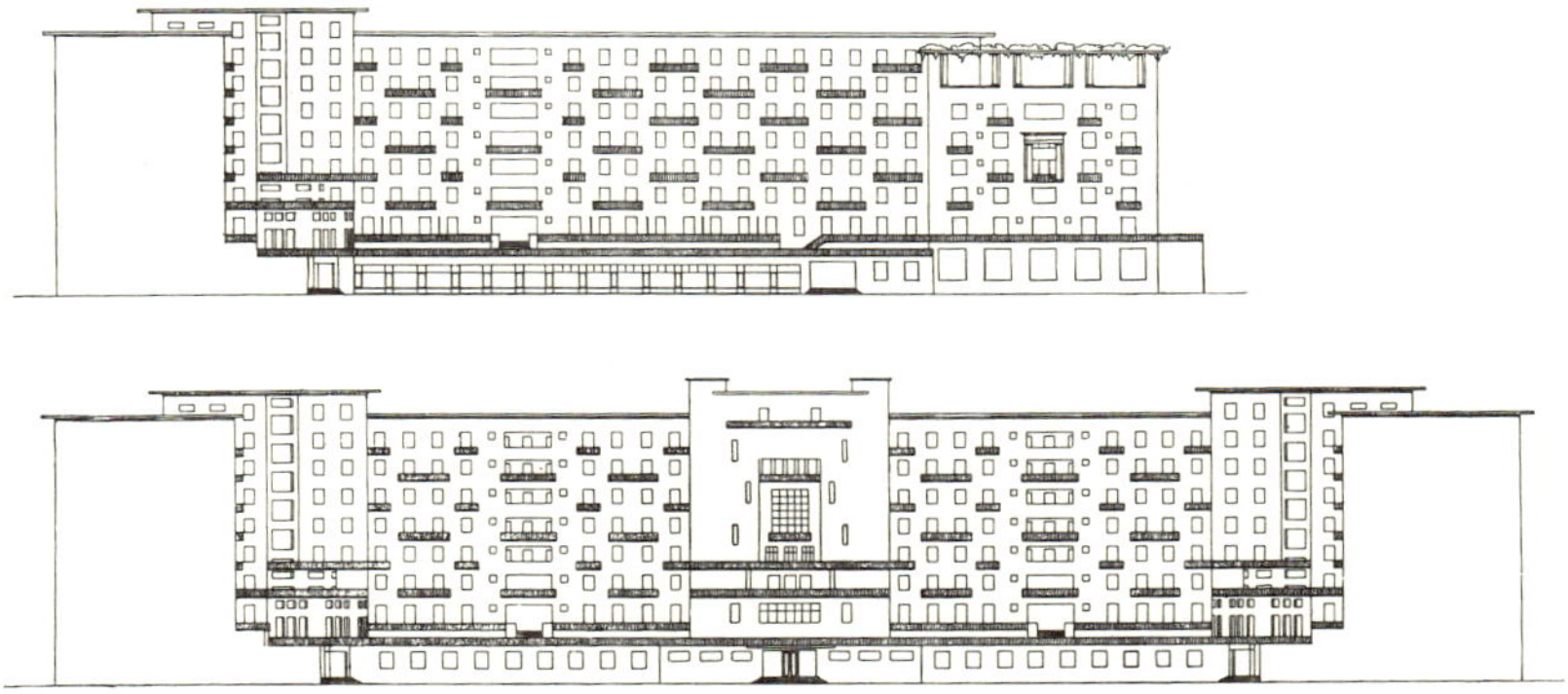

同、側面（上）、正面（下）立面図

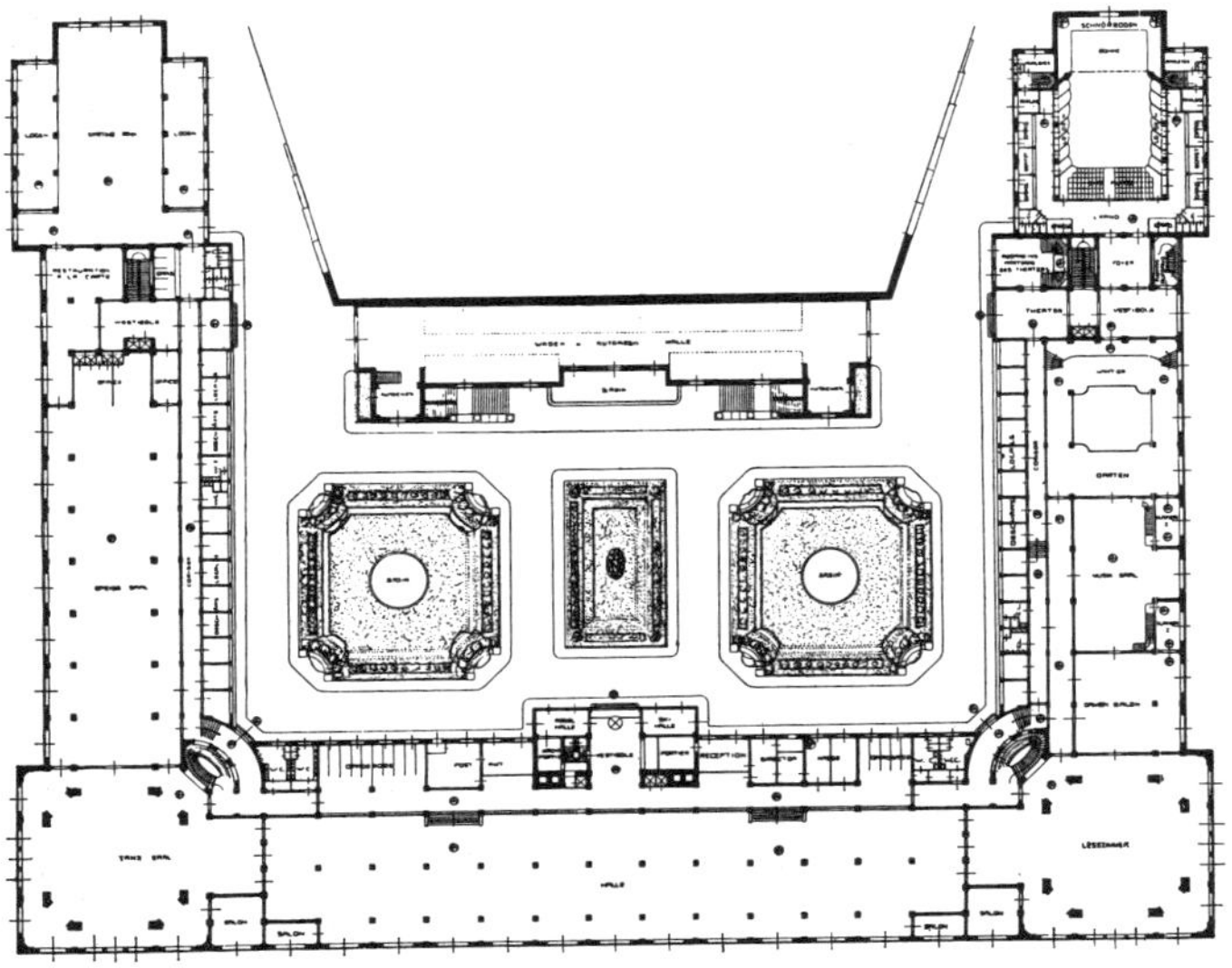

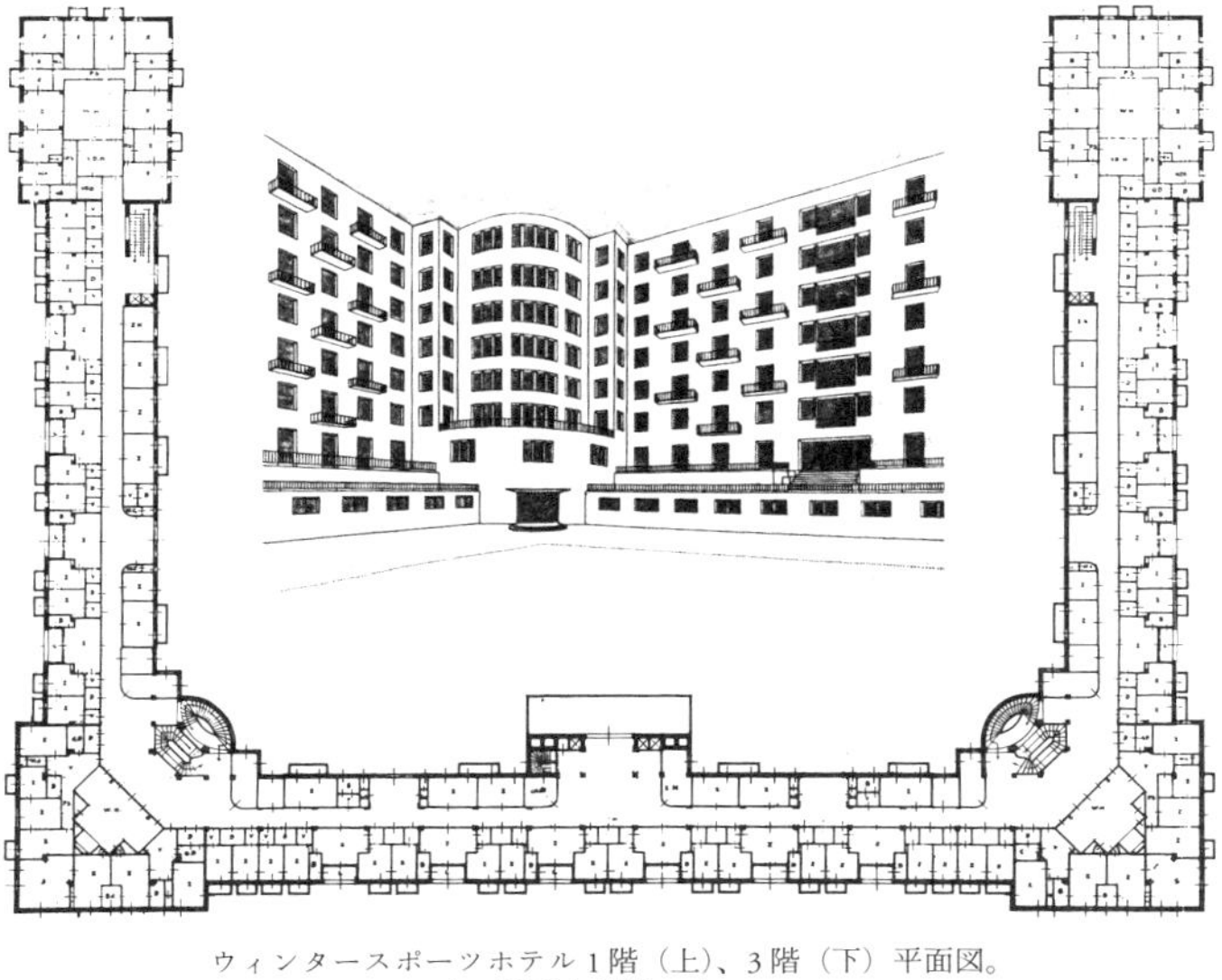

ウィンタースポーツホテル1階（上）、3階（下）平面図。
中・正面左入隅のパース

るように確保し、外光をとりいれるのが望ましい。住みこみ部屋を中庭にだけ面した暗い場所に押しつけるのは絶対に避けるべきである。

次に考えなければならないのは部屋とバスルームに面しているロッジアのスペースをどう生かすかである。この空間の使い道としては控えの間、従業員部屋、スーツケースの保管場所などがあげられる。通常、客の荷物の置き場所を考慮することはないが、ウィーンで二日三日滞在するのとは違い、山のホテルの滞在者は一、二ヵ月の長期にわたり過ごすこともある。当然社交の場で使う衣装も少なからず必要となり、荷物の置き場に困ることがある。ふつうはスーツケースを廊下に並べるが、衣装をとりだす際、人目について不愉快なこともある。ロッジアをスーツケースの保管場所にする場合は貸し出せるようにする。ゲストが一度に多くの部屋を必要とすることも想定して、どの部屋にも相互に行き来できる扉をつけることを忘れてはいけない。

部屋の防音についてもふれておこう。防音問題はホテルを運営するうえで最重要課題といえるが、壁を一枚ではなく二枚重ねれば、そのあいだに空気の層が生まれ、防音効果を発揮する。これで一件落着。厚さ一五センチの壁を一枚使う場合と、七センチの壁を二枚重ねる場合とではコストは変わらないが、後者の場合七センチの空気層をつくり、それを七センチの厚さの壁で両方から挟めば二一センチの厚さが確保できる。

部屋の扉を二重扉にするのは当然だが、隣接しているふたつの部屋をまとめてゲストが所望した場合、とりはずして収納しておけばいい。そのための収納スペースは各階に必要で、エキストラで要求される家具や寝椅子、ベッド、家具などを収納しておけばいい。ただこうしたものは大きすぎてエレベータでは運べない。人間専用のエレベータでは絶対無理だが、貨物用リフトを設置しているホテルもめったにない。仕方ないが肩に乗せて運ぶしかない。

ホテルに必要な部屋をあげれば客室、控えの間、バスルーム、トイレ、プール（これはいまだドイツ・オーストリアではなじみの薄いアメリカ的な施設である）、従業員部屋、各階に設置された物置ということになる。その他従業員が事務作業をするのに使う部屋も必須である。

従業員についてもふれておこう。各階に詰めているのがメイドを監督する女性の世話係である。ゲストが人を呼んでもたいていはメイドが対応するため、世話係の存在はあまり知られていない。他にゲストの面倒をみる部屋つきのボーイ、客の靴を磨き服にブラシをかける小間使い、メイド、食事を給仕するウェーターがいる。従業員用には寝室、自由に使える雑用部屋、オフィスが必要。規模の小さなホテルの場合、各階に世話係を置くわけにもいかないから、守衛ひとりと世話係ひとりで二、三階をまとめて管理すればいい。

（一九一三―一四年）

ホテル・フリードリヒシュトラーセ

これはウィーンのフリードリヒシュトラーセに建てることを想定したホテルプロジェクト[1]である。もしウィーン最大の食品市場ナシュマルクト[2]が撤去されるようなことになれば、周辺には広々とした空間ができ、このホテルが直接カールス広場と対面することになる。リングシュトラーセをめぐる呪わしい都市改造計画のせいで、ホテルからカールス教会へのアクセスは、リングがなかった時代に比べると二、三分余計にかかることになる。だが、せめて数歩でも早く教会の威容が目に入るよう、ホテルの建物の隅を斜めにした。

ロビーはオーストリアやドイツではまだなじみのないアメリカンスタイルを採用した。路上の延長となっており、足を踏み入れても誰ひとり帽子をとらないから、エレガントさに欠ける面もある。人々が絶え間なく出入りし、スーツケースが積みあげられ、快適だから関係のない通行人まで入ってきて、ここで一時を過ごすのである。夏は涼しく、冬は暖房が効いていて暖かい。南ヨーロッパの街角のように花屋、煙草屋、本屋、乗車券売場が並ぶ。そのためロビー全体はターミナル駅の構内のような印象を与えるだろう。本物の駅

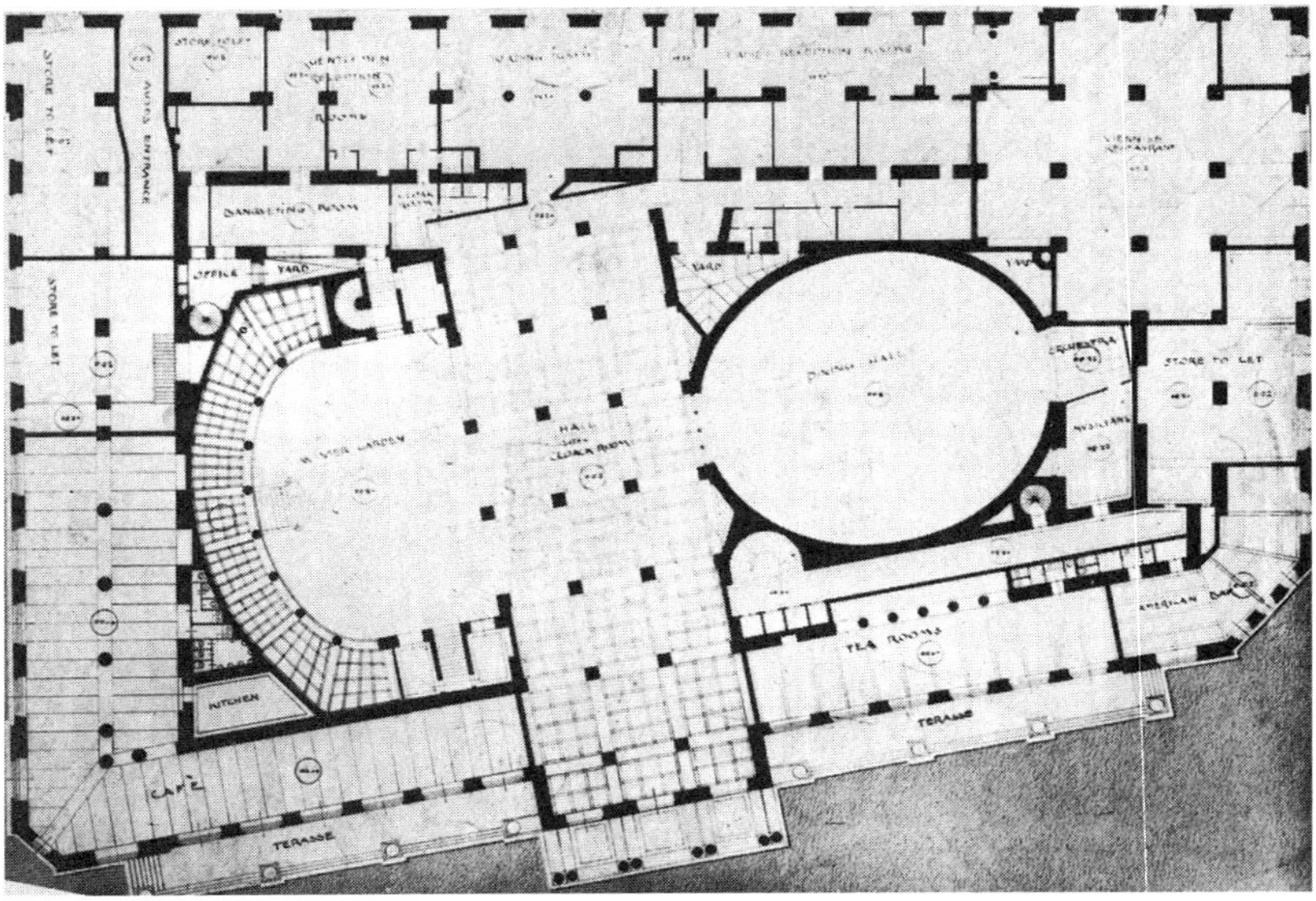

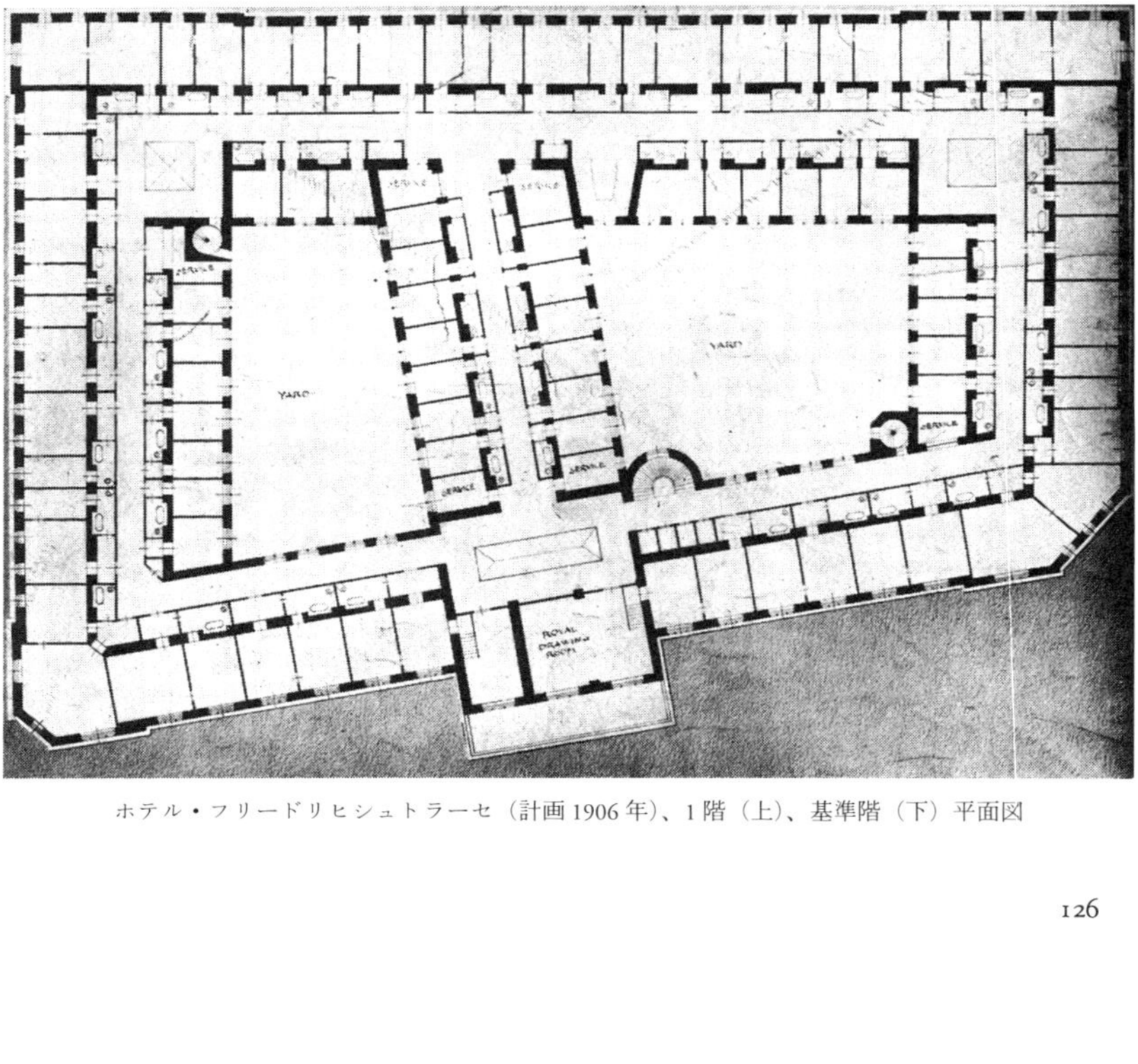

ホテル・フリードリヒシュトラーセ（計画1906年)、1階（上)、基準階（下）平面図

との違いは、ドアマンの休憩用に軽く飲み食いできる鍵つきのバーを用意したことである。

　ロビーが路上と地続きのために、ホテルの従業員がゲストの顔をすべて覚え、いちいち部外者と区別するのは時間的に不可能である。そのため地下にサンルームをつくり、ロビーと区別することにした。天井と天窓はそのままロビー天井の延長となっている。サンルームはクローク、レストランとつながっている。ガラス張りになっているためロビーから内部が見えるが、路上から見られるよりはうっとうしくないだろう。ロビーいちばん奥の階段を上がると右に食事や会合に使うＶＩＰルーム、左には宴会場がある。その並びに男性用サロン、女性用サロンが続く。サロンは他の一般部屋と格が違い、煙草を吸うことは許されていない。他にも同じフロアの隅に贅を尽くしたウィーンレストランがあり、カフェ、スイーツの店、アメリカンバー、半地下にはパーキングスペース、中二階に小さな店舗がいくつか入る。

　天窓による採光は必要最低限に抑えた。長雨が続く場合、外光だけに頼ると内部は暗くゲストは気が滅入る。ウィーンのホテル・ブリストル[3]はその典型で、長期滞在者はみな困り果てている。天窓だけで光をまかなう生活も、電気の灯りだけに頼る生活も長々とはできないもの。バランスの問題である。階段に関してはあまり考慮しなかった。ゲスト用と従業員用ふたつずつ設置してあるが、なにより大事なのはエレベータである。上り下りにはみなこれを使うからだ。


（一九一三―一四年）

建築とカフェハウス

ウィーンにあるふつうのカフェハウス[1]の外観はどのようにあるべきだろうか？　カフェの経営者が外観についていちばんこだわる点は、と聞かれれば、たいてい立派な店の看板をつくることと答えるが、私に言わせれば看板などもっとも些末なことである。十九世紀以降の人間は、それ以前の人間とはまったく違った暮らしを営みはじめた。われわれの生活は上へ向かうのではなく、横に広がっていくのである。

自分のことを芸術家だと考えていない者がいちばん強い。ウィーンでカフェハウスを開くなら、建築家よりも家具量販店にインテリアを任せたほうがいい。建築家がつくるカフェハウスは明らかにひどい。センスがいいとはいえないがアストリア[2]はいい。しっかり稼げているし、店に出入りする階級層に分相応である。表玄関までは手放しですばらしいのはバンベルガーがインテリアを手がけたカフェ・ブリストルだろう。表玄関まではひどいが、なかに入ると無理にモダンな感じをねらっておらず、出色である。

かつて人々はカフェでトランプや読書などなんでもしたものだった。今日では、それぞれ専門のカフェに分かれている。以前と変わらないのは田舎のカフェである。町が開けていくにしたがってカフェの専門化は進んでいく。ベルリンにはビリヤード専門カフェ・ビリヤードパラスト[3]がある。有名なビリヤードプレイヤーのケルカウはここのプログラムで大金を稼いでいる。二階はウィーンのカフェ同様、ふつうのカフェとなっているが、三階はコンサートカフェのようになっている。ナイトカフェとして使われており、昼間はいつもがらんとしている。四階がビリヤード場で、六十四台のビリヤード台が置かれている。なかなかの壮観で幾千台もあるように錯覚してしまうほどだ。優れたビリヤードプレイヤーは、自分の横でコーヒーを飲んでいるようなカフェではもうプレイしない。ビリヤード文化を育てることはひとつの科学である。科学があらゆる損害や天候の影響からビリヤードを守るのである。プレイヤーはビリヤードが大事にされるところには足を運ぶが、大事にしてもせいぜい手入れがビリヤード台のブラシがけをする程度といったところには行かない。ビリヤード台の大きさはいろいろある。ウィーンで使われているフランス式は小さくなる傾向にあるが、イギリス式は非常に大きい。かつて一年ほどここにあったイギリス式の台は本国に返されてしまった。値段は六万五〇〇〇クローネだった……。

（一九一三—一四年）

ベヴェーグング　新しい芸術グループ

あのポスター、ごらんになりました？

ここ一週間、ひっきりなしに聞かれる質問だ。「あれは……」と相手が説明しかけると私はすかさず、「ええ、見ましたとも」と言って続きをさえぎってしまうのである。

詳しい説明はいらない。これはたんにポスターである。乗っている市電がポスターの前をかすめ、はじめて目にすると誰もが目を凝らして、何が書いてあるのか確認する。そしてそこに新しい芸術グループ名「ベヴェーグング〔運動〕[1]」の文字が踊っているのがわかると納得するのである。

これはポスターとして非常に出来がいい。しっかりその目的を果たしているといえるだろう。目的は読まれることにある。このポスターはとりあえず誰もが内容を理解できるようにつくってある。読みにくい字体がかえってこちらの意識を呼びこみ、じっと目を凝らすことになるのだ。デザインしたのはフランツ・スカラである。

ケンデ[2]のギャラリーで、誕生したばかりの芸術グループ「ベヴェーグング」が現在展示会を開催中だ。場所はケルントナー通りの、エクイタブル宮とゲルストナーの店のちょうどまんなかにある。この展示会はポスター同様なかなかみずみずしい。

出品しているのはいずれも若い人たちで、彼らは人生をそれほど深刻に受けとめておらず、それでも学ぶものはしっかり学び、軽快に創作活動を展開している。彼らが西欧に生きる喜びを味わっている様子が見てとれるのだ。そして西欧文化の隆盛を印象づけるために、彼らは四人のチェコ人を招待した。いずれも現在パリで活躍するパリ精神の体現者というべき人物たちで、ヴラスチスラフ・ホッフマン、[3] ヴァーツラフ・シュパーラ、[4] ルドルフ・クレムリチカ、[5] それにキュビストのヨセフ・チャペック[6]である。

芸術を解さないウィーンの俗物たちは、キュビズムをいつものように冷笑をもって迎えるにちがいないが、一方で芸術の真の理解者たちは、彼らの作品を鑑賞した後に、芸術とは元来すべてキュビズムなのだと考えなおすかもしれない。キュビズムとは単純化のことだ。キュビストも人間に鼻がついていることはもちろんわかっているが、鼻のないほうが人間を描くのに適していると判断すれば鼻を描かない。ここは強調しておくが、描くのに適していると判断すればである。八十年前の画家も一本の木に十万枚の葉がついていることは知っていた。しかし木を描くのに葉がないほうがうまく表現できるとすれば、大振りな筆さばきで葉を無視した。絵をよりよいものにするためだった。どの時代のどの民族も、俗物はいつもデナーの描く無精ひげの精密さに心を奪われるものだが、それに違和感を覚える芸術通には「単純化する画家」レンブラントのほうがより望ましいのである。

もうひとりゲストがいた。アルフレート・クービン[7]である。旧約聖書のダニエル書に取材した水彩画の連作が展示されている。これは彼の最高傑作というべきだろう。間もなく複製が販売されることになっている。

ベヴェーグングのメンバーたちにもふれておこう。リヒャルト・ディレンツは軽やかな印象の風景画を描いている。バラ色と空色、淡さとほのかさ、愛らしさと優美さ、そうしたものが渾然一体となった作品世界をつくりあげている。彼がデザインした音楽室の装飾と女性部屋も同じような印象を受ける。そこにはドイツ的な重々しさはいっさいなく、今日のパリがあるばかりだ。白状するが、私にはここ数年ウィーンで流行っている無骨な表現よりも、優美さのほうが好ましく思える。ココシュカ〔8〕があからさまに無骨さを描きだして以来、その二番煎じがすっかり増えてしまった。

フリードリヒ・ファイグルの優れた風景画、ヤニナ・グロスマンの刺激的かつ感動的な細密画もある。彼女の描く一連の優れた肖像画には、細密画特有の仰々しさがない。クラーナハ的な素朴さと単純さを絵画に取り戻そうと試みているミュンヘンの最新技法を駆使している。この技法は誰の目にも受けがいいため、凡庸な画家はみな使いたがる傾向がある。さらにふたりの女性画家にもふれておこう。フリーダ・スラヴェンディとヘレーネ・フンケである。観る者は彼女たちの作品にあふれている大胆さと力強さと才能に驚かれるだろう。前途洋々たるものがあるK・ツィルナーも忘れてはいけない。おそらくこのグループのなかではいちばん才能があるのではないか。投資したい人々にとってはもってこいの青年である。

（一九一八年）

III　戦後ウィーンとの共闘

都会と田舎　連続講演「二十世紀の外国文化」より

十八世紀末にサロン文化が滅びると、その遺産を継いだのは田舎の農民文化でした。ゲーテの主人公ウェルテルがあこがれたのはイギリスの小作人たちの服装だったのです。粗野な乗馬用長靴がサロンのなかにずかずかと入りこみ、それまで花の芳香に包まれていた居間と香が焚かれていた寝室に、野卑な厩舎の臭いが立ちこめるようになりました。二百年ものあいだずっと閉じられていた窓がついに開け放たれたのです。そして都会の人間も日中は、馬乗りか農民と同じ服装をするようになりました。しかし彼らには馬も耕作地もありませんでした。都会の住人は文化を喪失しはじめ、内面的にも外面的にも虚偽にとりつかれることになったのです。

他の国はまだましでした。オーストリアほど都市部と地方がかけ離れてはいないのです。ウィーン人は中国人を食事に招待することはできても、シュティクスノイズィードルの農夫と家族づきあいすることはできません。ウィーンのお茶の間では、農夫を差別的なジョークのネタにして笑うことはあっても、中国人のことを笑いはしません。これが地方の人間を苦しめる耐えがたい実情なのです。アメリカでは誰かしら地方に親戚縁者がいます。娘のひとりが農家に嫁ぐこともあれば、農家の息子が都会から妻をめとることもある。こうして共通の文化が都会と地方を結びつけているのです。アメリカの都市部の人間は、山岳地方の農民靴である紐つきの短靴を履きますが、これはたんに地方文化を形の上だけで模倣しているわけではありません。たとえ仕事が都市生活に縛られたものであっても、彼らは自分たちを養っている大地に両足をしっかりつけて生きているのです。そして人生の晩年を迎えると、ふたたび都会から地方へ移住して農場を手に入れ、農業を営みます。それは素人の遊びではありません。みずからを養う土から、もう二度と離れたくないという気持ちでとりくむのです。

わが国は、ふたたび文化共同体を復活することはできないのでしょうか。われわれはふたたび教養のある人間になることができないのでしょうか。こう問わざるをえないのは、都会と田舎というふたつの異なる文化が同じ場所で共存しえないからです。農民は都市住民から完全に隔離されていなければ、みずからの文化を守ることができません。それもかなわないとなれば、文化のない農民と文化のない都市住民が存在するだけになってしまうのです。

文化のない人間など、そもそも人間ではありません。そうである以上、われわれはもう一度人間を育てなければなりません。人間がしっかり育てば、時代と民族にあった文化は自然と生まれてきます。今日の都市住民は自然との紐帯をもう一度取り戻さなければなりません。それは自然を楽しむ行楽客や夏の避暑に来る都会人としてではありません。文化を喪失した都会人が生みだす地方文化の醜さをみれば、私の言いたいこともおわかりいただけるでしょう。農村かぶれの都会人がつくったバート・イシュル[1]の民族衣装ディルンドルと言ったら、目を覆いたくなるような代物です。

こんなものに甘んじていてはいけません。都市住民は思いきって田舎のなかに飛びこむのです。いまの段階では、アメリカのような地方の親戚との結びつきは残念ながら期待できそうもありません。そもそも親戚縁者が地方にいないのですから。まずはそうした関係をつくることから始めましょう。

そんな暇はない！とおっしゃる方もいるでしょう。「仕事があるし、あくせく働いて家計をやりくりするのに精いっぱいだ。しがないアパートに縛りつけられているのに、いったいどうすればいいのだ」

しかし人間に時間はあるのです。人生の耐えがたい労働にどっぷり浸かり、あとはこのまま働きつづけよと宣告される以前の時間が、どんな人間にもあるではありませんか。そう、少年少女が生きる時間です。彼らのために田舎に学校を建てるのです。厩舎の隣に学校を、堆肥の山の横に学校を。そして子供たちに教えるのです。太陽を詩的に讃えるだけでなく、生活の糧を与えてくれるものとして大切にすることを。雨や風をうっとうしいと感じるのではなく、恵みをくれる力として慕うべきだということを。

子供たちが一年びっちり田舎で暮らすことを義務とするのです。季節の移り変わりと睦みあい、耕地や森や草原で過ごすのです。その後どこで暮らすことになろうと、そのなかからこそ実直に生を営み、安寧に暮らす術を身につけた教養人が生まれてくる。都会はまっとうな人生行路から落ちこぼれた人間を次々と生み落とします。

＊

数年前、先見の明のある女性が私と共同でゼメリングに大規模な田園学校を建設する計画を練ったことがあります。女性の名前はシュヴァルツヴァルト博士[2]です。ウィーンの町は、知られている以上に彼女の恩恵を被っていることがあります。共同炊事場のおかげで避難場所ができて、ほっと一息ついている人は少なくないし、田園学校のおかげで貧しい家庭の子供が夏を田舎で暮らせるようになりました。世間で広く認知されるようになったこのふたつの施策は、彼女が発案しつくったものです。こうした彼女の業績はほんとうにたくさんあります。しかし、この勇気ある女性がどれだけ支配層と（無駄に！）闘わねばならないことか！次から次へと圧力がかかり、戦争前に田園学校をつくろうとした際、どうでもいいショーの舞台や無駄なカフェハウスほどにも資金が集まらなかったのです。

戦争は多くのことを変えてしまった。現在、たしかに金まわりはよくなりましたが、どこもかしこも材料が足りないうえに労働力がありません。せっかく大規模な計画を練りあげましたが、ゼメリング田園学校は小規模でスタートせざるをえませんでした。その後グログニッツの山林に土地が見つかり、もう来週にはここでも田園学校がスタートする運びです。少年少女たちがそこで暮らし、修養を積んでいきます。人数は限られていますが、そのぶんひとりひとりは恵まれた環境を享受できることでしょう。

グログニッツ田園学校も小規模でのスタートとなりました。しかし形よりもまずは中身が大切です。この学校でも大きな成果が出るにちがいありません。数年前、シュヴァルツヴァルト博士が夏休みに使っていたスローガン「ウィーンの子供たちを田舎へ！」が、これからは年間を通じて使われるよう願うばかりです。

（一九一八年）

芸術局のためのガイドライン

前書き

芸術家を支援するのか、あるいは芸術そのものを支援するのか、国家はその態度を決めなければならない。王政時代、芸術の庇護者は国王だった。共和制になりその役割は国民に移った。

国王が国民という観念との葛藤をつねに抱えながらも、精神に対して義務を果たすことに細心の注意を払い、芸術家に奉仕するかぎり、そして国王が国民から与えられた権利を行使して普遍的なものに対する義務を認識し果たしているかぎり、王は王でありえた。だが王が許されざる罪を犯すと玉座から降りざるをえなくなった。その罪とは聖なる精神への叛逆である。さらになすべきことをしなかったという怠慢の罪を犯しても、王は王であることはできなかっただろう。

そして国王の遺産を新しい支配者が継承する。国民である。聖なる精神は人類の前に偉大な人間としてその姿をあらわす。聖なる精神は国家に属さず全人類に属し、来たる世代の指導者となり、識者となり、賢者となり、道しるべとなる。聖なる精神にはつねに神の摂理が受肉され、肉体を与えられる。聖なる精神あればこそ、人類はみずからの意につねに反しながらも今日まで前へ進む道を切り開いてきたのであり、これからも切り開いていく。聖なる精神あればこそ、人類は原始時代の洞窟を脱して快適な居住地に入りえたのであり、本能に従うだけの無知蒙昧な生活を脱して自由に思考する理性的生活を始めえた。聖なる精神あればこそ、人類は空が青いことを知り、音色が人の心を揺り動かすことを覚え、人口を増やすには本能よりも愛が重要であることを学び、頭上に輝く星空とみずからのなかにある道徳律に気づくことになったのである。

そうなると国民はとてつもない責任感におそわれて、こう問わざるをえなくなる。「どうすれば聖なる精神を損なうという罪を犯さないですむのだろうか？」

この罪は、一度犯せば償いえない。想像してほしい。もし聖なる精神が、あるいはそれが受肉化したファン・ベートーヴェンという存在が第九交響曲を書くことを妨げてしまったとしたら、いくら後悔しようとも人はその大きな罪を拭い去ることはできなかっただろうし、第九交響曲はもう二度と同じ形で生まれてくることはなかっただろう。さらに時期というものも決定的に作用する。第九が誕生したあの時代、そうあの時代にこそ、人類は前進するためにあの音楽を必要としたのである。

人間に受肉化した精神がわれわれに話すこと、聞くこと、見ることを教え、舌、目、耳を育て、肉体をつくってきた。精神が感じることを教え、何千年もの時の流れのなかでわれわれの魂を豊かにし、同時代のなかから、あるいは別の場所から、あるいは遠い時代から物事をとりいれ理解することを可能にしてきたのである。

人は芸術家に宿る聖なる精神「サンクトゥス・スピリトゥス」と創造する精神「クレアトォア・スピリトゥス」のゆくてを阻もうとする傾向がある。平穏無事であることを望むのだ。そして大むかしの偉人が整えた波風の立たない環境に憩うのである。いまいる場所から前進するか、あるいはやっと見いだした安息の地を出ることになれば、誰もが煩わしさを感じるものだ。だから芸術的人間を憎む。新しいものを持ちこみ、慣れ親しんだ思考に変更を迫ろうとするからだ。人間が指導的精神に対してもつ反発は、芸術家と国民のあいだ、つまり芸術的人間とその同時代人のあいだに横たわる溝が大きければ大きいほど強くなる。

芸術家の同時代人は必ずしも全員が時代を共有しているわけではない。王政時代、人々は過去千年のさまざまな時代に散らばって暮らしていた（カルパティア山脈にはまだゲルマン民族の大移動があった中世初期を生きている人々がいたくらいだ）。だが新帝政時代になると、それが三百年になった。こうした時代格差の減少が経済事情の改善を反映している以上、精神は国家に対し、芸術家に可能なかぎり反発しない環境をつくるよう促すのである。反発が少なければ少ないほど芸術家にとって同時代人は肉体も精神も同時代の存在、つまり二十世紀の人間になるのである。

そのため、国民ができるかぎり芸術家を受け入れやすくすることは国家の義務である。

国家はこれ以外の方法で芸術を支援することはできない。とはいえ死すべき人間に、同時代に生きる芸術的人間を見つけだす素質は必ずしも備わっているわけではない。個人の判断の誤りは許容されよう。だが国家が芸術的人間を見過ごすことは聖なる精神への冒瀆ととらえられるべきである。個人は自分だけに責任を負えばいいが、国家はみずからが行使するオーソリティによって人間すべてに責任を負っている。個人はみずからの判断にしたがって芸術家だとみなす人物を支援することはできるが、国家が名もなき天才を見落とし世に送りださなければ、その天才を苦しみの淵に突き落とすことになる。世に出ないかぎり天才はおのれの創造的エネルギーを解放しえない。芸術家ではない一部の権威による好みと、みずから判断する力をもたずに権威に付き従うその他大勢のかしましい声のなかで芸術家の声は掻き消されてしまう。烏合の衆は口々にこう叫ぶ。「すべての人々に同じ権利を！　そう望むなら、すべての人々に同じ不平等を！」

これから述べるのはわれわれが芸術局に提言するガイドラインである。取り扱う対象によって、こうすべきだと強く断定することもあれば、さらっと提案する程度のものもある。ときに矛盾する主張も出てこようが、それはあるひとつの考えを一貫して突きつめようとした結果である。またときに、いささか古びた一般常識と重なることもあろうが、それは私も一般の読者も時代と場所に縛られているからである。

真の芸術理解者たちが私とともに検討を重ねたものをガイドラインとして固めていった。とくに造形芸術と演劇に関してはこの共同作業が適用されたが、文責は私にある。文学に関する章は数多くのウィーン人作家、文芸専門家の個々の独立した仕事の成果である。議論の陰に隠れて活字にならなかった作家たちの名前を列挙したかったのだが、本人たちに拒まれ、それはかなわなかった。

造形芸術

育成

(I) 国民

(A) 学校 (B) 展示会 (C) 芸術育成 (D) 文化退廃の予防措置

(II) 芸術家

(A) 画家と彫刻家 (B) 棟梁と建築家 (C) 意匠デザイナー (D) 職人 (E) 身分保障

文化財保護

(I) 芸術的文化財ならびに歴史的文化財の保護

(A) 個々の芸術作品 (B) 町の景観保護

（II）天然記念物保護
（A）個々の記念物　（B）風景保護
（III）芸術作品の制作依頼

前提としていまだに存在する時代遅れの学校は無視し、教育学によって提唱され、実績を出している最新の教育システムを想定したガイドラインであることをお断りしておく。

I　国民

学校

ここで述べるのは、文化と芸術の形式的なことに限定する。

学校（試験の点数、成績）は兵役につく際、有利になる材料とはしない。

宮廷の近侍言葉の使用について。学校（役場も同様）で次の近侍言葉は禁止とする。「先生がのたまわれたことには……」これを以下の言い方に変更。「先生、あなたがおっしゃったのは……」

読み書きの授業について。まずはラテン文字から学ばせること。筆記体は十歳になってから。生徒がはじめて手にする教科書はアンチック体[1]で印刷する。

衛生学と外国文化の授業について。

美術の授業について。美術そのものを授業科目にはしない。絵画は説明も指導も不要。その代わり構内や廊下、中庭の壁などを使い、過去の芸術作品の複製を数多く展示すること。教養の高い家庭では芸術作品がいたるところに飾られ、子弟の感性を磨いている。この習慣を学校でも実践する。

体育の授業。ドイツ体操[2]の授業は廃止。身体の動きを美しく見せようとする体操はすべて十八世紀の残滓であり、避けなければならない。その代わりに遊戯とスウェーデン体操[3]並びにダルクローズ理論[4]を導入する。女子児童のダンスの授業は六歳から始める。

デザインの授業はあくまで目的のための手段とする。目的とは感性を磨くことである。画家イッテン[5]の方法論を基本とする。

工作の授業。都市部の学校では職人育成システムを導入し、地方の学校ではスウェーデン式手工教育システム[6]を導入する。後者の方法論は農家における家内工業の減少に対して有効である。機械制工場生産が発達してきたからである。かつてスウェーデンの農家の女たちは、家庭内で必要とされるものを編みながら長い冬の夜を過ごすのを習慣としていたが、現在では商品を生みだすことが可能になった。

食堂。十四歳まで生徒は全員で朝の無料給食を食べる。富裕層の子弟も代金を払えば一緒に食べられるようにする。メニューはリンゴやオレンジなどの果物をひとつ、それにミルクと砂糖入りのオートミール。

展示会

（1）既存の博物館

そもそも博物館は芸術作品を所蔵するためのものだということを忘れてはならない。ここをあいまいにするような展示の試みは、どんなものであっても避けるべきである。文化史的に作品を展示することは避ける。また絵画、彫刻、工芸と単一ジャンルに重点を置く必要もない。大事なことは歴史的原則にのっとってグループ分けすることである。博物館は埃のかぶった倉庫であってはならない。ある特定の時代をとりあげた特別展を開催する場合、市や州の公共コレクションであれ、プライベートコレクションであれ、さまざまな場所から作品を集めてくるのが望ましい。そのために他の市町村が所蔵するコレクションは融通しあうこと。プライベートコレクションの場合、文化財局によって目録化された所蔵品はすべて展示会に貸し出す義務を負う。この義務は、博物館で開催される展示会にのみ適用される。もし展示会が仮設の建物で開催され、防犯設備もなく火災発生の危険がある場合は貸し出しを断ってもよい。博物館は観客が作品に殺到してじっくり鑑賞できなくなることを避けるため、入場料をとって開館し、夕方以降の鑑賞も可能にしておく。観客が少なく昼夜の開館に意味がない場合は、夜だけ開けるのが望ましい。石膏模型の展示やグラフィックアートの展示などの場合である。

（2）新規博物館計画

（a）郷土博物館。地方の中心都市や小さな町につくるこの博物館で、引きとらなければ古美術売買で転売されてしまうような作品をすべて展示する。とくに使われなくなった祭式の装飾品や教会の遺物を、所有する教会や寺院の所有権を明記したうえで展示する。また町の人々の家財道具だけでなく農村の民族衣装や日用品も周辺地域から収集する。比較的大きな町では郷土博物館とその土地の偉人記念館を合体させる。たとえばリンツならアーダルベルト・シュティフター記念館[7]と、グラーツならローゼッガー記念館[8]と一体にする。

（b）産業工芸品博物館では展示品にまつわる講演会や講習を開催する。材料に関する知識も学べるよう配慮し、家財道具の失敗例などを啓蒙的に展示する。

（c）建築博物館。大きな町であれば必ずなければならない博物館である。建築資材、建築関連商品、設計、配線配管などを扱うあらゆる建築関連メーカーに商品サンプルを無償で提供することを義務づける。個人的な売りこみは却下。集まったものを国が評価し、その結果を観客に公表する。優良かつ現代的な建築解法を提案した商品は広く世間に知らせて表彰し、モデルとして展示する。

芸術育成

芸術の育成は完全に個人のイニシアチブに任せること。国家は原則として芸術家や芸術団体を支援してはならず、奨学金や賞を出すことは禁止。展示会開催イベントなどに公式に参加して特定のグループを応援するなどはもってのほかである。市民も芸術にかかわる諸問題の解決、芸術保護、芸術育成の面で国家に頼らない姿勢を学び、個人の責任感を高める。国家はいかなる作品も買ってはならず、市民が芸術の将来を担わねばならない。その代わりに国、州、地域に寄贈された作品は各行政所蔵の博物館で十年間公開することとし、公開終了後あらためて寄贈を受けた行政がその作品を所蔵コレクションに組みこむかどうかを発表する。

建築関連のコンペを開催する場合は、竣工後三年経ってからはじめて審査委員の審査にかける。コンペのために完成した建築をよりよいものに練りあげていくのは個々の施主の仕事である。とくに重要なポイントは、審査する権利をもつのは建築家、つまり建築分野のプロフェッショナルに限ること。建物に付属する彫刻や彫像の類を審査するのも建築家である。コンペの応募者である建築家を除き、施主も含めすべての関係者は審査員に情報提供するのは可能だが、賞の最終決定投票には参加できない。

芸術コンサルティング。芸術分野のコンサルティングをおこなうために全国を各地区に分け、担当を置く。この役職は地方法務局の公証人や教会の教区を指導する司祭をモデルに考案された。必要に応じて地区を分け、自宅の新築工事や家具の設置、絵画の選択、催事などどんな些末な案件でもアドバイスが出せるよう相当数の地区担当コンサルタントを配置する。資産のない者に無料で利用できるが、資産家は慣習に従って払うものとする。現役の芸術家はあらかじめ芸術局の職にはつけないが、現代の美術史家（国外から招聘することも可）には門戸が開かれている。やりがいのある仕事になるだろう。

文化退廃の予防措置

職人の仕事は日常の必要を満たすためにある。この点を人々にしっかり意識させる必要がある。職人がつくる日常のあらゆる家財道具は、物理的に使えなくなるまで美的に優れたものであるべきだ。そのように製作することによって、材料と手間を無駄にしないことが求められる。そのために工場経営者の意識変革を促す必要がある。まずは商品の偽装表示を禁止し、「メードインオーストリア」という表示がなくとも、オーストリア産とわかる輸出用の商品ラベルだけを認めるものとする。

不正競争を防止しようとする商務局の努力は応援されてしかるべきだろう。消費者を産地偽装と材料偽装から守るための施策はとくに支援が必要である。材料と製品の質を表示する刻印はあるべきだが、生産者に代わって国家が自分の意向を刻印で語ってはいけない。それでは本末転倒だ！　学校のカリキュラムに材料を学ぶ授業を組みこみ、優れた職人仕事とは何か教えこむのである。

進歩的文化人を称する人々のなかには時流から外れた一部の国民を、美的観点からそのまま古い文化のなかでの暮らしに閉じこめようとする者がいる。このむきに支援は必要ない（郷土保護団体や民族衣装保存運動など）。農民はおもちゃではない。こうしたふるまいは、本心では進歩的文化に抵抗を感じている者たちだからできることだ。「上から下へ」の強制は、自分のためならいまあるどんな文化財でも利用でき、実際利用している一部の者たちがやることであり、モラルに反する。この実情を市民に自覚させる。家内工業から生まれた日用道具、手縫いの服地や刺繍など古い文化形態の所産をコピーして工場で大量生産するのは禁止する。

国家印刷所でつくられる古い傑作のコピーは、行商程度の商売にしかむかない。

II　芸術家

画家と彫刻家の育成

画家と彫刻家の育成を担うべきなのは、工芸学校ではなく造形美術アカデミーである。アカデミーには改革が必要だ。準備コースとマスターコースに分けるのはやめ、今日の画家と彫刻家の卵は、まだ学校システムがなかった時代と同じ方法で教育する。まずは見習いと親方の徒弟関係をいま一度取り戻すのである。芸術を学ぶ学生は、現場での実地訓練だけでなく講義を通じて学ぶことも必要である。講義する側は誰もが掲示板で講師として自分を売りこむことができるようにする。そして中心的な学生たちの要請を受けてはじめて講義をおこなう（その際、講義料も発生）。アカデミーでのその他の授業は基本無料とし、貧しい家庭の子弟が通えることを第一に配慮する。富裕層の子弟ならばアカデミー以外でも似たような専門学校で指導者を見つけることは可能であり、もし彼らがアカデミー入学を希望するなら相応の謝礼とアカデミー使用料を払わせる。外国からの入学希望者も同様である。謝礼は教員が受けとり、使用料はアカデミーが受けとる。

アカデミーの教員は、画家や彫刻家として勲章を受けていない者が望ましい。教員を選ぶのは国家や教授たちではなく学生自身である。芸術上の業績ではなく、教育者としての能力が決め手となる。

棟梁と建築家の育成

国家が教育すべきなのは、新規定にのっとりすでに左官業、大工業、石工業の技能を収得し、これから棟梁や建築家になろうとしている学生だけである。国立建設学校入学の際には入学試験を課す。学校教育は既存の建設学校と同様改良が必要だが、つねに実地訓練とともに進めていく。国立工芸学校の建築学科は廃止する。

工科大学の建築学科の夏学期は、学生が自由に実地活動をおこなえるようにする。

造形美術アカデミーへの入学は、建築現場もオフィスワークも実地をしっかり積んだことを証明できる学生に限られる。教員の条件は画家と彫刻家の項で述べたことと同様である。

意匠デザイナーの育成

意匠デザイナーの育成はウィーン工芸学校だけが担う。多岐にわたる産業界に意匠デザイナーを育て送りこむことができるのは工芸学校だけである。他の専門学校はデザイナーの育成には手を出さず、手工業の技術部門の育成だけに限定する。

もしある学生がすでに技術系の職場か、所定の専門学校で特定の知識を収得していた場合、ウィーン工芸学校に送りこむのがいいだろう。この都市ではあらゆる現代の潮流が出会うため、学生には産業を世界市場に送りこむための時代感覚が植えこまれ、自分が携わっていくことになる商品が消費者のもとでどう使われるのかを目にすることができる。将来自分の工房にこもって仕事をすることになっていくにしても、この町でなら、学生は利益を生む制作活動の基礎をしっかり身につけることができる。デザイナーはある特定の手工業分野（特定の材料）に焦点を当てて育成する。二兎追う者は一兎も得ず。誰しもひとつの材料分野しか担当できない。

工芸学校は建築家、画家、彫刻家を育成するにはむかない。

職人の育成

（1）見習修行

業績のいい工房に、規模に応じて一定量の見習いを受け入れることを義務づける。業績の悪い工房はそのかぎりではない。

とくに高級品の分野で名をなす腕のいい親方は見習い職人専用の工房をつくり、そこに仕事をまわすといいだろう。戦後の過渡期を迎えたいま、このやり方は高級品業界の衰退を止めるためには非常に有効である。

（2）専門学校での育成

専門学校での教育内容は、すべて現代の様式に合ったものだけとする。過去の様式の複製を目的とする場合は、それに特化した専門学校をつくり、そこで教えるのは特定の時代の様式に限定する。

学生には徹底して専門教育が施され、特殊技能が与えられる。一例を示すと木彫を学ぶ学生は、現代の課題にとりくむ者と古い様式家具の複製を学ぶ者に分ける。どの様式を専門にするかによってさらに細分化する。だが古い様式で新しい商品をデザインし製作することはタブーである。この分野を学ぶ学生は、あくまで厳密に複製することにのみ集中する。

身分保障

これは芸術局が監督し管理すれば解決する問題だ。弁護士組合をモデルに専門の組合を立ちあげ、芸術家、音楽家、作家の報酬問題、コンペ関連、叙勲などを担当させる。人事には芸術関連を扱う国の広報担当者採用と同じ基準を当てはめる。

文化財保護

I　芸術的文化財ならびに歴史的文化財の保護

個々の芸術作品

作品目録を大至急作成する。個人は文化財を国外に売却する場合においても一九一二年に策定された文化財保護法とともに以下の規定に従うものとする。

（1）作品監督権の国家への譲与
（2）文化財の保護義務
（3）作品目録への登録義務
（4）比較的規模の大きいコレクションの一般公開の義務
（5）所蔵品が展示会へ出展申請を受けた場合の使用受諾義務

私的に美術品の取引をする場合、事情によっては前払いも認め、売却者のため販売用の場所を提供すること。ドロテウムは賞の授与やオークションだけでなく、自由に美術品の売買ができる場所として利用する。

町の景観保護

古い町並みを徹底的に変えることは、実利的な事情がある場合はやむをえないが、景観上の理由からは許されない。なぜなら美の基準は時が経てば変化するからだ。人間誰しも間違いを犯す以上、これからも間違うことはあり、その間違いが景観に影響することがあってはならない。時間とともに見識を深めていくことができたとしても、一度壊してしまった文化遺産は二度とつくりなおすことはできない。したがってすべての文化遺産は文化財局によって守られなければならない。これから建物を新しく建てる際は、キッチュな様式やドイツ工作連盟主導の典型的な様式（昨今の高級品はこればかりだ！）を採用せず、時代精神に即して建てることによって町の景観との調和をはかることが重要である。時代精神を体現する建物は、雑多な建築様式の模倣がはびこりだす以前から、われわれが保持していた伝統工法を継承し、最新の発見と過去の経験を活かしながら、後世に伝えていくことができる。

とくに価値のある古い町並み、広場、道、城壁も文化遺産と同様、目録を作成する。町の景観に手を入れ、新しく建物を建てる場合には必ず文化財局の許可をもらったうえで実行する。

II　天然記念物保護

個々の記念物

学校に植樹の日を設け、生徒が一生のうちに少なくとも一回は植樹することを義務づける。木にはその都度記念のしるしをつけ、生涯をかけて木の成長を自分で見守らせる。こうすれば植樹を通じて子供たちのなかに木の存在の美しさに対する畏敬の念が生まれ、都市部でも地方でも軽率な環境破壊を禁止する条例などすべて不必要なものになるだろう。

風景保護

記念碑塔（蜜蜂の巣箱の形をした塔）を山の上に立てるのは禁止。展望塔は廃墟様式もゴシックの塔様式も指向してはならない。

草原と森に宣伝広告を設置するのは禁止。

滝を工業利用する際には、ときおり稼働を停止し滝本来の姿を保存するよう努める。工業施設は自然の景観を壊さないよう設置する。

橋はなんらかの様式を感じさせる必要はなく、実用にのみ応える純然たる構築物でなければならない。

III 芸術作品の制作依頼

国家は直接芸術家を支援してはならないが、制作依頼を出す発注者として芸術家と関係を保つことは必要である。発注は芸術局から指名された三名からなる委員会が担当し、メンバーは生涯雇用とするが、現役の芸術家は外す。国家が出す制作依頼はすべてこの委員会が主導する。

演劇

演劇分野においては、あらゆるスポンサーやパトロンから芸術の自由を守るために、芸術局が演劇文化の発展の基礎を築く必要がある。検閲制度は当然廃止。俳優協会が俳優を斡旋するエージェントの役割を担う。

大都市の劇場が売りに出される場合は国家に先買権を与える。

国家が運営する劇場をふたつに分ける。ひとつはウィーンの常設劇場、もうひとつは地方をまわる巡業劇団である。

常設劇場

宮廷ブルク劇場[9]と宮廷歌劇場[10]は国が買いとり、必要に応じて助成金を出す。その際三分の一はウィーン市の負担とする。だが国も市も劇場の芸術方針に関して口を出してはならない。

劇場の仕事はもっぱら完成度の高い舞台作品を上演することである。

ひとつの芝居には演出と配役に必要な資金を投入し、ワンシーズンに三十回、労力と資金にふさわしい舞台を上演しなければならない。社会的な観点からみてもひとつの舞台を三十回上演すれば、二百万都市の精神的欲求を十分満たすことができる。特定の社会層に属す特定の客しか集まらない民間劇場のあり方を、国立劇場は変えなければならない。リンツで芝居が二回上演された場合、ウィーンでは人口のぶんだけリンツより多く上演されなければならず、それではじめてふたつの都市の精神的充足が同等になる。

ブルク劇場では年間十本の戯曲を舞台にかけることが望ましい。上演の難易度（舞台装置の入れかえ）と役者の疲労（役の変更）を配慮して、一週間は演目を替えず上演する。

いい席のチケットは普通席よりはるかに高く設定、一階後方の平戸間席、桟敷席ははるかに安く設定する。チケットは購入者の本人名義のみ有効とし、譲渡は不可。やむをえない理由がある場合はチケット窓口で交換ないし払い戻しする。シーズン開幕とともに十公演すべてのチケット予約がスタートする。観客は観劇希望日を申告し、確定すると手紙で通知を受ける。

この方法はダフ屋行為の抑止につながるだけでなく、国立劇場を盛りあげ、市民と劇場との一体感を高めうる。そして国家の国民に対する精神的かつ社会的配慮が広く認知されるようになる。

毎回必ず劇場に足を運ぶ人々の虚栄心をくすぐると国立劇場の財源が増える。その方法として、初演日のみ、観客がチケット代を付け値で払うようにする。観客自身が自分の判断で値段を決めて払うというスタイルである。桟敷席も含めて全席を競売にかけ、入札価格の三倍で落札させるようにする。初日のドレスコードを舞踏会用の夜会服にするというのもいい。

シーズンの十演目の選定は一年前にすませておく。徹底して技術面の準備を進める時間を確保するためであり、自前で最適なキャスティングができない場合、客演俳優を招聘する必要もあるからだ。

年間スケジュールの一例として以下の組み合わせを参考にされたい。ゲーテ作品一本、シラー作品一本、シェイクスピア作品一本、フランス演劇ないしスペイン演劇一本、グリルパルツァー、ヘッベル、クライスト、レッシングのいずれかの作品一本、イプセン作品一本、ストリンドベリ作品一本、民衆劇一本、喜劇二本、合計十本。

一度とりあげた作品は繰り返し舞台にかけず、別の作品にチャンスを与える。国立劇場であらゆる文芸作品の上演（初演）が可能になる。それを味つけし発展させていくのは民間劇場の仕事である。

ある戯曲をウィーンの私立劇場がはじめてとりあげ、三回以上上演されることなくシーズンを終えてしまった場合、国立劇場に持ちこむのも可。

こうした方法を重ねることで、外部から余計なプレッシャーを受けることなく、劇作と俳優の斬新な試みが繰り返しおこなわれる前衛的な舞台がウィーンの演劇シーンに生まれる。

巡業劇団

需要があるだけ巡業劇団をつくる。ふだんは大きな町でしか体験できない演劇鑑賞を地方でも可能にする。地方の劇場が舞台スケジュールを立てる際には、あらかじめ巡業劇団の上演を組みこんでおく。その際、劇場主は無料で劇場を提供すること。劇団は巡業の際、役者、エキストラ、狂言回しなどの出演者たちがともに移動し、出演者の衣装と舞台装置もすべて自分たちで持ち運ぶ。

芝居の内容によって劇団を細分化する。舞台や衣装に凝ったスケールの大きい劇団とあまり派手ではない小規模な劇団に分け、さらに古典劇、現代劇、民衆劇、喜劇など戯曲の様式によってグループ分けする。

映画

農業や産業における外国の理想的な運営システム、新しい働き方、いまどきのライフスタイル（ファッション、習慣）、それを嘲笑する反対例などを集め、買いつけ、同じものを再現し、無料で映画産業関係者に提供する。

アマチュア演劇

理想的にいけば、アマチュア演劇は国民を教育するうえでもっとも効果的な方法のひとつに育つ可能性がある。オーケストラに参加する演奏者が何度も練習を重ねていくうちに、その曲を知りつくして長く記憶にとどめるように、演劇でもただ観ているのではなく、みずから舞台に参加することで同じような効果を得ることができる。そのために国が俳優や演出家を呼んできて、アマチュア演出家のための演出学習コースを開講する。参加者は演劇に興味をもち、将来もこの世界で働いてみたいと思っている学生が望ましい。

祝祭劇

スタジアムの建設にあわせてウィーンの森に祝祭用の劇場をつくる。特別な日（祭日や記念日）にはそこで大規模な無料の舞台を上演する。だがブルク劇場と歌劇場での無料上演は禁物。一部の好事家だけしか集まらず、閉鎖的な催しとなるおそれがある。

（一九一九年）

イギリスの制服

制服（ユニフォーム）をドイツ語で言うとアインフォルム〔単一のフォーム〕となる。共和制に変わったオーストリアの新国家は旧帝国時代の制服を廃止するどころか、逆に強化し進化させようとしている。世のなかが社会主義化している趨勢を反映しているのである。現在はこのアインフォルム、つまり制服を維持するだけにとどまらず、もっと多様な場面に採用しようとする動きが活発になっている。

そこで制服について考えてみたい。

旧国家は軍属の人間に制服を強制しようとしたが、着心地やセンスは無視され、美的要求を満たすものではなかった。そのため結果的にまったく浸透しなかったのである。雑誌「ムスケッテ」[1]からはこんな風刺画が生まれたほどだ。「諸君、よく考えてみたまえ。われわれはみな皇帝陛下と同じ上着を着ているのだ」。こう言い放つ少佐のまわりを十人から二十人の将校がてんでんばらばらな服装をして取り囲んでいる。

現代人の感覚には、二十年前や五十年前、それどころか百年前まで逆行した服や靴を身につけろという要求は受け入れがたい。たとえば幼少時代から紐靴を履いて育った人間は、ゴムの長靴だとうまく行進ができきない。たとえ軍のお偉方が紐靴をこの世からなくそうと躍起になったところで、無理なものは無理なのだ（行進で蒸れやすい足にゴムの長靴を履かせようという大佐たちの考えがおかしいのだ。こうした文化的蛮行に言及している制服規程などどこの世界にも見つからないし、ましてやゴムの長靴の着用が服務規程になったためしはなかった）。

しかしわが国ではまったく時代遅れで、それゆえ文化の進歩を阻む数多くの衣類の着用が服務規程に組みこまれたのである。この規程は人々の進歩を阻み、旧帝国時代の国民からあらゆる発展の機会を奪った。靴下の代わりに足布、サスペンダーの代わりにベルトを使用するよう定めていたのである。

制服は着る人間の感覚に合うことで、はじめて着こなせるものだ。服装で時代に逆行してはならない。いまだに旧王政国家のスタンダードに合わせた服装をする旧時代人がいるが、これからの制服は現代人の感覚に合うことをひとつの条件にするべきだ。

イギリスをモデルにして軍服のあり方を具体的に検討してみよう。

イギリス人はたいてい現代感覚を持ちあわせているから、われわれが抱える問題はすでに解決済みであり、イギリスの同盟諸国や中立国も、イギリス式の軍服を採用している。将校と兵卒の着る軍服に違いはあるが、いずれ将校の服に統一されるだろう。将校の服のほうがより現代的だからである。

軍服の上着は制服が担うふたつの役割をしっかり果たすよう仕立てられている。それは実践的（つまり機能に合わせた美的要求を満たすこと）に、かつ服務規程にしたがってつくられていることである。奇抜さや軽薄さは完璧に排除され、すべて規定サイズしか存在しない。規定からはずれる身長に合わせた例外措置はない。

上着には一般市民のスーツと同様、襟に折り返しラペルがつけてある。腰骨の上に巻かれたベルトは腹部のふたつのボタンに挟みこまれ、固定されるようになっている。ベルトを挟む上のボタンといちばん上のボタンのあいだにもうひとつボタンがついている。仕立てる際に大事なことは、下ふたつのボタンを全体的な配置と合わせつつ、他のボタンとの距離をうまく調節することである。さらにベルトの位置に補強のために同じ大きさの生地を一層縫いこんでいる。

上着には四つのポケットがついている。胸部にあるふたつのポケットにはメモ帳やハンカチなどの小物が入り、下ふたつのサイドポケットにはもう少し大きい物が入る。そのため上の胸ポケットはごく小さくつくってあるが、そもそも男の胸ポケットが大きいと見栄えが悪く滑稽である。そのぶん下のサイドポケットは大きくとられていて、ベルトの位置から裾まである。胸ポケットは、いちばん上の胸ボタンの高さからベルトの数センチ上まで延びている。

胸ポケットとサイドポケットの構造は違う。すでにお気づきかと思うが、どちらも上着の上から縫いつけられている。胸ポケットはむかしのノーフォークジャケットと同様、まんなかにマチとしてひとつの襞がついているのに対し、サイドポケットは襞の多くついた「プリーツポケット」として縫いつけてある。これで大きなものも入れて持ち運べる。

背中のまんなかにはベントが入っている。ベントとは上着を巻くベルトの位置から裾にむかって入っている切れ目のことだが、用途は馬に乗る際、動きやすくするためである。

シャツとネクタイは見えるようになっている。ひとつ提案だが、むかしからある各連隊の色をネクタイであらわすのはどうだろう。シャツの替え襟は縫いつけて固定されている。わが国の農民はすでにこれを実践しており、彼らが都会人より文化的にすぐれていることがよくわかる。こうすることで服務規程に明記しなくとも、着る者はシャツをつねに清潔に保つようになる。

（一九一九年）

アドルフ・ロースの回答（読者からの質問への回答）

一九一九年六月二十一日

質問　スポーツ用パンツはなぜニッカーボッカーズというのか。

回答　わが国の詩人とデザイナーにとってウィンドボナ婦人[1]がウィーンを擬人化した母なるメタファーであるように、ニューヨークの詩人とデザイナーにとってファーザー・ニッカーボッカーが父なるメタファーだと言えばおわかりいただけるだろうか。

彼はニューヨークを体現する人物だ。この年配の男はいつも三角帽を被り、肩まである鬘をつけ、ゆったりした膝丈のズボンを身につけ、留め金つきの短靴を履いている。ニューヨークがまだニューアムステルダムと呼ばれていたころの、むかしながらのチューリップ栽培業者そのものである。

作家ワシントン・アーヴィングが風刺小説『ニューヨークの歴史』[2]で描いている主人公はディートリヒ・ニッカーボッカーと言う。オランダ人がニューヨークに持ちこんだゆったりしたパンツは、アーヴィングの小説が出版されて以降ニッカーボッカーズと呼ばれるようになった。いまでもオランダ人が履いている。短くニッカーズと呼ばれ、Knickers または Nickers と表記されることもある。こうしてオランダ人移民の末裔もニッカーボッカーズと呼ばれるようになった。ニッカーボッカークラブはわれわれの乗馬クラブに相当するが、乗馬クラブよりずっと閉鎖的である。

ちなみにアメリカ大統領セオドア・ルーズベルトもオランダ系移民の子供だった。

一九一九年八月九日

質問 星印の将校バッジと軍服の斜めにずれたベルトの何が問題なのか?

回答 前回この欄で、オーストリアでは過去のものになりつつあるこのふたつの社会的慣習について、私はあしざまに書いた。それに対して多数の投書をいただいた。そもそもなぜ私が星の将校バッジを否定しているのか説明しよう。

先の大戦中、ウィーンでイタリア兵から奪った五角形の星の形をした将校バッジを身につけたわが国の兵士を見たことがあった。不良少年たちがこのバッジをつけて気取っている場面にも出くわした。そのたびに、私はいまだオーストリア軍の星の将校バッジがローマやパレルモで帽子飾りに使われているのを見たことを思い出してじつに不愉快な気持ちになったのである。こんな思いをしながら家でじっと耐えろというのか。今後ふたたびローマやパレルモで体験したような国辱に遭遇したら顔から火を吹くような思いをするのではないか。あれこれ考えていたら私は居ても立ってもいられなくなった。

イタリア人はわが国の将校をなんだと思っているのだ! このバッジは貧しいサーカスの空中ブランコ乗りですら恐れ多くて高級志向のエンタテインメントではつけられなかったものである。のうのうと金ぴかの将校バッジを身につけて見せびらかしてまわれるのは、せいぜい村から村へ移動する女芸人どまりである

（村の子供たちが洗濯物を片づけると、そこへ派手な曲芸の一座がやってくるという図を想像されたい）。

いやしくもひとりの男が、いやひとりの兵隊が、いや兵隊のなかで超然と立つ将校たる者が服に縫いつけているものではないか！　これがわからない者は男らしさや人間の尊厳というものをまったくわかっていないのである。他の国の人間でオーストリアの将校バッジをつけて許されるのは貧しい芸人だけである。

現在、国防軍再編のなかで階級章廃止の動きがあるが、もしそんなことが実現すれば、将校はバッジをつける必要がなくなる。まだ正式な軍隊になってないとはいえ、国防軍の階級章廃止論者に感謝すべきだろう。いずれにせよ、これはなくすにこしたことはない。

次に斜めにずり下がったオーストリア軍の革ベルトについてである。なぜ私がこれを否定しているのか。そもそもベルトのつけ方はドイツ、オーストリア、そしてそれ以外の国と三つの文化圏に分かれる。トルコとブルガリアを含むそれ以外の国では、ベルトは斜めではなく水平にまっすぐつける。なぜなら軍人は秩序そのものであり、斜めにずれたベルトは秩序に反するからだ。彼らはベルトを軍服の脇に縫いこまれたふたつのフックにひっかけた。

秩序を重んじるドイツ人もフックにベルトをかけ、水平につける点では同じだったがフックはフックには見えなかった。見かけはボタンと変わらなかった。軍服の腰の部分には左右縦に三つ、合計六つのボタンが縫いこまれていたが、いちばん上のふたつはイミテーションだったのである。

この点に注目！　本物のフックをそのまま使うお国柄とフックをフックに見せないお国柄の違いである。いったいなぜドイツ人はそんなことをするのか。そのほうが「美しい」からである。トルコ人やブルガリア人とドイツ人の違いがおわかりいただけただろう。

とはいえオーストリア人はフックをつけることもなければ、ボタンのイミテーションをつけて秩序を重んじようとするでもない。オーストリア人はまったく愚直な善人であるから、ベルトが水平ではなく、ずれて斜めになっても気にしないのである。これが小粋だという理由で誇りにすら思っている。

だがはっきり言わせてもらうが、そんなことに誇りをもっている場合ではない！

一九一九年八月十六日

質問　「イギリスの口ひげの終焉」とは、結局どういう意味？

回答　最近新聞でよく見かける「イギリスの口ひげの終焉」という言葉があるが、これはもちろん「イギリスでは男たちは口ひげを生やさなくなっている」という意味だろう。とはいえ、そもそも「イギリスの口ひげ」が何を指しているのか、どのような形をしているのかイギリス人本人もわかっていないのである。わかっているのはドイツ人とオーストリア人だけである。世間で流布しているいわゆる「イギリスの口ひげ」は、じつはウィーンから世界に広まり、それがイギリス本国にも伝わったという経緯がある。

イギリスの「粗野な」男たち、教育を受けていない労働者、日雇い労働者、つまり素朴な人間たちはみな短く刈りこんだひげを生やしている。ジェントルマンはそうではない。上唇に沿って左右に長く伸ばすか、軍服姿の軍人ばりに、ひげ用チックでくるくるっと巻きあげるかである。だが当初、イギリスではドイツ帝国皇帝ヴィルヘルム二世が生やした『これぞ究極のひげスタイル（カイゼルひげ）[3]』はまだ世間では知られておらず、巻きあげるジェントルマンのひげは笑われた。その一方で短く刈りこんだ労働者のひげはごくふつうにみられるものだった。

これがやがてイギリスの競馬関係者を通じてウィーンに伝わった。関係者といってもジョッキーのことではない。ジョッキーのように社会的地位の高い人間は、このスタイルとは縁がない。あくまで馬の世話をする厩舎係たちのことである。

ウィーン人の目には、イギリス人は自分たちより優れた存在に映る。馬糞をシャベルですくって捨てているだけであろうと上に見えるのである。そしてイギリス人のように短く刈りこんだひげを念入りに整えれば、いともたやすく自分がえらくなったような気になることができた。こうしてウィーンの馬場フロイデナウからこのスタイルがモードとして騎兵隊将校たちに広まり、いまではすっかり定着した「これぞ究極のひげ（カイゼルひげ）」に対する個性の主張にもなったのである。

やがてイギリスのひげはウィーンの貴族にまで浸透し、イギリス本国でも肯定的に受けとめられるようになった。そしてとうとうイギリス貴族のなかにも、オーストリア貴族をまねする勇気をもつ者まであらわれた。この傾向は、他の国ではもっと顕著だった。とはいえこのスタイルがイギリスの下層階級ではありふれたものであることはいまもむかしも変わりなく、イギリスの上流階級がこのスタイルを通しつづけるのはむずかしく、結局定着しなかった。

こうした経緯をふまえれば、今回の質問の表題が意味するところも理解できるだろう。つまり昨今イギリスから口ひげが消えていき、ひげそのものを全部剃り落とすようになってきたということである。他の国でも事情は同じである。あと数年も経てば、喜んで口ひげを生やすのはせいぜいカフェのボーイか宮廷の侍従くらいしかいなくなるだろう。彼らは目下、フランスで口ひげの普及に努めている真っ最中である。

一九一九年八月二十三日

質問　背の高い帽子と威厳の関係は？

回答　まず質問の意味するところを説明しよう。あらゆる民族、あらゆる時代、あらゆる文化の発展段階において、誰もが人間の生まれ持った頭の形をより大きく高く見せようとし、それによって気高さや威厳を示そうとしてきた。古代エジプト人の主神アモン・ムト・ネイト、アステカ人、ギリシャ人やその他の民族の兜飾り、中世、アフリカ原住民の盛りあげた髪型、王冠とティアラ、そして現代のシルクハットにいたるまで、みなそのあらわれである。これが今回のテーマである。だが、いったいなぜ人間はこうした行動をとってきたのだろうか。

この問いのなかにすでに答えが含まれている。これは問いというより、むしろ長い歴史のなかで正確に観察されてきた事実といえるだろう。だが時代が新しくなるにしたがって頭に被るものは特定の階級に属すものではなくなり、それがもっていた意味は失われた。今日では階級に関係なく誰もがシルクハットを被るようになった。もっともティアラはそのかぎりではない。

帽子が紋章と同じように、自由市民にのみ許された権利であって、奴隷には許されていなかった時代があったという点は見落としてはならない。しかし労働に従事するうえで太陽をさえぎり、雨をしのぐために帽子が必要であり、奴隷たちが被るのを認めざるをえなくなった。そのため奴隷が自由市民に道で出会うと、帽子をとることが義務づけられていたのである。オーストリアでは今日でもなお、帽子をとるという習慣は続いている。この習慣がなくなったのはイギリスとアメリカだけである。

そんなことはない、と反対するむきもあろう。たしかにアメリカでは男性が女性と対面した場合にかぎられるとはいえ、英米両国でも挨拶の際に帽子をとって頭を露出させることがある。だがこの所作には、他の西洋諸国とはまったく違う意味が含まれている。わが国を含めた西洋諸国では、自由市民と奴隷が区別されていた時代と同様に、年齢ないし社会的地位が下の者が最初に挨拶する慣習となっているが、英米ではそれが逆転する。わが国では「相手の前で自分を低くする」ことを意味するが、かの地では「こんにちは、われわれは互いに見知った仲ですよね！」という所作なのだ。

ここから挨拶に対する正反対の考え方が生まれてくる。オーストリアでは最初に下の者が挨拶する。つまり上の者が隣人の自由意志にもとづく謙遜的な態度を受け入れるのに対し、英米では上の者の側に、相手を認めるか無視するかを選ぶ権利が与えられている。これは子供を除き女性にも与えられている権利である。

背の高い帽子を被ることで人間を大きく見せるという行為は、すでに民主的な環境が整っている国ではまったく意味をなさない。言うなればシャツの袖についているボタンのようなものだ。これは元来乗馬をする者が馬に餌をやり、水を飲ませる際に袖をまくって留めるためにつけられたものだが、いまではその用途もなくなった。だが現在でも袖にはボタンがついている。

挨拶にまつわる考え方の違いは、往々にしてイギリス人は高慢でマナーが悪いという誤解を生む可能性がある。彼らはすでに先客のいるテーブルに相席する場合にも、先客を立てるために先んじて挨拶はしない。もしこちらから挨拶をすれば、むしろマナー違反になると考えるからである。ここがわれわれにはわかりづらいところだ。だがおそらくこう説明すれば納得できるのではないか。イギリス人はまず上の者が下の者に対して手を差し出す。その点はわれわれだって同じである。イギリスの挨拶はオーストリア人の握手と同じだと考えればいい。

一九一九年九月二十日

質問 講演の聞き手としてどんな人間が望ましいか？
回答 私個人のことに言及させていただくが、私の話を理解してほしいと願っている相手は、政府の全関係者ならびにその予備軍、社会政策専門家、教育者、そして医者である。

一九一九年十月四日

質問　最新のメンズモード（裾の短いイギリスの上着）は、イギリス国王と何か関係があるのか？

回答　われわれが身につけるものはすべてイギリス国王と関係がある。いいかえればイギリス国民と関係があるということだ。なぜならイギリス国王はイギリスの国民性の可視化されたシンボルだからである。したがって王は国民性に反することは何もできない。だが質問者が言う裾の短いイギリスの上着が何を指しているのか私にはよくわからないから答えようがない。カバートコート[4]のこと？　あるいは日常使いのジャケットのこと？　カバートコートは百五十年前に誕生して以来、裾が指二本分ジャケットより長く、コートよりは短い。ジャケットは現在、以前より裾が長くなり、ウエストのくびれ部分の位置が高くなっている。

質問　最近の講演ではどんなテーマを扱っている？

回答　私が最近おこなっている講演のテーマは、私の論考「立つ、歩く、座る、横になる、眠る、食べる、飲む」と「住むことを学ぼう！」と重なる。だがあくまで、この論考のタイトルにあげた行為をすべて正しく実行できる人たちを想定して話をしているのだ。聴衆には教育者と医療従事者が望ましい。こうしたテーマに対してまったく予備知識がないくせにもっともらしいことをのたまう昨今の戦争利権屋は、私がつきあう相手ではない。その次の世代にはぜひ私の講演に足を運んで学びなおしていただきたい。もっとも戦争利権屋の言うことなど誰も信用しなくなっているが。

一九一九年十月十八日

質問　リネンの下着になんの問題が？

回答　質問者は私の講演にご不満の様子で、下着の生地など些末な問題にすぎず、「リネンの下着でも十分快適だ」とおっしゃりたいのだろう。

もし一七八〇年から一八六〇年までの感覚で言うなら、あなたは正しい。だが不幸にも今日の感覚、つまり現代感覚を持ちあわせている人間ならそうはいかない。もっとも、あなたには理解できないだろう。まったく機能的とはいえないリネンの下着をつけ、現代感覚をこれっぽっちも持ちあわせていないことをご自身の質問によって暴露されているからである。

しかし仮に百二十年前にさかのぼり、「まったく時代遅れな国民だ。軍上層部から髪におしろいをふりかけて弁髪に編むよう強制され、行軍させられているなんて」と私が非難したら、おそらくいまのあなたならうなずかれたにちがいない。だが百二十年前のあなたのような感覚の人ならば「おしろいをはたいた弁髪だって十分快適ですよ」と答えたにちがいない。一七五〇年代ならそれも問題はなかっただろうが、一八〇〇年代の人間には通用しなくなった。リネンの下着も事情は同じである。

（一九一九年）

一枚壁の家

集合住宅用の壁に関する新工法を提案したい。通常、こうした住宅の設計者は、壁というものを二種類に分けて考える。ひとつは耐力壁、もうひとつは仕切り壁である。耐力壁は、梁の角材が剝き出しになった平天井を支える。

仕切り壁は、隣接する住居からの隔離をおこなう。

耐力壁は、天井を支えるのに必要なだけぶあつくする。

仕切り壁は、必要以上にぶあつくつくる。隣の住居の物音を遮断し、火災が発生した際には隣から火が移るのを防ぐためである。したがって防火壁とも呼ばれる。この壁はおそらく荷重を支えることもできるはずだが、現状はただ立っているだけである。もし、この壁が荷重も支えれば、もとの耐力壁は省くことができる。つまり、梁を仕切り壁から仕切り壁へと渡すのである。

仕切り壁同士に梁を渡した段階で、道路側から庭側へと開けた構造体ができあがる。いちばん道路寄りの梁といちばん庭寄りの梁にそれぞれ垂直に板を釘打ちしてこの開口を閉じる。

次に、この垂直の板から窓とドアをとりつける部分を鋸で切りとる。ドアと窓の枠をつくり、切りとった部分にボルトで固定する。この窓枠に、内側から板を垂直にもう一枚釘打ちする。内部が空洞になっているこの壁は、室内から配管を敷設したうえで漆喰で塗り固める。外側から下見板を重ね、ペンキで塗る。これにより内部が空洞の吊り下がった壁は悪天候から守ることができる。フロリダからアラスカまでアメリカ人たちの住まいは、内部が空洞になったこのような壁でつくられている。このタイプの家は温かく長持ちする。ジョージ・ワシントンの生家は二百年経ついまも健在である。

この新工法において家の壁が吊り下げられた状態なのはなぜか？

基礎工事の半分を節約することができ、各戸で部屋の改築（増築）がいくらでも可能になるからである。この家は仕切り壁を延長することにより、庭方向であれば何度でも増築できる。つまり側面に一枚の壁を付け足すだけで新しい家を建てることが可能になる。

したがってこれを「一枚壁の家」工法と呼ぶことにする。

＊

この工法は、安価な住宅だけでなく商店、倉庫、工場、あるいは農業や軍事など他の用途に用いられる建物の建設を目的としている。目下、建築材料と労働賃金が高騰しており、しかも住宅不足によって建設の需要が増している。建設コストを可能なかぎり引き下げることが緊急の課題となっているのである。その解決策のひとつが集合住宅の建設である。集合住宅は迅速かつ安価な建設が条件とされている一方で、建物の長期にわたる耐久性はあまり配慮されないうらみがある。住宅建設費の節約は地価、材料費、労働賃金をいじることができないとすると、建設方法によって材料と労働力を減らすしかない。一般的には屋根を簡素にし、地下室を省くことで節約するが、今回提案している新工法では、もう一歩進めて比較的費用のかさむ建物の基礎部分を改良し、さらなる節約をねらった。建物を区切るふたつの防火壁（仕切り壁、以下同じ）の基礎部分だけを造成し、正面と背面のファサードの基礎やその支柱を使わず、その両面のファサードの壁体を従来のように基礎の上に建て支えるのではなく、上から吊るすのである。

以下、図によって詳細を示す。

（図1）屋根と地下のない二階建ての建物の透視図。ファサードが半分開いて内部が見える。

（図2）一階の床部分のファサード断面図。

（図3）ファサードと防火壁の接合するT字部分の断面図。

図1に示すのは、隣家と密着する建築工法による、一階と二階からなるもっとも安価な住宅である。基礎から建てられているのはAとBのふたつの防火壁だけであり、この防火壁上の各点aに梁EとFが嵌めこまれている。つまり通常ファサードにかかる梁が九十度方向転換しているのである。これによってファサードの壁CとDにかかる荷重が除かれ、これらの壁は基礎を必要とせず宙吊り状態で固定することが可能になる。図1と図2のファサードの壁C、Dは、c1、c2、c3で示した水平に走る横柱によって支えられ、内側と外側から垂直に羽目板dが固定されている。外側の羽目板は外気に触れるため、機密性が十分に高く耐候性のあるものでなければならない。内部には漆喰を塗るのが望ましい。両側の羽目板の間の空洞は、断熱材として機能する。ドアや窓もとりつけるこのファサードの壁体は横柱c1の部分で、梁bに釘やボルト、かすがいや山形鋼あるいは同種の道具で固定する。同じくファサードの壁体はもう一ヵ所、一階の上部の梁に、図2のaの部分に示したように固定する。

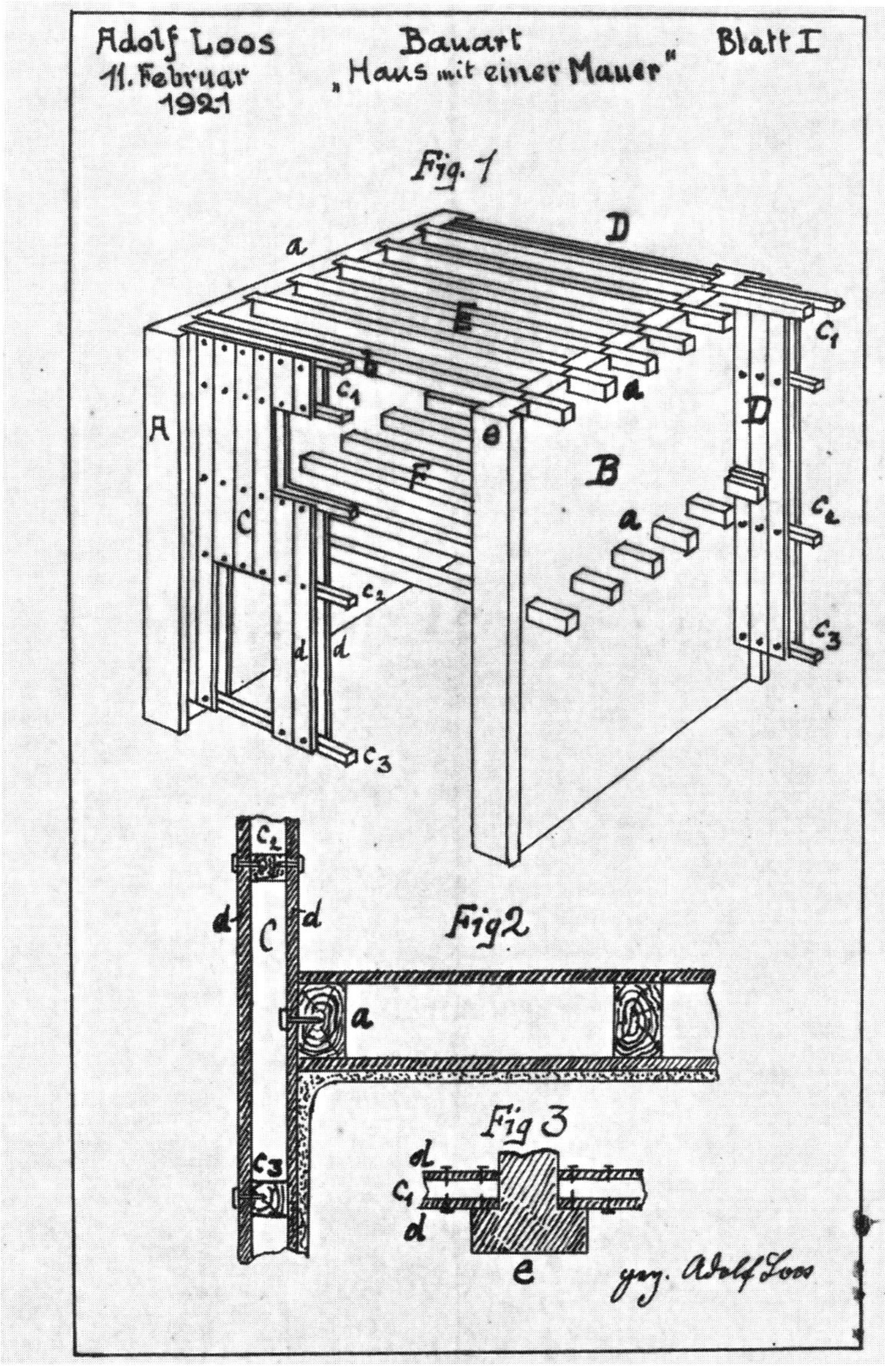
Adolf Loos
11. Februar
1921
Bauart
„Haus mit einer Mauer"
Blatt I
Fig. 1
Fig 2
Fig 3
gez. Adolf Loos

「一枚壁の家」構造設計図

以上の説明で明らかなように、ふたつのファサードの壁体は吊り下がった状態で固定するため、基礎も支柱も不要となる。隣家に密着して増築する際には隣家の防火壁を共同で利用する。つまり、ふたつめの家からはすべて基礎工事のされた壁は一枚しか必要ない。したがって「一枚壁の家」という呼称はこの工法に適切だと判断した。吊るすファサードの壁体の材料には木材や石綿プレート、アスベストセメント、タール紙、圧縮された防水防火用ペーパープレートが適している。暖房装置のない建築物には波形トタンや金属プレートも用いることができる。

図3が示すように防火壁をT字型にしてファサードと組み合わせるのも有効である。吊りファサードの壁を防火壁の前面部分に埋めこみ、密閉するのもはるかに容易になるからである。

（一九二一年）

住居タイプ（ラインツ公団住宅）

まず、なぜ戸建て住宅《アインツェルハウス》が共同建て住宅《ツィンスハウス》よりも安くすむのか考えておきたい。これはオーストリアの人々にとって矛盾しているように思えるだろう。いままでの経験に即せば、共同建て住宅は土地と屋根を共同利用するため、戸建て住宅よりも安くすむのが当然だ。しかしここ百年、田舎でも都会でも家族向けの戸建て住宅が浸透してきた国では、時代の変化に伴い共同建てよりも安価な戸建てが定着してきたのである。そのおもな理由は、戸建て住宅における階段と天井構造の根本的な変化である。

共同建て住宅の階段はどの世帯にも通じているため、通常の通路であり、歩道の延長ととらえてさしつかえない。山がちな町で歩道に階段がつけられるように（フィッシャー坂やツルンガッセはその典型）、共同建てにも階段があると考えるとわかりやすいだろう。上層階へむかう場合、誰もが上りきるまでに使う力を無意識に計算して配分し、ゆっくり階段を踏みしめながら上っていく。

だが中二階にむかう場合はそうではない。できるだけ早く上に着こうと一段飛ばしで進むのがふつうである。エシェンバッハガッセからヒーツィングの間を走っている二階建てトラムについている快適な階段も、みなが一段飛ばしで上っていく。

しかし階段の快適さというものは数字で割り出せるものではなく、あくまで心理と生理に即して考えるべきものである。仮にある有名な共同建て住宅の快適な階段と同じものをトラムにつけたとしよう。するとたんに快適さが失われる。この単純な事実から、快適さがそう単純なものではないことがおわかりいただけるだろう。

共同建て住宅の階段はできるかぎり世帯と世帯を分けて距離を保つことに主眼があるが、戸建て住宅の階段は一階の居間と二階の寝室をできるかぎり近づけるためのものである。後者の場合階段の高さが低く、勾配が急であればあるほど近づきやすくなるが、通常勾配は病人と子供のことを考慮して抑制されている。イギリス農業省は農家の母屋をつくる際には急勾配の階段を避けるよう呼びかけ、階段一段が一九・五センチから二一・五センチの場合、傾斜は四十五度が理想であると提言している。それまでイギリスの農家は、利便さを追求するあまり二階へ続く階段の傾斜を急にしすぎていたのである。

ところで、家族向け戸建て住宅が人気の国では、どこも階段が狭すぎるため、家具を窓から搬入することはよく知られている。

オランダ、北フランス、ベルギーでは家具の搬入用に家の外側に滑車がつけられている。階段の幅は八〇センチもあれば十分で、人が通るのにまったく支障はない（やたら幅の広い急勾配の階段は快適ではない）。キャビネット、ソファ、ピアノなどかさばる家具の運搬用に階段の幅を広げることを考える前に、まず二階の役割を完全に履き違えている昨今の建築関係者の誤解を解く必要がある。二点申しあげるが、まず一点目。二階はもっぱら寝るための場所である。ベッド以外にピアノなどの家具を置くなどもってのほかである（間仕切り壁が十分ではないため、隣家の住民に対する配慮から二階でピアノを弾くことは間もなく禁止されるだろう）。

そして戸建て住宅の住人はキャビネットを買わずに、掃除の手間が省けるつくりつけの戸棚を使えばいい。そのほうが買うより安くつく。二点目。一階なら入居と引っ越しの際の荷物の搬入搬出は、窓を使えばいちばん楽に（そのためいちばん安く）できる。

共同建て住宅の住人なら、できるだけ天井の高い部屋に住みたいと考えるものだ。階上階下の音をシャットアウトしたいからである。天井を高くするためには階段を長くする必要もあるが、どの部屋もみな同じ階高にあればいいのだから、それほどむずかしい話ではない。

一方で三階建て住宅の場合、できるだけ天井を低くしたいと考えるだろう。階段が一段増えただけでも上るのが面倒になるからである。防音を考慮する必要はない。迷惑な音を出す隣人の部屋、と言ってもここでは上の階の部屋だが、そこにいるのは家族だからだ。「父さんが上にいるからうるさい」、これで家族は納得する。そのためイギリスの住宅の場合は、一階天井裏と二階床下のあいだに石屑を詰めた中間スペースをつくらない（これにより低階層住宅では暖房が節約できる）。

急な階段、低い天井、天井裏・床下のあいだに中間スペースがない、という三つの要素は戸建て住宅が並列するラインツ公団住宅《ジードルング》に応用できる節約措置ということになる。国家がもし共同建て住宅に適切な建築方法を公団住宅にもあてはめるとすれば、オーストリアの公団住宅建設運動に無理が生じてくるだろう。住人に浪費を強制することなど露ほども考えないイギリス（そうでなければイギリス人ではない）のような豊かな国がある一方で、貧しい国であるオーストリアで意図的に建設コストを吊りあげるようなやり方がはたして賢明かどうか、幅広く議論する必要がある。

ラインツ公団住宅用の住居で二階に水洗トイレ（キュベル・システム）[1]を設置するなど私に言わせれば冗談か、まったくわかっていないとしか言いようがない。私が提案している住居タイプは傾斜のある土地に建てることを前提としており、玄関は一階の道側にあり、家の裏側にある庭は一階分低くなっている。トイレは家の裏側に位置し、庭と同じ高さ、つまりここでは地下室《ケラー》と同じ高さにくることになる。土砂散布的トイレの使用を定めるイギリスの規定は、ファミリー向けの戸建て住宅を前提につくられている伝統的な部屋の配置とは違い、泥炭をうまく活用してトイレを家のなかに組みこむことができ、かつ入口を外向きにつけて用を足す際は外から入るようにすればいいことを教えてくれる。

流し台を洗い物（ないし洗濯物）に使う場合、洗面台はあいだに空きスペース（次の間）を入れて居間と区別するという点もイギリスの方法論から学べることだ。この配置とわが国の役所が出している対案を比べてほしい。彼らによれば臭いや湯気が出る家畜小屋、地下室、流し場には二重の間仕切り壁をしつらえ、竈の上に換気孔がある居間には壁は必要ないという。イギリス式がより理に適っているのは一目瞭然だろう。

（一九二一年）

造成計画（ラインツ公団住宅）

ラインツ公団住宅《ジードルング》[1]を設計するにあたり、絵になるような外観をつくるという発想は意識的に排除した。このプロジェクトの主眼は以下の三つに集約される。

（1）公団住宅全体における経済効率

（2）野菜栽培用農地の確保

（3）ラインツ自然動物公園へのアクセスのよさ

さっそく（1）からみていこう。敷地全体は東から西に延びる、幅のあるまっすぐの通りでふたつに区分される。もともとこの通りは基礎工事がしっかりなされており申し分なかったのだが、放置されてすっかり荒れていた。これをそのまま利用すれば経済的であると判断し、このプロジェクトに活かすことにした。森の風景を壊さないよう、この道の北側四〇メートル、南側二〇メートルは切り開かず森のまま残す。そのため集合住宅は木々の緑のあいだから見え隠れする感じになる。直線でつながる家の並びはときおり引っこむ形にした。これは一区画が終わるまでずっと続く家並みの単調さを和らげるためである。通りが非常に長いため、見た目に美しくなるようアクセントが必要になったということだ。森の道の終着点には目印があるといい。そこで塔のような存在として背の高い建物を構想した。この建物を通りでいちばん高い地点に置いたのは言うまでもない（道はゆるやかな上りの勾配となっており、大きな草地をぬけると最後の五分の一の場所からまた下がる）。塔の近くには貯水池がある。

切石でまわりを囲った貯水池を公団住宅のコミュニティの中心に置いたのは、経済性と美的外観を考えてのことである。共同の集会所はこの貯水池に面し、背景には上り坂に沿って森が広がっている。水面にこの建物と周辺の風景が映り、魅力的な光景があらわれることだろう。池の縦軸はヘルメス通りと並行していないが、敷地全体のなかでのいちばん高い地点が池の横軸に垂直になるようにした。これにより集会所から塔のある丘をつなぎ、新しく道をつけてシュムック通りと名づけた。学校から草原に続くヘルメス通りを一部延長すれば住居二十三戸分の土地が確保できることから、経済的であることは納得いただけるだろう。それに加えてこの延長部分は等高線に重なっており、ヘルメス通りはここを通って、六メートル高い大きな草原につながるのである。

各戸につく農地の奥行きが深すぎるという異論が出ている。家の間口を計画の二倍に広げ、南側の車道に面して同じような家の並びをもうひとつつくるのはむろんむずかしいことではない。こうすれば農地は幅が広くとれ、奥行きも半分ですむ。しかしその結果ライフライン（水・ガス・電気）を二列の並びに供給しなければならなくなる。だが農地の奥行きを深くとり、家を一列の並びにすればライフラインにかかるコストは半分ですむ。したがって私の案は家の並びに都合がいいだけでなく、コスト削減をめざす全体の計画にもかなっているといえよう。

こうした経済効率への責任感が商業・工業・産業・建築・社会行政省には足りないように思う。

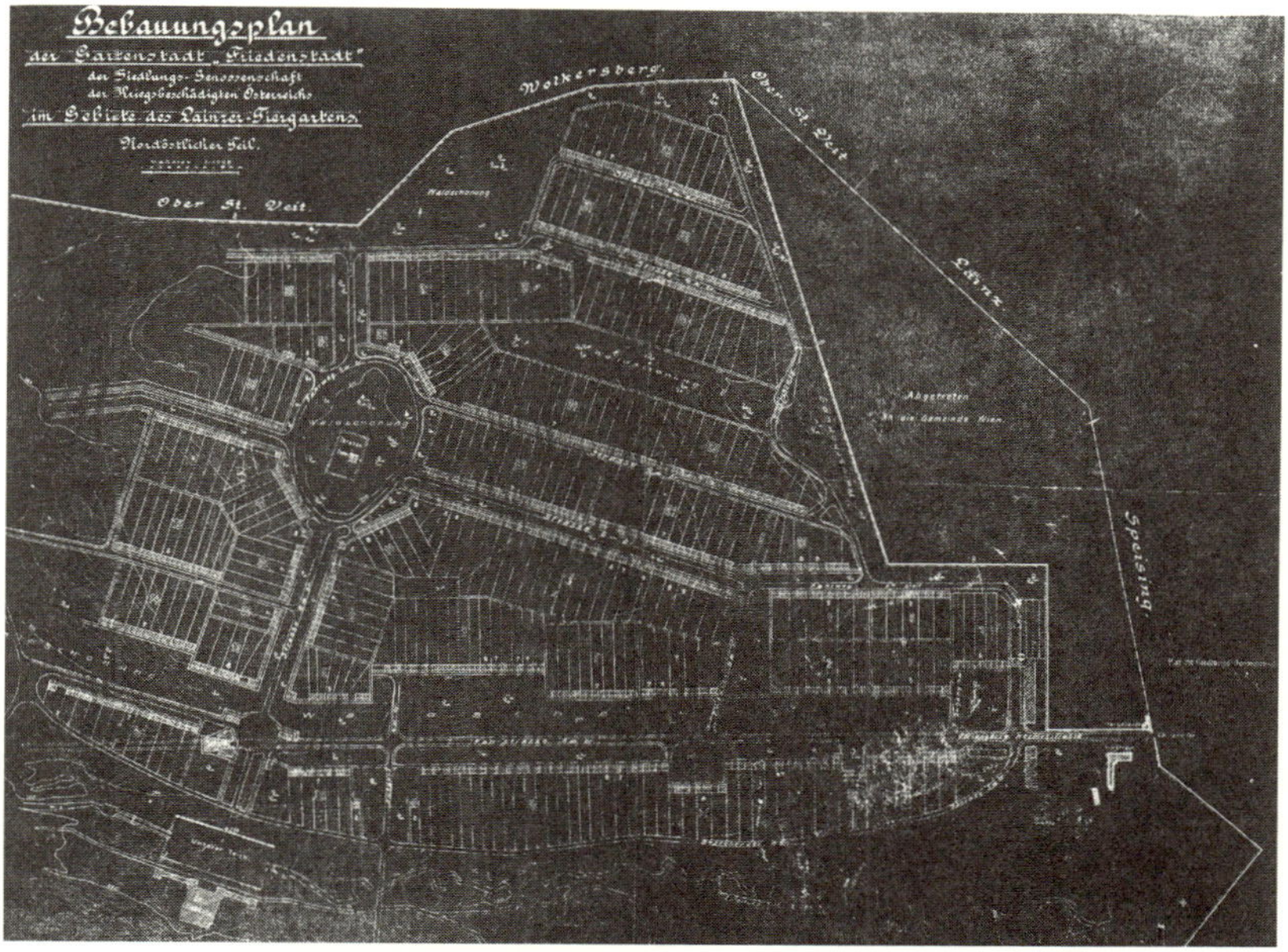

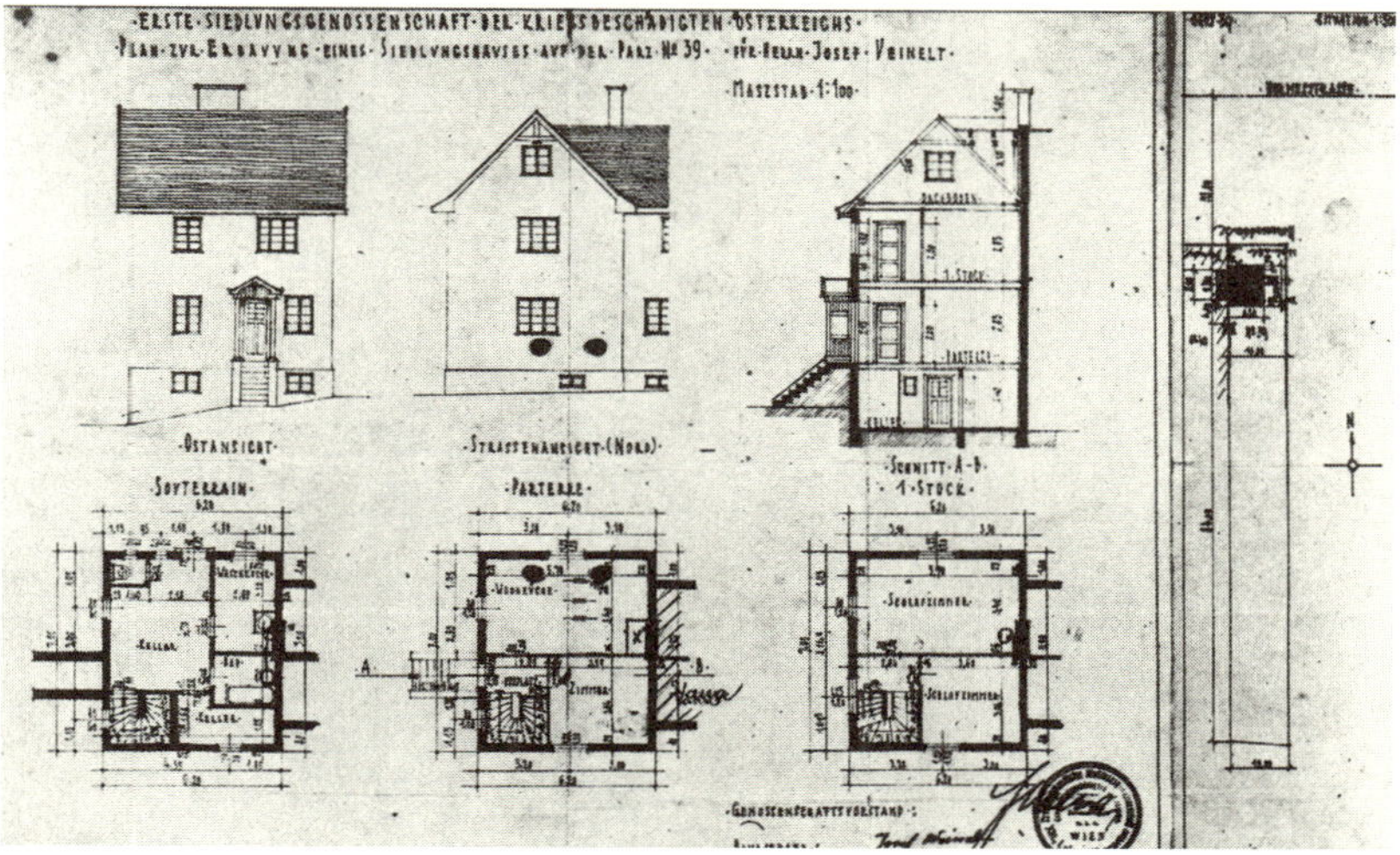

上・ラインツ動物公園フリーデンシュタット田園都市、地域整備計画（1921年）。下部左右に長く延びる線がヘルメス通り。下・ラインツ公団住宅、ヘルメス通りの標準型住戸の立面、断面、平面図（1921年）

土地を南北に面して整備するのは間違いだと指摘を受けた。「住宅が一方に一日中影をつくってしまい、反対側はずっと陽光にさらされる」からだという。だが私はそうは考えていない。

予定している住居には以下の部屋が入る。まず南向きの部屋からあげると庭面の高さに家畜小屋、作業部屋、トイレ、二階にリビング・キッチンと貯蔵室、三階に親の寝室とふたつのベッドが入る小さな寝室である。北向きの部屋は地下室、洗い場、ベッドがひとつ置かれた小さな寝室である。来年建設されることになっているが、この住宅タイプは的を射たものになるのは間違いない。なぜならば、家並みが南北に面することで、雨風の影響をもっとも多く受ける西側が守られ、これによって毎年悩みの種となっている漆喰壁の修繕が必要なくなるのである（ラインツ地区に住む一軒家の所有者たちは長年の苦闘の末、とうとう修復作業が面倒くさくなり、西側の側面全体に防護用の板壁を嵌めこんでしまった。これを公団住宅でいっせいにやったとしたら酷い外観になることは目に見えている）。

（2）農地に話を移そう。まず野菜栽培の専門家たちが口をそろえて言うとくに重要な点を確認しておく。農地は南北方向に沿って整備するのがいちばん理にかなっているということである。

奥行きの深い農地の場合、一〇パーセントは通路に当てられる。たとえば幅七メートルの農地に六メートルの長さの畝がつけば、こぢんまりと野菜づくりをするには便利だろう。奥行きを深くとるか浅くとるかによって、どちらがより多くの農地が確保できるか、ためしに五〇〇平方メートルの土地を使ってふたつの土地活用を比較してみよう。ひとつは幅七メートルの土地で奥行きを七一メートルとる場合と、幅二〇メートルの土地で奥行きを二五メートルにする場合で計算してみる。

奥行きの深い土地活用（幅七メートル×奥行き七一メートル）

奥行き三メートルの前庭　二一平方メートル／住居　四二平方メートル／住居裏の中庭　四二平方メートル／道　四五平方メートル――計一五〇平方メートル／農地　三五〇平方メートル

奥行きの浅い土地活用（幅二〇メートル×奥行き二五メートル――庭園監査官フォグトによる指示に従う）

奥行き三メートルの前庭　六〇平方メートル／住居　四二平方メートル／住居脇の中庭　四二平方メートル／道　六七・五〇平方メートル――計二一一・五〇平方メートル／農地　二八八・五〇平方メートル

農地の比較をみていただけばわかるとおり、素人が考える土地配分に従うと六一・五平方メートルの農地を失うことになる。さらに考えるべきことを二点指摘しておく。ひとつは、密な建物に仕上げることで、外部の視線から中庭を完璧にシャットアウトして、住民に必要不可欠なアメニティが充実した環境づくりをするにはどうすればいいかという点。そしてもうひとつは、別荘を所有する誰もが知っているように家と家のあいだの土地は陰になり経済的に無価値だが、これをどうするかという点である。

なぜ農地を南北に面して造成するのか（日照問題）。なぜ奥行きの深い土地活用が適しているのか（防風問題）。これらの理由を詳細に説明するために、わざわざ近代的野菜栽培の原理原則にまで話を広げるのは、さすがにやりすぎだろう。詳しく知りたい方はぜひレベレヒト・ミッゲ[2]の研究にあたってみていただきたい。社会行政省に配属された建築エキスパートたちにとっても間違いなく役立つ内容である。

次は（3）に関して述べよう。外観ばかりを気にして住人の生活感覚を無視するような住宅計画は間違っている。

住人が帰宅途中、いちはやく家に着きたいと考えるのは当然だ。蛇行し、弧を描き、ジグザグに曲がりくねった道が見栄えがいいという理由でつくられたためしはない。急斜面をまっすぐ上ると乗り物には負担が大きいため、必然的にこうなっているのである。その結果斜面の上に建っている家につながる道は、どんなに短いものであってもいったん家から遠ざかり、また戻って家の敷地に入るという形をとる。ちなみに私の計画案では、すべての道はラインツ自然動物公園の入口につながるようになっている。人が歩くことによって自然に踏みならされてできた小道ほど歩くに適した道はない。道というものは本来そのようにして生まれてきたのである（その美しさといったら！）。それを考えると、T型定規でつくった道以上にひどいのは雲形定規でつくった道である。

自然動物公園の入口からいちばん高い丘までは踏みならされた一本の歩道が通じている。すぐに着手すべきなのはこの道である。現在の進行方向を活かし、五パーセントの勾配をつけることで等高線と垂直に交わらせれば、もっと快適な道になることは間違いない。

この坂はウィーン中心部のリングから西側地区をつなぐ通りでよくみられる坂と同じものである（その典型がマリアヒルファー通り、レルヒェンフェルダー通り、ブルクガッセ）。等高線を垂直に進めないという理由によりカーブや蛇行した坂道を上っていくのは、雨や吹雪のなか家路を急ぐ人たちにとってはストレスになるだろう。

車で上の家に上っていく際、蛇行した道を通ればシュムック通りの最初にある急勾配（貯水池—塔方向）は避けることができる。

まだ数ヵ所、美的観点から考慮すべきところがある。ヒーツィングやウィーンの高級住宅街のつくりが退屈なのは、どこをとっても直線的だからではなく、どの道も同じような性格をもたされているからである。その点には気を配った。したがってラインツ公団住宅を縫うどの道にも独特の個性がある。もとからあるヘルメス通りは左右に森が迫っている。そこを抜けると幅のある長さ二〇メートルの林道に入るが、左右が家になる。さらに進むと片側だけに家が立ち並び、反対側に畑が広がる。その先に行くと両側には何もない土地になる。

こうした設計でどの通りにも独自の顔をもたすことができ、同じタイプの住居がずっと続くが退屈さはない。曲がりくねった道を組みあわせる土地設計をしても、こうはいかなかっただろう。

（一九二一年）

シカゴ・トリビューン円柱建築

シカゴ・トリビューン本社ビルの設計コンペ〔1〕で建築家に与えられた課題はこういうものだった。「世界でいちばん美しくユニークなオフィスビルを建てよ」。つまり写真で見るにせよ実物を見るにせよ、一度目にしたら二度と忘れない建物を建てよということであり、サンピエトロ大聖堂の天蓋といえばローマ、斜塔といえばピサと思い浮かぶように、シカゴ・トリビューン本社ビルといえばシカゴが思い浮かぶようなモニュメンタルな建造物をつくりあげ、あらゆる知識人たちが集うシカゴ・トリビューン紙のキャラクターを体現する建物を設計をせよ、ということである。

いったいどうすればいいのだろう？　世界一高い建物を建てればいいのか？　ウールワース・ビルより高い建物を建てればいいのか？　だが高さは四〇〇フィートまでと制限されている以上その選択肢はない。周囲の建物よりあえて低く建ててめだたせるというニューヨークヘラルド・ビルやモルガン・ビルの手法をまねればいいのだろうか？　だがそんな二番煎じはコンペの趣旨に反する。ドイツやオーストリア、フランスの造形芸術家たちが好むベルリン・キュビズムや一八四八年の独立革命後のベルギーに端を発する伝統を無視した新しい建築フォルムを応用すればいいのだろうか？　だがこうしたフォルムは、またすぐ新たに生みだされるフォルムにとってかわられ、あっという間に時代遅れになっていくのは誰もが目にするところだ。建築フォルムは婦人の帽子と同じく、めまぐるしく変化していくのである。

結局ステレオタイプなアメリカ的摩天楼を建てる以外に方法はないということになる。超高層ビルがブームになりだした当初、名のあるビルはどの町にあるどのビルなのかすぐに判別がついたものだが、どこもかしこも超高層ビルとなったいま、写真を見ても、それがサンフランシスコなのかデトロイトなのか素人には見分けがつかなくなっている。

以上の点を考慮し、シカゴ・トリビューン本社ビルの建物の形状には円柱《コラム》を採用することにした。巨大ながらんどうの柱というモチーフは、建築史をたどってみると先例がある。パリのヴァンドーム広場に建つナポレオンの戦勝記念円柱[2]はローマのトラヤヌス記念円柱[3]をモチーフとしている。

シカゴ・トリビューン本社ビル設計コンペ、ロース案（1922年）

シカゴ・トリビューン本社ビル設計コンペ、ロース案

だが、元来モニュメントとしてつくられてきた円柱建築をモチーフにして、なかに人が住み活動する円柱建築を建てることが許されるのか、という建築的かつ美学的な疑問が湧いてくるのも当然だろう。それに対してはこう答えておこう。メトロポリタン・ビルが古代ペルシャのマウソロス王の霊廟[4]をモチーフにし、ウールワース・ビルがゴシック教会をモチーフにしたように、名のある超高層ビルはどれもなかに人が住んでいない記念碑をもっとも理想的なモチーフにしたのであった。その点はこのふたつの具体例から納得いただけるだろう。

それにしても、個人的なアイデアを文章にしてここで発表するというのは、私にとって大きなマイナスになるのは間違いない。なぜなら他の建築家にはなんの問題もなく許されている円柱モチーフを私が踏襲すれば、徹底して自分のオリジナルにこだわることによって認められてきた私がおのれの信条を裏切っているのではないか、という批判が出ることは目に見えているからである。しかし私は自分の信条からブレているつもりはなく、今回の設計案に十分自信をもっている。私は建築家であるにとどまらず文筆の徒でもあり、現代のあらゆる芸術専門誌に寄稿もし、若いころはニューヨークでジャーナリスト（芸術評論家）として糊口をしのいだ経験もある。新聞社の仕事とは因縁浅からぬものがあるから、その社屋を設計するにあたって建築上どの程度まで許されるのかという限度はわきまえているつもりだ。そんなわけで私の設計はシカゴ・トリビューンにふさわしいものに仕上がったと自負している。だが仮に、もっと規模の小さい新聞社の社屋にこのアイデアをあてはめたとしたら、やりすぎになったかもしれない。

いつもながら無装飾への批判が出ることは想定している。従来の装飾を否定し、それに代わって価値の高いマテリアルそのものに語らせるという私の信念は、ここでも大がかりな形で実践されている。この建物で使っているマテリアルは、フラットに磨き抜かれた黒い御影石だけである。

この円柱建築が与える実際の印象を表現するのに、図面だけでは不可能だ。立方体状の低層部分のつるんとした表面と柱部に彫りこまれた縦溝模様《フルーティング》の組み合わせは見る者を圧倒するにちがいない。どこもかしこも主張が過ぎる現代のなかで、サプライズとセンセーションを巻き起こすことになるだろう。

建物は制限以上に高くはできないが、柱頭部に頂板《アバクス》をつけることによって遠近法的効果が生まれ、実際よりも高く見えるだろう。

空間の贅沢な使い方にも注目してほしい。天井の高い玄関ホールや広くゆったりとした階段など空間をたっぷり使うことで、モニュメンタルな効果が生まれる。建物の品格というものは、けちけちした建物の使い方ではなく、ニューヨークヘラルド・ビルやモルガン・ビルを見ればわかるように、大胆に使うことで強烈な印象を残す。

柱が載る基底部と隣接するビルとの接触部は煉瓦とテラコッタを使用し、ファサードのコーニスと柱は他の建物の主要部分と同じ材料とした。この新しい建物が周辺の建物群にうまく溶けこむには、この方法がベストだろう。

入口玄関の両脇に立つ巨人像は、シチリアのアグリジェント[5]にあるゼウス神殿とアテネのディオニソス劇場にあるうずくまる像を引用した。

建物の高さは四〇〇フィート以下にするという現行の高さ制限がなくなった場合には、柱の頭部に古代ローマの護民官《トリビューン》の座像を配置するのもいいだろう。

こうした巨大な円柱《コラム》はこれまでローマ様式のものに限られ、ギリシャ様式で建てられたことはなかった。アイデアとして取り沙汰されることはあったが、もし採用が決まれば史上はじめて日の目を見ることになる。いずれどこかでこの巨大なギリシャ・ドーリス式の円柱建築が誕生することは間違いない。シカゴで却下されたとしても他の町で建てられる可能性はあるし、シカゴ・トリビューンが受け入れなかったとしても他社の社屋として採用されることもありうる。私の案が却下されたとしても、将来、別の建築家が建てるだろう。

（一九二三年）

グランドホテル・バビロン

十年前、ウィーン郊外のヒーツィングにグスタフ・ショイ博士の邸宅を建てたことがある。世間はあきれた。このタイプの建築はアルジェならまだしもウィーンには場違いだというのである。設計している最中、オリエント世界のことなどまったく考えもしなかった。二階の各寝室から広々した共同のテラスに出られるようにしたら、さぞ快適だろうと考えただけである。アルジェもウィーンも関係なく、どこに建てても通用するものとしてつくったのだ。二階だけでなく三階（独立した賃貸住居）にも同じテラスをつけたことで、なかなか目にすることのない稀有な邸宅になった。ウィーン市議会では、市建築局がこのような建物を建てることを禁止すべきではないか、と某議員が問題にしたほどだった。

なぜオリエント世界では数千年来ずっとテラスが使われ、われわれの環境ではみられなかったのだろうか。答えは簡単である。既存の建築構造の場合、平屋根とテラスをつけられるのは気温が氷点下にならない土地に限定されるからである。

ホルツ・ツェメント工法による屋根（砂利屋根ないし砕石屋根）が新しく開発され、アスファルトが使われ

グランドホテル・バビロン計画案（1923年）

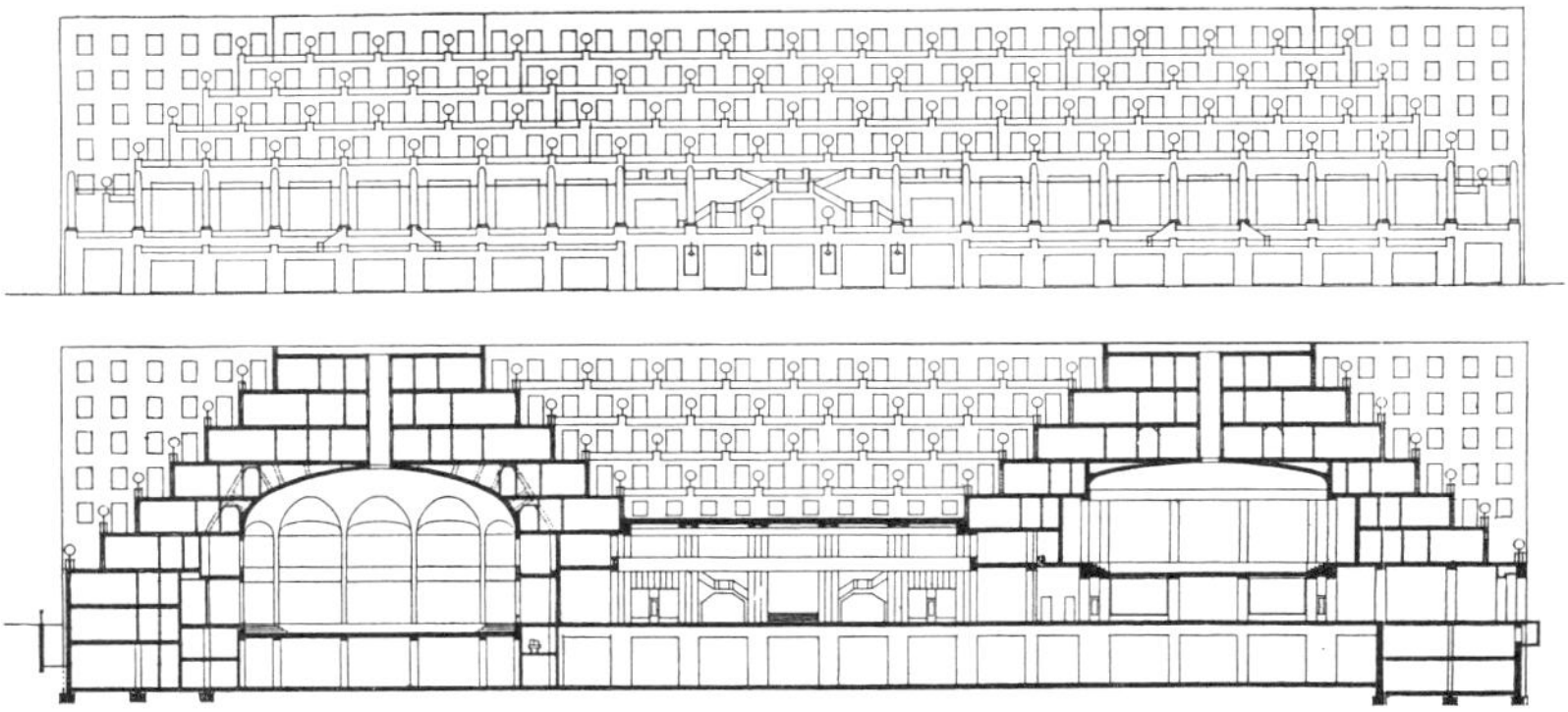

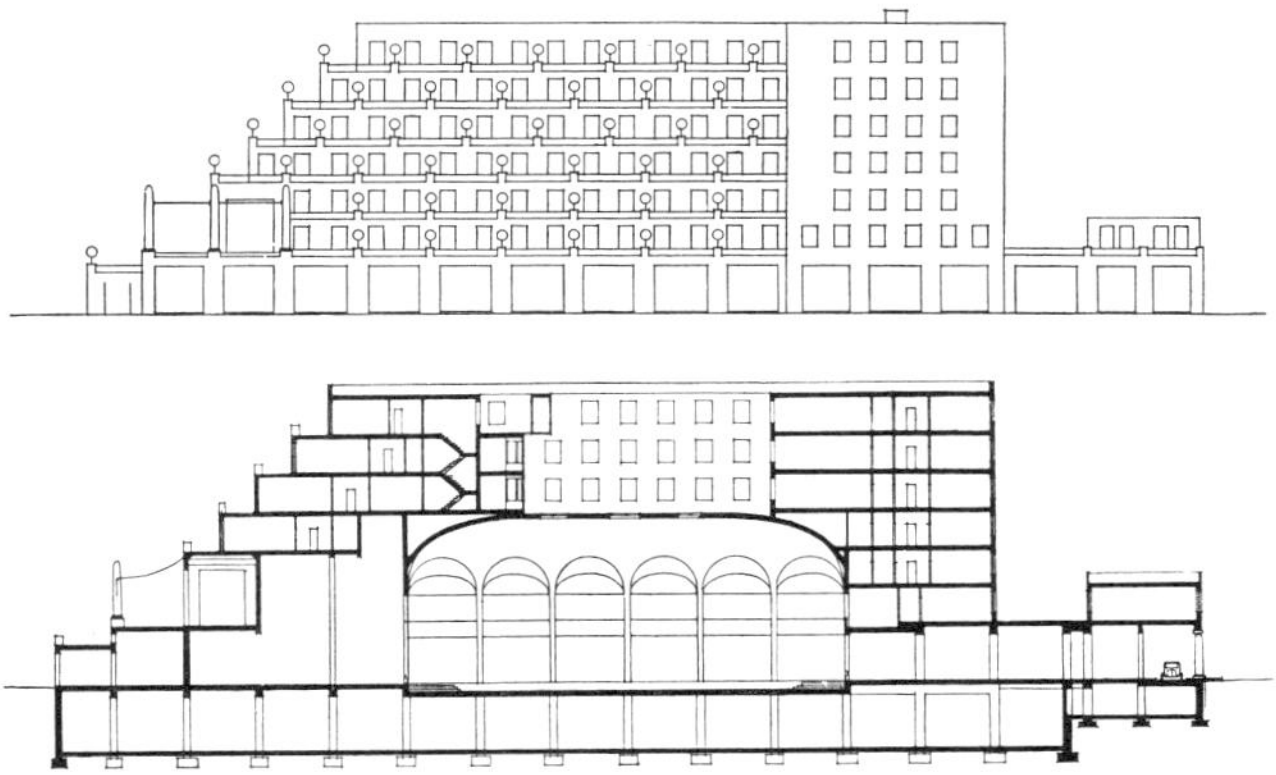

上・同、南側正面立面図（上）と断面図（下）。左手のピラミッド内部がスケートリンク、右手が宴会用大広間。
左・側面立面図（上）と断面図（下）

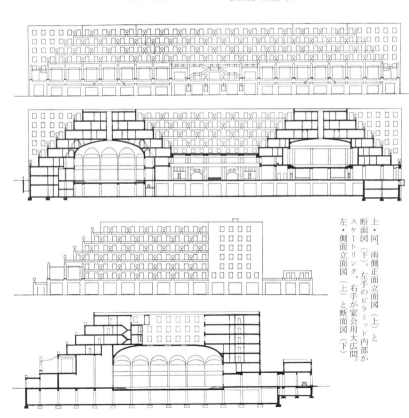

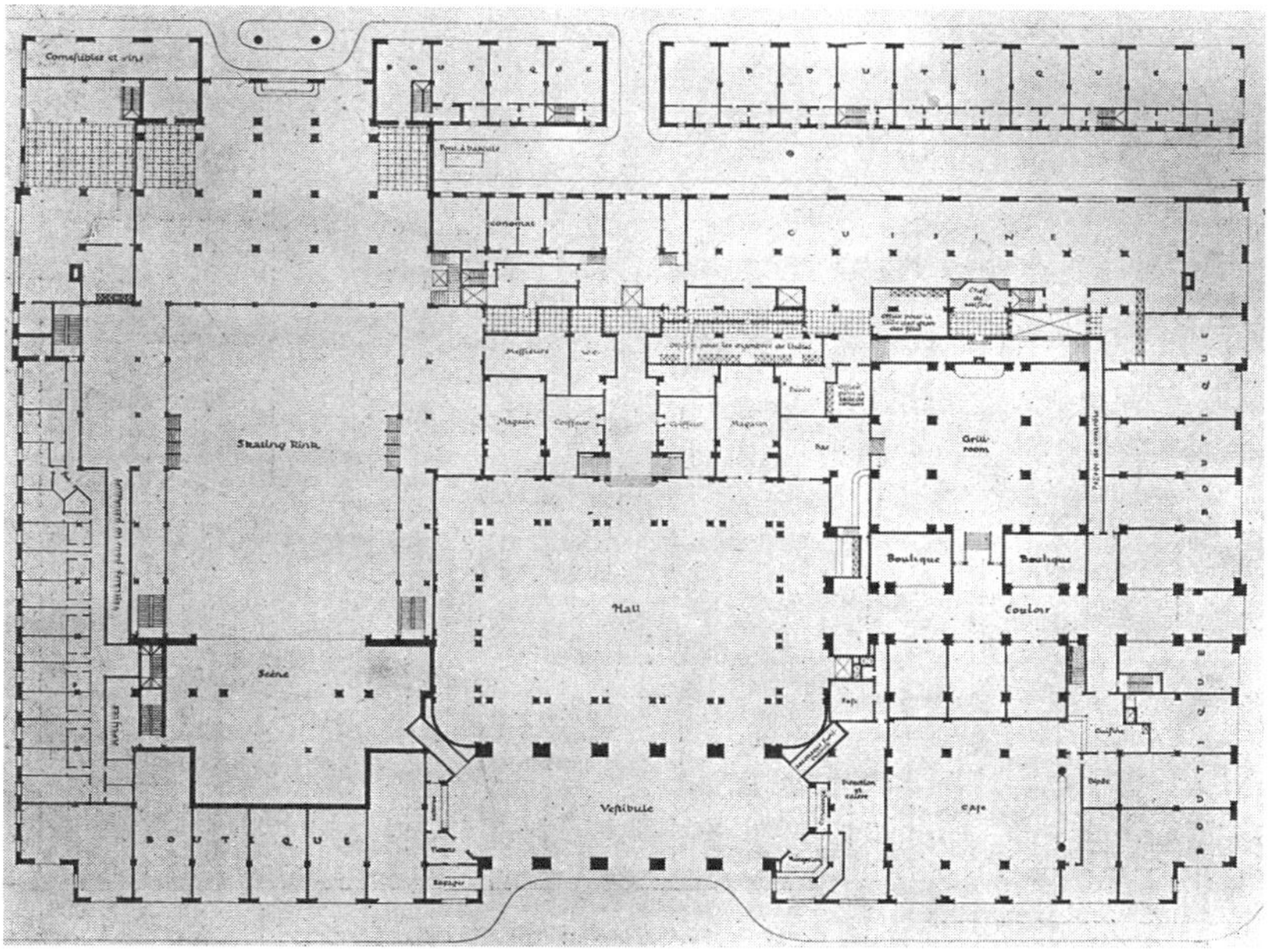

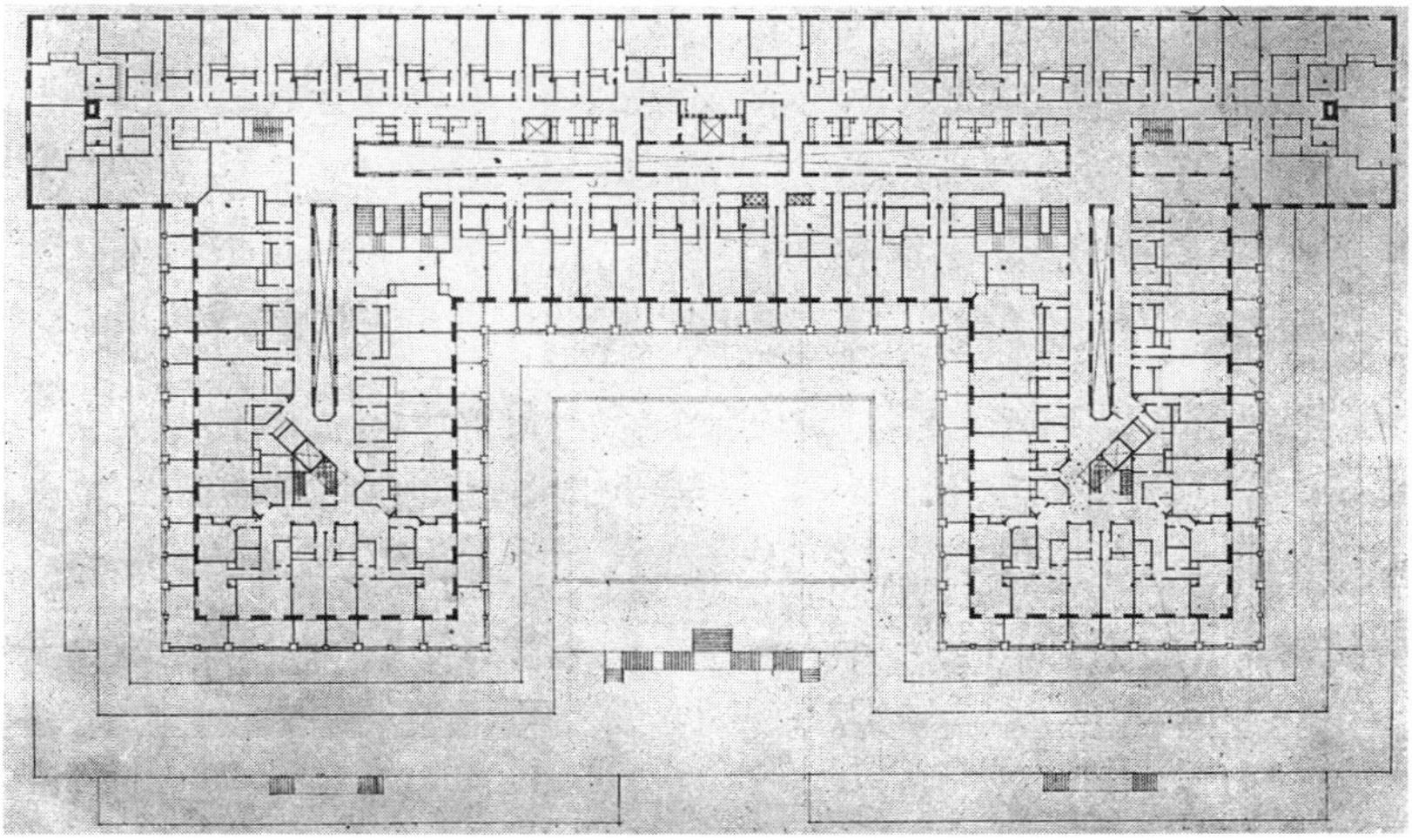

上・同、1階平面図。南側中央に玄関とホール。左手スケートリンクは北側に入口。
下・6階平面図。東西に伸びる北別館を除いて全室にテラスが設けられている

るようになってはじめて平屋根とテラスをつけることが可能になった。四百年前から平屋根をつくることは建築家たちの夢だったのである。十九世紀中ごろ、この夢は実現した。だが実際にはほとんどの建築家はこの平屋根のつくり方をマスターできなかった。今日、平屋根は機能的にいちばん優れており、安価でありながらいちばん寿命が長いことから、平屋根をつくれるかどうかが本物の建築家と舞台美術家を見分ける試金石になっている。

テラスつきの家を労働者のために建てたい、とずっと思っていた。プロレタリア階級の子供は、生まれてから学校に上がるまで過酷な環境のなかを生きざるをえない。共同のテラスがあれば、親から家のなかに閉じこめられている子供たちを家地獄から解放できるのではないか。隣人による見守りも可能になる。過日パリのサロン・ドートンヌ[1]から招待を受け、展示会をおこなうことになった際、ふたつの選択肢があった。ひとつは労働者用のテラスつきハウスプロジェクトを展示する。もうひとつはテラスつきホテルプロジェクトを展示して、より大きな反応をねらう線である。多くの読者を魅了してやまない長編小説にアーノルド・ベネット作『グランドホテル・バビロン』[2]がある。このホテルの名前に着想を得て各部屋にテラスのついたホテルプロジェクトを選択した。

ホテルは立地のニーズに応える必要がある。個人的にもよく知っている地中海沿岸の観光地リヴィエラにホテルを建てるという設定にした。ホテルは利用する社会階級の要求に応える必要もある。だが建築的に足りない部分があれば、このふたつの必要を満たすことは不可能になる。日の光が射さない中庭側の暗い部屋は高級ホテルであろうと値段は安く設定しなければならない。私のテラスホテルは南に開いており、中庭はなく、全室外向きになるよう配置した。さらに建物を階段状ピラミッドにしてふたつ並べ、東側と西側の傾斜をより緩く長くすることで日当たりをよくすることをめざした。いちばん大事な点は全室にテラスをつけることである。垂直につながる北別館にテラスはないが、この棟を広く長くとることで、水平の平屋根を飛行機の発着スペースに使うことが可能になる。

ホテル全体はふたつのピラミッドがつなぎあわさっている形となり、ピラミッドの中心にふたつの大きな内部空間ができる。ひとつを屋内スケート場にして、もうひとつを宴会用の大広間に使うというアイデアを思いついた。ふたつのピラミッドのあいだには天窓のついたホールがあるが、内部からは景色が期待できないため、ガラス屋根のところにルクスファープリズム社のプリズムガラスのついた水盤を設置することにした。

将来実際にリヴィエラの土地を確保できた暁には、このホテルプロジェクトが実現することもありうる。ホテル前とホテル内に五十件の店舗を入れ、リヴィエラでは常識となっている高い賃貸料に五パーセントの利子をつけて貸せば純利益がホテル側に入る。ホテル経営やシーズンに左右されることのない利益が確保できるわけだ。いずれにせよ千台のベッドを所有するホテルが儲かるのは間違いないと思われる。

（一九二三年）

ルーファー邸（ロース、1922年）庭側外観。撮影1930年

IV　離れてなおウィーンを語る

裸体

十九世紀から二十世紀の変わり目に生きた者として、今日、裸体がわれわれに与える影響がかつてと違ってきたのはなぜなのか説明しておかなければならないと感じている。われわれが裸体に動じなくなったという事態はどのように発生したのだろうか。

健康な人間は服をエロティックなものと感じている。肌の色のトリコット地の衣類は、服飾の歴史において人間がつくりだしたもっとも強烈なエロティシズムである。それ以前はまだ被覆の原理が存在しなかったため、その原理に反することで生まれてくるエロティシズムが存在しなかった。そのため肌色の衣服を発明することは不可能だった。

被覆の原理とは「あらゆる物体は他の物体で被覆しうる」というものだ。ある物体を被覆する物体はそのまま地の色を保つことができる。その物体を着色ないし装飾する場合、どんな色でもどんな装飾でもかまわないが、被覆されている物体そのものの色、およびそのものの雰囲気を醸す装飾だけはまとうことができない。

例を示そう。木材を木材で被覆することはできる。壁は何色で着色してもかまわないし、壁紙やテキスタイルで被覆してもかまわないが、壁と同じ色、および壁と同じレンガの図柄装飾で被覆することはできない。鉄に鉄の色を着色することはできないし、木材に木の色を着色することも許されない。

結論——人間の裸体はどんな色でもまというるが、ただひとつ肌の色をまとうことはできない。そのため肌の色のトリコット地の衣類は美的でなく、まともに見えないのである。

（一九二三年）

『人でなしの女』　メルヘン

パリのイタリアン通りにふたつの映画館が並んでいる。オ・コルソとラ・サル・マリヴォーである。現在、オ・コルソでドイツ初の本格映画『カリガリ博士』[1]が再上映中だ。第一次大戦の終結後、フランス人が自分たちで持ちこんだ。ドイツ映画だからといって上映に反対する者はおらず、それ以降この史上初のモダンな映画は繰り返し上映されている。

この映画を目のあたりにしてフランスの映画人たちの心には嫉妬の炎が燃えあがった。なんとしてもこの現代映画をこえるものをつくらなければ、と誰もが考えたのである。そして今年になって人々の話題をさらっているのがマルセル・レルビエ監督[2]の新作『人でなしの女』である。彼はすでに『エルドラド』『ドン・ジュアン』『ファウスト』を世に送り出している。数日前、やっと新作を観るチャンスがやってきた。公開初日にパリ中の人々が招待されたが、二週間前からパリに滞在している私もその機会に恵まれたのである（私は二十八年間ウィーンで暮らしているが、ウィーンで初日の上映会に招待を受けたことなど一度もない）。『カリガリ博士』と『人でなしの女』の現代性はまったく違う種類のものだ、というのが最初の感想だった。

『カリガリ博士』は今回も初演時もフランスでは興行的には成功しているが、モダンなフランス人である芸術家たちの期待には応えていない。狂気の幻覚症状を表現するのに表現主義的な装飾（いうなればキュビズムへの共鳴）が映画のなかで使われているのだが、これが彼らは気に入らなかった。彼らにとってキュビズムとは、論理的思考を突きつめた結果に出てきたものであり、狂った脳が生みだした夢のなかの幻影とはまったく別物なのである。それに加え登場人物たちの服装がビーダーマイヤー様式だったのもいただけなかった。ドイツではビーダーマイヤー様式を抜きにして芸術は立ちゆかないのである。

だがフランス映画『人でなしの女』は違う。映画のなかで、人々はモダンなフロックコートを着こなし、モダンな車を運転している。建築もモダンで、ジャズバンドがスクリーンを埋めている。

ストーリーはバカげたものだが、この点はフランス人には問題にならない。この映画のほんとうの魅力と現代性は前代未聞の撮影技術と新しい着想があふれかえっているところにある。魅入られた聴衆は、上映中ずっと極度の緊張状態に縛りつけられ、全編どのシーンを観ても割れんばかりの拍手を送るのである。

音楽はダリウス・ミヨーが担当した。

ジョルジェット・ルブラン[3]が主人公の人でなしの女を演じた。パリの人々から忘れ去られていたメーテルリンク夫人がふたたび登場してきたことは、これだけで十分話題になった。ジョルジェット・ルブランはもともと人気を博した歌手だったが、離婚後アメリカへ渡った。歌手としての才能にかげりが出はじめてからは著述業で生計を立てていた。盲目で聾唖のヘレン・ケラーについて書かれた彼女の著作は注目を集めた。現在彼女は五十五歳。歌手を演じた今回の映画で彼女は声量をふたたび取り戻したとか、いや、それどころか第二の青春の始まりだと世間ではもてはやされている。スクリーンに映るエレガントで若々しい彼女の姿を目にした者は、彼女の奇跡的な容姿に舌を巻くこと請け合いである。クロースアップに耐えられない女優は多いもので、ある女優がスクリーンに目いっぱい映しだされているウィーン映画のワンシーンを目にしたパリ人たちは失笑した。だがジョルジェット・ルブランのクロースアップは熱狂的な拍手で迎えられたのである。

主人公は多くの崇拝者たちから求婚されているひとりの歌姫である。ふたりの男が登場する。ひとりはフィリップ・エリア演じるインドのマハラジャ。彼は歌姫を自分の国の妃に迎えようともくろんでいる。もうひとりは現代のエンジニア。演じるのはフランス映画界きっての美青年ジャック・カトラン。告白を断られるマハラジャは、主人公の車のなかに忍びこませた毒蛇で彼女を殺す。一方、死者をよみがえらせる機械を発明したばかりのエンジニアは、この機械で彼女をよみがえらせるのである。

この映画には斬新なアイデアが満載だ！　俯瞰で示される主人公の家の広間の宴会の風景。これから世界旅行に出発するというときに、なぜ旅に出るのか理由を問われて主人公はこう答える。「理由なんてないわ」。これはふるっている。彼女に思いを寄せ、混乱しているエンジニアにとって二度と忘れない言葉となるが、そのセリフが白いインクのような滴が寄せ集まってできた文字として字幕に表示される。文字は脳髄のなかを寄生虫のように這いずり、エンジニアを狂わせる。毒蛇にかまれ錯乱したまま車を運転するエンジニアの開発ラボは混沌としていて……とにかく印象的なシーンがこれでもかといわんばかりに続いていく。通常、車の運転シーンはつまらないものだが、この映画では運転手の心象風景そのものを描出する効果的なシーンとして使われている（車が突き抜けてゆく森のシーンは驚くほど芸術的ではないか）。劇場シーンもいい。パリで客演したことのあるウィーン国立歌劇場の歌手たちは、栄光の思い出の場所のあるシャンゼリゼ劇場の舞台がスクリーンに出てきたら狂喜するにちがいない。劇場の客席全体が再現され、大がかりな群衆シーンに仕上がっている。ここは照明技術が光る。このワンシーンを撮るために十二台のカメラがいっせいに動いてい

『人でなしの女』（監督マルセル・レルビエ、1924年）スチール。上・ロベール・マレ＝ステヴァンがデザインしたセット。下・ジョルジェット・ルブランとジャック・カトラン

るのである。カルチェラタンでのシーンにはパリ通にとっては刺激の強いシーンもある。モンパルナスのナイトクラブ「ジョッキー」に行ったことのある者なら誰もが知っている人気のモデル、キキがアトリエのシーンに登場するのだ。ジョッキーの常連なら、お気に入りの彼女がスクリーンに出てきたら飛びあがって喜ぶにちがいない。彼女はたしかに美人とはいえないが、パリのどんな女もできないような独創的なメイクをしてみせる！　彼女の眉毛は耳に届かんばかりに延びている。ジョッキーについて最近読んだのだが、あそこでは芸術家とヤクザものが隣あって座り仲よくやっていると書かれていた。だが実際はマルク・シャガール[4]と無頼漢パスキンがうまくやっていたにすぎなかったのだが、そう書いたということらしい。この程度の誤差は目をつぶろう。

死者をよみがえらせるシーンが出てくると、それまでの扇情的なシーンの数々も一気に色あせる。これはフランスの現代建築家マレ＝ステヴァン[5]が監督と協力してつくりだした思わず息を呑むような映像である。現代的かつユートピア的なテクノロジーが生みだした映画《モニュメント》に対するみごとな賛歌となっている。画家キースラー[6]が演出したカレル・チャペック原作のユートピア劇『マクロプロス事件[7]』で、われわれは同じような経験をしている。だがこの映画には空間の果てしない広がりがあり、次から次へと変わる舞台展開があり、エンジニアとその助手の狂気すれすれの行動がある。視覚効果はほとんど音楽的といえるほどで、「私は光を聞いているのだろうか？[8]」と言い放ったトリスタンのセリフが現実になったかのようだ。

ラストシーンは圧巻だった。見終わった観客たちは劇場を出ると、新しい芸術が誕生した瞬間に立ち会ったのだという思いに打ち震えていた。いままでわれわれの脳が求めても満たされることのなかった芸術的欲求がみごとに満たされたのであった。

（一九二四年）

節約について

物が古くさくなる瞬間って、どんなときでしょう。もともとあったものを感覚が拒否したときですね。でも、人は分別がつかなくなると、古いものに固執したがるところもある。

シルクハットにはたくさんの形がある。百種類でも並べられます。たとえばお葬式があったとする。身支度しながらああでもないこうでもないと試してみますが、ほとんどは無理があったり滑稽だったりして、やっとぴったりのが見つかる。それが一九二四年現在のシルクハットということなんです。このシルクハットが私にとってだけではなく、この時代にとっても唯一のあるべき姿だということです。つまり無理なく身につけられるものだけを現代のものとみなすわけです。

一九二四年のシルクハットがいいのは当然ですが、もし二十年前もいまも同じものを被ることができたら、これは文句なくすばらしい。そしていま被ることができるからこそ製品としての正当性、つまり経済的正当性をもつことができる。

とはいえ、すべてのものはすぐに変化していくモードの波に巻きこまれていく。しかし、たとえばいま使っているデスクが十年後には美的価値を失い、もう使えないと判断して処分し、新しいものを買わざるをえないということになれば大きな経済的損失になります。

私は新しもの好きが嫌いです。保守的な人間は節約し、新しもの好きはみな浪費します。服持ちほど流行遅れにならないよう気を配り、スーツを一着しか持たない者はまったくモードと縁がないと思われがちですが、実際は逆なんです。一着を頻繁に着るからすぐダメにしてしまってテーラーに駆けこむ羽目になり、新しいフォルムで仕立てるよう頼むから、いつもモードの先端にいることになる。めまぐるしくモードが変わっていくとつくり手に多くの仕事が生まれて、いいことづくしじゃないかと言う人もいるでしょうが、その見方は間違っています。

現実的な必要に服を合わせていくには種々の服が必要となります。雨の日にレインコートを羽織り、春にはスプリングコートを着て、冬にはウールのジャケットが必要になる。私は洋服はすべて大事にしまっています。モードというものは私たちが物としっかりつきあわないから、あっという間に姿を変えてしまうのです。質の高さを保ったまま長持ちするものが手に入ったとたん、モードはモードでなくなる。物のすばらしさとは本来寿命によって判断されるべきものです。鉄道のレールは、どれだけ多くの電車を走らせえたかで善し悪しが決まるのではなく、どれだけ長い年月使われたかによって判断されるべきです。レールが信頼できる機能を果たしているかぎり、それはつねに優れたものでありつづけるのです。

物だって生きている。物、材料、製品、服、物には活動していない一定の時間が絶対に必要です。だから私はクローゼットが大きいほうがいいと言うんです。それだけ服を休ませる時間を確保できるからです。

実質的な改善もしないでフォルムだけを無理に変えるなんてまったくのナンセンスです。

新しい課題を与えられれば、私はそれを解決する新しいものを開発することはできると思います。もちろん建築的な課題に限られるけれども、たとえばタービン装置を入れるための建物とか飛行船用格納施設をつくるとか。しかし椅子や机やクローゼットをフォルムから新しくつくれと言われたらきっぱり断ります。いくら新しいアイデアを思いついたからといって、人間が何度も繰り返し試してつくりあげ、何百年も慣れ親しんできたフォルムを変えようなんてことは絶対考えません。

十八世紀と十九世紀はまったく違います。十八世紀は九五パーセントの人間が労働に従事し、残りの五パーセントが鬘を被ったり金のかかる衣装を着て貴族としてふるまうことができた。社会的に考えれば、まったく不道徳な話です。

今日では外面から判断するかぎり、労働者とイギリスの王様は基本的に同じ服を着ています。二十世紀のわが国の大統領と君主だって、王冠を被ってアーミンの毛皮のコートをもう一度着ようなんて気持ちはこれっぽっちもないでしょう。

ここには見えている以上に深い意味があります。現代の聡明な人間は他者への配慮から仮面を被る必要があるのです。仮面を被るとは、すべての人間が共通した特定のフォルムの服を身につけるということです。個性的な服など頭の悪い人間にしか意味をなさない。この困った人々は世界にむかって自分が何者であるのか大声でわめき散らしたいと思っているのです。

同じことが家具にもあてはまる。好き勝手な家具をつくらせるのはいいけれども、その家具をみれば持ち主がどんな人間で、いかに自分を特別扱いしているかよくわかる。

服にだって、もちろん高いものと安いものがあります。値段の多寡は使われている素材の質と仕立ての善し悪しにかかっています。そのあいだには明確な違いがある。スポーツの世界に一〇〇ヤードをあっという間に走るチャンピオンがいたり、誰よりも高く飛ぶ人間がいたりするように、最高の材料を使って完璧な服を仕立てる技術をもっているテーラーがいるわけです。ニューヨークにいるのかロンドンにいるのか、パリにいるのか知らないけれども。

高級品はなくてはならないものです。質の高い仕事にはきちんとした対価が支払われる必要がある。ごく限られた人々にしか奉仕しない高級品産業というのはスポーツ界のチャンピオンやジャンプ選手と同じです。完璧な製品が生まれるには、少なくとも圧倒的に優れたほんの一握りの人間が努力する必要がある。能力を惜しまず手間をしっかり傾けて。ここに人間のなかにある最高の能力が結晶されます。そうでなければどんな分野であれ、どんどん落ちていく一方ですから。その一例をあげましょう。英国王の衣装を担当するテーラーは模範的存在として非の打ちどころのない仕事をしてみせることでイギリスの服飾業界全体に影響をおよぼしているのです。こうした突出した存在なくして、私たちは凡庸さを乗りこえていくことはできません。どんなものであれ寿命を短くしてしまうような試みは間違っています。人がつくりだすものはすべからく寿命を延ばすことに心を砕くべきであって、それがまっとうなことなのです。

質の悪い生地でスーツを仕立てても、いい生地で仕立てたスーツに比べると時間的には三分の一くらいしかもちません。たったの三分の一ですよ！　つまりいいスーツこそ経済的で、悪いスーツはお金の無駄になってしまうのです。これは通常考えられている以上に重要な国家経済の問題に直結していますから、忘れないでください。

しかし最高の素材と最高の技術をもった人材によってつくりだされたものであっても、それがいわゆる工芸製品でユニークなフォルムが与えられた結果、数年後には流行遅れになることを考えると、これもまたお金の無駄です。

たった一晩でほどけてしまう手編みのレースを一ヵ月もかけて編みあげていくなんてまったくナンセンスでしょう。レース編みは機械を使えば苦労もなく、しかも安くつくることができます。

私たちは洗練と節約をめざそうではありませんか。良質のワインを飲む者と粗悪で安いワインを多く消費する者と、いったいどちらが経済的なのか判断しかねますが。

節約の心理的な面についても考えてみましょう。たとえばシガレットケースがほしいとします。私なら商品を強制されるのはごめんだし、材質や製造技術をあれこれ吟味する楽しみを奪われたくないし、装飾などという下品な娯楽は必要ありません。せっかくお金を出すのだから材料も自分で選びたい。指輪をつくるなら質のいいゴールドがいいし、シガレットケースなら表面がフラットで質のいいシルバーがいい。見栄えがよく、さわり心地のいいフラットなシルバーの表面はそれ自体が最高の装飾です。

しかし私のこうした考えは支持されない。世間ではもっと込み入った、手のかかっているものが求められる。これではまるでアフリカか中世の話です。

無駄に手がかかっていること、複雑さばかりが注目を集めるなんて！　八日間も仕込んだ料理に私の舌はどう反応するでしょう。仕込み、複雑さ、過度な慎重さのせいで宴の食事は風味を失い、まずくなってしまっています。理由は簡単、八日も時間をかけたからです。現代人はエネルギーの無意味な浪費に耐えられなくなってきたのです。

これは五年もかけてできたと言われたところで、それがどんな喜びをもたらすというのでしょう？　そんなことを強制して喜ぶなんて本気のサディズムです。人々はもうどれだけ時間をかけたかといったことに心を砕かなくなりました。むしろ労力を節約し、仕事仲間を大切にし、とりわけ材料を節約しようと考えるようになった。私は度をこした節約家のひとりであることを認めます。まわりの人々にもどんどん節約させようと思っているくらいですから。

私は木材の破片が捨てられているのを見つけると、あわれに思えてくる。それが嵌まるべきところを頭のなかで想像し、嵌めてみたりするんです。破片がかわいそうで仕方がない。

むかしプラハで見たことがあるのですが、なかなか手の出ないような高い材料が残酷にもバラバラに切断され、それをまた組み合わせて複雑なものがつくられていた。これは犯罪です。

どの時代も人は何かを節約しています。十八世紀は食べることに貪欲でしたが、衛生観念は節約された。だからあの時代を「臭う世紀」と言っていいくらいです。いまでもあの時代の家具には当時の臭いが染みついています。

現代になって、少なくともあの時代よりは衛生観念が尊重されるようになった。

アメリカ兵はたとえ戦場の塹壕で暮らしていても、そこに必ず風呂場をつくります。それを見て「なぜ戦場に風呂場を?」と世間は首をひねったことがありました。ヨーロッパでは、勇敢な兵士というのは全身どろどろに汚れているイメージだからです。みなそれぞれ節約するポイントが違うんですね。

プロレタリアに属す人々は節約指向がまったくなく、簡単にお金を使ってしまう。私にはそう思えて仕方ない。一杯のビールをケチるべきかどうかなんてことを労働者は考えません。官吏となると、もう一杯飲もうかどうしようか、あれこれ考える。そのくせ何も考えずにおかしな装飾のついたネクタイにパッと金を出す。労働者なら少なくとも半日かけて買おうか買うまいか考えこんでしまうようなネクタイにです。

いままで装飾に注がれてきた嗜好は、これからは素材に注がれるべきです。人々はそもそも素材のなんたるかをきちんと理解していない。むかしは手慰みに男たちがドゥカーテン金貨を窓から放り投げたり、真珠を酢に溶かして飲んでみたり切り刻んでみたりとまったく素材を無視した罪深いことをしてきたのです。さすがにいまは誰もしませんが。

日常のなかで素材を直接感じる瞬間があまりないとはいえ、いちばん軽視しているのが家具づくりの現場です。現代の建築家は素材の感触を建築と家具づくりの場において失ってしまった。

こんな話があります。中国人は仕事を請け負うとまず森へ行き、ぴったりの木を探すといいます。長いこと探して、ついに理想の木が見つかるとこう言うのです。「もしこの木が見つからなかったら、仕事ができないところだった」

素材の感触とはまさにこれ！

物という存在にもう一度光を当て崇拝しなければならない。素材はじつに神秘的な物質なのです。ある素材を使って同じものがいくつもつくられてきたという事実に人はもっと深く驚き、畏怖の念を感じなければいけません。

立派に自己完結しているすばらしい素材に装飾をつけるですって？　貴重な材料であるマホガニーにパープルの塗料を塗って「改良する」ですって？　それは犯罪です。

簡素で白石灰と板張りのベッドしかないような刑務所に押しこまれたら、それこそひどい罰だと言う人がいますが——私の場合はその簡素さにこそシンパシーを感じている——逆に絨毯からカーテン、灰皿から時計の針、石灰入れからペン軸にいたるまで「現代建築家」によってデザインされたじつに現代的なインテリアに囲まれた刑務所があったなら、そっちのほうがよほど耐えがたいことでしょう。耐えがたさはちょっと想像をこえています。そんなものをデザインする建築家には、それこそ十年の禁固刑を！と言いたい。

現代建築家というのは家具デザイナー兼内装屋のことですが、彼らは自分たちの仕事は乗りこえることだと思っている。いいですか、もう一度言わせてください。乗りこえること。いまの流行を乗りこえて次の流行を先取りするわけです。すばらしい靴をつくる靴職人は、自分がつくったすばらしい靴を乗りこえることはありません。私はたくさん靴を持っているけど、優れた靴職人のつくった靴はずっと履きつづけられるから、つねにモダンでありつづける。靴職人は乗りこえるということがない。建築家はさすがに靴まではデザインしません。もしそんなことになったら、靴職人も少なくとも二年に一度は必死になって乗りこえなきゃいけなくなる。

ずいぶん長いあいだ同じ靴を履きつづけているけれど、それが時代遅れになったことはありません。私は自分の構想の細部を図面にする必要がまったくない。すばらしい建築は言葉で説明できるものです。だからギリシャのパルテノン神殿は図面ではなく、言葉で記録することができるのです。

インテリア写真には反対です。これが大手を振るようになると、本来の目的とは別のインテリアが生まれてくる可能性がある。どういうことかというと、建築家のなかには心地よく暮らすという目的のためではなく、写真映りをよくするために内装を手がける者がいるということです。図面上の建築と同じで、光と陰を機械的に組み合わせれば写真映りのいい建築はできあがる。つまり写真むけの建築ということです。写真や模写を見たって私が手がけたインテリアの善し悪しなど判断できるわけがない。写真のなかにそのよさはまったく映っていないのですから。

写真は素材の感触を消してしまうけれども、私はむしろその感触を前面に出したいのです。私が手がけるインテリアのめざすところは、住人が身のまわりに家具の素材を感じとり、それがなんらかの心理的効果をおよぼし、人とインテリアと空間全体に統一感を生むことです。椅子を例にとれば、材料が木だということがきちんと伝わり、五感を使って感覚的に感じながら、心地よく座ってもらうということです。椅子の表面をしっかりお尻が感じて、これは完璧な座り心地だと認めてもらうこと。だからいくら写真がよくても私の椅子が座った本人にどれだけいい感触を与えているのか、写真を見ただけではわかりっこありません。

これで写真は何も語らないということがわかるでしょう。写真は見た目がいいかどうかしか写さない。ほんとうの姿から人を遠ざけてしまうし、間違った方向に導いてしまう。人が住み心地を考えずに、見た目のよさを基準にして家のインテリアを考えるようになったのは写真が原因なのです。写真はだます。私は自分のつくったもので誰かをだまそうとしたことなどただの一度もありません。そんなやり方はごめんです。もっとも昨今の建築家ときたら、だましのテクニックばかり教育されて、そこで学んだものを土台にして成長していくんです。彼らは評価を上げるために魅力的に再現された絵や写真を使う。意識的にやっている。というのも、そこに住んだら鼻高々だろうと思わせるには、描かれた絵か撮影されたイリュージョンを見せれば十分で、ふつうの人々がそこまで無防備であることを建築家たちはよく知っている。実際に住んでみて欠点が見えてきても、住人たちは素直に自分の過ちを認めるのはむずかしいものです。

民族芸術とはいったいなんでしょうか？　膝があらわになった民族衣装？　フォークダンスが民族芸術？都会の私たちにとって民族芸術は、まるで芝居を見に行くように席に座って見物すべきもの？　それはあまりに不遜な話で、田舎の人々だけでなく私たち自身にとっても恥ずべきことではありませんか？　そもそも都会の人間も田舎の人間も民族芸術を必要としているのか疑問に思うのです。

都会と田舎を隔てる境界はすべてなくすべきでしょう。そんなものは人為的につくられた滑稽なものです。都会の人間は田舎の人々をプリミティブな人間だと思い、田舎の人が町に来ると都会人の目には滑稽に映る。このかけ違いが両者を隔てる境界となっている。恥ずべきことです。原因は根本的な生活機能への無理解であり、人間の労働への無理解、労働にいそしむ人間がもつ高い使命感への無理解です。この使命感はどんなものであろうと、どこに住もうと、パリだろうとモラヴィア地方の村だろうと働く人間なら誰もがもっている。都会だろうが田舎だろうが、その人だけにしかないかけがえのない持ち味というものがある。モラヴィア人がみな間の抜けた人間だなんてことはありえないし、パリ人が骨の髄まで愚鈍な場合もある。逆もまたしかりで、どうしようもないモラヴィア人もいれば完璧なパリ人もいる。どこに住んでどんな仕事をしているかは人間の質の良し悪しには関係ないのです。自分たちは都会人で田舎のイフラヴァやロタで暮らし働いている人たちより優れていると思いこんでいるのは、プラハやウィーンに閉じこもっている人間だけです。

私は長年アメリカとイギリスに暮らしてきましたが、いつも楽しくやってきました。

イギリスの花嫁は実家を出るとき、親の家具をもらっていこうと考えます。しかしオーストリアの花嫁はそうじゃない。実家の家具を嫁入り道具としてもっていけば親の負担が軽くなると言っても、まったく耳を貸そうとしない。彼女たちは何か新しいもの、「流行の家具」「いまふうの家具」がほしいと考える。それどころか「芸術家がデザインした家具」をほしがる始末。そして四年も経てばまた新しい家具がほしくなる。手元の家具がすっかり時代遅れになり、また新しい家具がつくられているからです。まったくひどい話です！　エネルギーと労働力とお金の無駄。国家経済の多大な損失です。

家具の話でいえばイギリスの家具は快適さという点で雄大な山の頂上のように際立っていますが、オーストリアの家具、つまり「現代建築家のデザインによる芸術的な家具」は材料、目的、労働を無意味にするナンセンスと罪でできたピラミッドの頂上だといっても過言ではありません。

イギリスのクラブにある安楽椅子は、非の打ちどころのない完璧なものです。イギリスやアメリカにはこれくらい完成度の高い家具が山ほどある。私が思うに、世界では毎年たったひとつだけ非常に寿命の長い、これぞというすばらしい家具がつくられています。それ以外のものはすべて数年後には消えてしまうか、時代遅れの婦人用の帽子のようにひどいものになってしまう。いわゆる工芸界は昨今、例外なく寿命の短いものばかりをつくっています。工芸界が生みだす「芸術的インテリア」が存在できるのは、注文があって、お金を払う人がいて、職人がそれをつくっているからだし、その家に唯一存在する一式の家具として室内を飾りたて、気に入ろうが気に入るまいが住人は我慢してでも使うしかないからです。そしてすぐに流行遅れになる。一度そういう家具に手を出すと、ずっとそのサイクルが繰り返されるわけです。

私は建築家と呼ばれるのはうれしくない。単純にアドルフ・ロースと呼んでほしい。

節約はウィーン人にとってほんとうに恐るべきことになっています。だからたえず家のなかを衣替えし、新しいものをつくり、あちらこちらへ移動させ、今日はこの建築家、明日はあの建築家と注文してまわらないと気が済まない。まったく病的なマニアとしか言いようがない。このマニアたちは混沌とした現代の象徴的な存在です。建築家に次から次へと仕事をもちこむマニアは社会に貢献しているとみなされているのです。

いま世間にあるものは建築ではなく、めかしこんだ家のようなものです。乗馬に使う鞍も、めかしこんだ鞍になってしまっている。つまり装飾的なフォルムをもった鞍になっています。鞍本来の姿はデザイナーがつくった服に包まれた女性の体と同じように工芸という覆いで隠されてしまって見えなくなってしまった。あるいはまったく無視されています。人間はもちろん服を着なければいけないけれども、なぜ建築に服を着せる必要があるのか私には理解できません。

仮にリングシュトラーセが一八七〇年代ではなく、いま造営されたとすれば、建築的にありえないくらいまずいものになった可能性があります。私が建築家に求めるものはただひとつ、自分が手がける建築に対して礼儀正しく誠実であってほしいということです。

しばしば故郷のブルノにいて、ドイツ・ルネサンス様式で建てられたドイチェスハウス[1]とイタリア・ルネサンス様式で建てられたベセダ[2]を見ていると、今後ブルノの町の建物事情がどうなっていくのかつい考えてしまいます。ふたつの違うタイプの建物が調和するわけがない！　どこかでこのふたつを隣同士並べてみたら一目瞭然です。最近プラハでいろんな建物を見聞したところ、チェコの建築家はブルノのドイチェスハウス的な家を好んでいるようです。これはあまりいい兆候ではない。

図面上で一ミリ足したり引いたりするのは骨の折れる作業です。今日の建築家はもともとの気質もあるでしょうが、教育のせいでまったく節約ということを考えない人間ばかりになってしまった。舞台美術に手を出すような建築家に理性的判断を期待するのは無理な話です。材料を節約しないのがむかしからの習慣になっているくらいですから。彼らは段ボールの岩山をつくることに長けた好き勝手なイリュージョンとたわいもない想像力のスペシャリストで、緻密で立体的な感覚を完全に失っています。舞台美術はおおまかに伝わればいいからです。私自身、何度か演出家から舞台美術を頼まれたことがありますが、ただの一度も応じたことはない。どうしてもやる気にはならない。舞台美術で建築をやるというのはちょっと耐えがたいものがある。あれは建築ではありません。

あるものがモダンであるかどうかを見極めたいときにいちばんわかりやすいのは隣にある古いものとうまく調和しているかどうかを見るというやり方です。自信をもって申しあげますが、私が手がけた家具はヨーロッパ産の家具ならどの時代のものだろうと、どの国のものだろうとぴったりはまるし、中国、日本、インドのものと合わせてもよく調和します。工芸界の方々もぜひこのようなものをつくっていただきたい！

部屋に置く家具を考えるのに優先順位のトップにくるのは椅子です。私が部屋のインテリアを手がけることになったら、まず椅子を決めてから他のことに手をつけていく。

高級木材や高価な材料を使って家具をつくることは大きな間違いだと思う。傷がついたらどうしよう、なんていつもびくびくしていなきゃいけなくなる。実際に住んで暮らしていく家のためにこそ長持ちする材料が存在するのです。たとえば豚革やオーク材、ウールといったものです。

家というのはけっして完成させてはいけないものなのです。人間がある日肉体的精神的に完成して、これで完璧、なんてことがありますか？　いつまでも同じ地点にとどまっていますか？　人間はつねに動き、成長しつづけ、いままで必要としてきたものもいずれ忘れ去り、また新たな必要が生まれてくる。自然全体とか環境はどんどん変わっていくというのに、人間にいちばん近い存在である家が変わりもせず、死んだまま半永久的に同じところにとどまっているべきだなんて話がありますか？　そんなわけがない。クローゼットから灰皿にいたるまで、どこに置くべきかを建築家が住人に指図する絵は滑稽でしかない。私は人々が（私ではなくて！）家具を置きたいように置いているのを見ていて楽しいし、それがいちばん自然なことだと思う。センスがよかろうが悪かろうが、自分たちが大事にしている絵や思い出の品をもちこめばいいのです。センスの良し悪しなど私にはたいした問題ではない。しかし人が大事にしているものには人生の悲喜こもごもや人々の絆が感じられます。何が言いたいのかというと、私は人間的なインテリアをめざす建築家であって、芸術的で、しかも非人間的なインテリアをつくる建築家ではないということです。それにしても、あまりに多くの人々が室内装飾に関して、いわゆる建築家とされる連中の傍若無人なふるまいを許していることに驚かざるをえません！

ウィーン造形美術アカデミーの教育現場では建築家の卵にむかって、ことあるごとにこんな言葉が浴びせられる。「それはかつてすばらしいものだったが、いまではすっかり役立たずだ」。私自身もそういう教育を受けました。ずいぶん時間はかかったけれども、私はこんな無理のある見方を捨て去って、考えなおしたのです。そしてある視点からみたときに貴族こそがみんなの手本になりうることに気がついた。かつての貴族は素材に対するまともな感覚をもっていた。馬でたとえればふつうの馬ではだめだし、といって美しい馬ならなんでもいいというわけでもない。あまり端正でなくても、結局は純血種のサラブレッドじゃないとだめだということです。つまりふつうのスーツケースではなく、最高級の素材を使ったスーツケース、まるまる数百年ももつような丹念なつくりのスーツケースをつくり、使うべきだということです。頭のほうはあまり上等じゃないと言われがちなジョッキークラブのメンバーたちが常日ごろサラブレッドじゃなきゃだめだと主張していますが、彼らがいちばんまともなことを言っているわけです。貴族たちはもっぱら素材のよさと緻密で信頼のおける職人仕事をリスペクトしてきました。これを理解するのはむずかしかった。貴族が手本だなんて言ったら、恥をかくのは目に見えていましたからね。ところで、これらはラスキンの痛いところを突く論でしょう。彼はわたしのなかでは論敵なのです。[3] まだアメリカにいた一八九五年のある日、トーネットの椅子[4]がもっともモダンな椅子だということを私ははじめて納得したのです。

私がインテリアに使ってきた家具は、家具職人なら誰でもつくれるものです。私は別に特許建築家ではありません。私がデザインするものは大理石職人、テキスタイルデザイナー、工場労働者など誰もがつくれるものばかりで、わざわざ私に断る必要はありません。いちばん大事なのはひとりひとりの職人が優れた仕事をするという一点なんです。私自身、いままでの人生のなかで新しいフォルムをつくりだそうと意識したことは一度もありませんでした。

建築家の存在理由は、人の人生の深さを推し量り、何が必要とされているかを徹底して想像し、それが将来どうなっていくのかということまで考え抜き、社会的弱者を助け、可能なかぎり多くの家庭に完璧な家具や家を提供することです。けっして新しいフォルムを生みだすことではない。

わかりきったことだ、とヨーロッパの人々は口をそろえて言うでしょうが、実際のところ、ほんとうに理解しているのはごくわずかな人しかいないのです。

（一九二四年）

黄金の馬車ではなく

「眼前に広がるプラハの町を走るとき、私は民主的な自動車を使い、過ぎ去った時代を象徴する黄金の馬車で走るのを避けた」

これはチェコスロバキア共和国の大統領トマーシュ・マサリク〔1〕が書いた戦争の思い出に関する文章の一節である。

中世とはあらゆる社会活動の抑圧を意味しており、その特徴をあげれば受動性、習慣と知性の従属性、そして教会的かつ君主的な装飾主義となるだろう。

中世は中央ヨーロッパにおいて、オーストリア最後の皇帝カール一世〔2〕とドイツ帝国皇帝ヴィルヘルム二世〔3〕の時代まで続いたのである。

そのなかに身を浸しながらも建築家たちは、新しい時代の幕開けを見てとり、現実の新しい存在と新しい人間の精神から直接生まれてくる原理を現実のなかで実践していった最初の人々だった。

しかしたとえ新しい精神を汲んでつくられた建物であっても、なかに一歩足を踏み入れると、残念ながらそこは依然として財産目録に記載されているような古色蒼然たるものに囲まれており、詐欺的な装飾があふれかえり、時代遅れのまま残っている生活習慣が建物全体としての価値を下げてしまっている。

目下われわれが火急の問題としてとりくまなければならないのは、嘘偽りのない、多様な面で革命的な現代建築の性格を幅広い層に認識させ、家庭生活の営みとその設備を技術上、完璧なものに近づけることである。

なんのためか？

まず過去のくびきから解放されたわが国で、新しく生まれた環境に対して大きな責任感をもつためである。さらにこうした環境の特色によって、われわれが生活の基本的な欲求を完璧に、そして赤裸々に満たそうとする時代に生きているのだということを表現するためである。われわれが生きている時代は、典型的封建時代の模範の残響である装飾的かつ恣意的な環境にもう耐えられなくなっており、ましてや市民や労働者の家族がそんな環境を大雑把に模倣することに、なおさら耐えられなくなっているのである。われわれはそのことに気づいてしまった。

よりまっとうな存在になるためであり、つまり現代の民主国家の質実な市民であろうとするためである。

集団意識をより強めるためである。

物事の新しい自由秩序のなかで生きる新しい人間であるためである。

われわれは建築およびインテリア業界における、芸術の傍若無人なふるまいと無秩序に抗し、あらゆる民族主義的センチメンタリズム、あらゆるフォークロア的なもの、あらゆる詩的・ロマン主義的ナショナリズムに反対しようではないか。

世間の大部分を占める無力な大衆がはまる、浪費的で流行におもねる建築や贅沢で目的を欠いた意味のないインテリアへの誘惑に激しく抵抗するのだ。

よって、いまだ古い考えに固執したまま建築界や職人界で後継者を育てているあらゆる精神と激しく闘うしかないのである。

余計なものがいっさい排除された新しい仕事環境と家庭環境をつくりたい。ただいちずに仕事に集中でき、十分に休息がとれる場所を整えるのだ。それが快適な暮らしのテンポを支えるのに役立つことは間違いない。ささやかであっても、とても深い喜びを味わう日々になじもう。

もっとも日常的で、もっとも実のある日用品がもっている美を発見しよう。

新しい精神はいままで蔑まれていた物事に厳粛さを与えるのである。

時代はいままで抑圧されてきたものをすべて救いあげるよう呼びかけているのだ。われわれは現代的で、より意識の高い人間になるために闘おうではないか。家族と共同体と町と国民の水準をより高めるべく、二十世紀の新しい道徳的美学的な規範を求めて闘うのだ。

（一九二六年）

ウィーン工芸襲撃　アドルフ・ロースの説明

出版法第二十三条により以下の訂正を、タイトルも含め一字一句そっくりそのまま反映されることを求めます（ページ1《〔ママ〕》）。

誤　ロースは憎悪に駆られてあらゆるオーストリア的なものを攻撃している。

正　ロースはウィーン工房のみを攻撃したのであって、それ以外のオーストリアの手工業をみな称賛している。

誤　パリの「人々」に「博覧会〔1〕はひどいものだったとしきりに吹きこんだ」。

正　世間一般の判断を修正しようとはしなかったし、誰の判断も私の意見に左右されたわけではない。そして私のみならずパリの批評家、ウィーンのマスコミと工芸関係者にも博覧会がひどかったという判断は共有された。

誤　「ホフマン教授がレジオンドヌール勲章をもらったこと」を笑いものにした。

正　私には勲章もなければポストもない、と自分自身のことだけを語った。

誤　亡くなったダゴベルト・ペッヒェ[2]に関するベルタ・ツッカーカンドル女史の文章をロースが引用し、真意を歪曲した。

正　彼はかつて一本の木になっている、すべてのリンゴを金箔で包んだ。

誤　ペッヒェはただひとつのリンゴを金箔で包んだ。

この主張のなかにある私にかかわる事実が間違っている。

ベルタ・ツッカーカンドル女史[3]の文章を改変していない。

貴紙が報じた意味で引用したのではなく、ツッカーカンドル女史が書いた文章の意味に即して引用した。貴紙の記事にはこうあるからだ。

「スイスの貴族もペッヒェを自分たちの所有地に招待した。すでにたわわに実った果樹園に行くとすぐにペッヒェはじっとしていられなくなって行ったり来たりしていた。突然彼は豊かな枝振りのリンゴの木の前で立ち止まって叫んだ。「子供たち、金色のリンゴがいくつもあったら、さぞすてきにちがいない。想像してごらん。湖が、空が、木々がそのあいだにあるリンゴの反射を受けて光り輝くのだ」。日曜日だったにもかかわらずペッヒェはその村で数枚の模造金箔と必要なものを調達することに成功した。すると彼はもう誰も話さなくなり、芸術的な感興を呼び起こすのに絶対に必要に思える場所として、金色のリンゴをつけるにはどの木の枝がいいか、じっと考えつづけたのである。そして金色のリンゴを結わえ終わると、ペッヒェは幸福に満たされてリンゴの木の前に座った。光り輝く金の果実が日常のなかに突如メルヘンを生みだしたのである」

誤　私がいま「ウィーン工房のネガティブキャンペーンのために」ドイツ各地をまわる講演ツアーをしたがっている。

正　そんな意図はさらさらない。

誤　私はウィーンに住所がない。

正　私の住所はウィーン一区、ベーゼンドルファーシュトラーセ三番地である。

誤　建築家ホフマンが簡素な手工業製品をパリ万国博覧会のオーストリア館から追いだしたという私の批判は不当である。なぜならホフマンがそうしたからではなく、フランス議会に公式に承認されたプログラムが純粋な工芸仕事を排除し、博覧会を「装飾芸術博覧会と解釈している」からである。

正　事態は正反対で、パリ万博のオフィシャルタイトルが「装飾芸術と現代工芸の万国博覧会」とうたっているとおり、展示品には純粋な工芸製品が含まれているのである。ホフマン教授はかつて簡素な職人仕事を排除したことがあった。その際にホフマンに非難の声をあげたのは私ではなく、ウィーンの工芸関係者である。

誤　国とウィーン市がかなりの資金をウィーン工房に支出しているというのは、まったくのでたらめである。

正　たとえば一九一七年、ウィーン工房がチューリヒに支部を開設した際、ウィーン市に属すウィーン軍楽隊が彼らのために演奏している。

誤　ウィーン工房は公費から金を得ていると私が主張している。

正　そんなことを主張した覚えはない。

ロース拝

（一九二七年）

サスペンダーとゲートルとヨーロッパ精神について

「ていねいに楕円体を巻こうとすれば生地が皺になってしまいます。同様に、生地をきっちり密着させるように枠に当てはめた双曲面を巻こうとすれば破ける危険が出てきます……」

プロの仕立屋にむかってこんなことを説くのは、数学者に小数点の秘密をあれこれ説明するのと同じように釈迦に説法というものだろう。仕立屋から返答があったとしても、せいぜい優位に立つ者の、やれやれといった苦笑だけだろう（一九二六年七月二十二日に科学アカデミーで開催されたルートヴィヒ・ビーバーバッハ[1]の講演会を思い出してほしい）。仕立ての勉強をした者にとってこの指摘は、適宜区切られた平面上にいくつか座標を置くとその媒介変数が座標軸上で曲線をなすこともあるという経験をなぞっているにすぎない。

日曜日の朝、ウィーンの建築家アドルフ・ロースがルネサンスシアターでおこなった紳士服に関する講演を聞いた者は、自分がいかにものを知らないか戦慄を覚えたことだろう。しかし「巻かれた双曲面」の話はわれわれ聴衆に教養のなさを思い知らせるものではなかった。ロースは魅力的な間違いを優雅に観察していくという楽しみに、われわれの耳に快く響く喜びに満ちた話をうまく混ぜ合わせた。彼の知性には証明可能な「陳腐な正論」よりも、「絶妙な誤解」のほうを尊重する傾向がある。即物的に語るこの予言者にとって、典型的講演者は憎悪の対象である。なぜなら常識しか語らない彼らの傾向こそ、ロースには病的に映るからである。

ロースの「紳士服の原則」の話は本質的に燕尾服の発展過程に限定されていた。彼によれば紳士服の始まりはイギリスの農民服にあるという（よりわかりやすい例を考えるなら一七七〇年ごろの軍服があがりそうだが、ロースはそれに言及しなかった）。

ロースは思いつくまま燕尾服から足に巻くゲートルに話題を移した。ゲーテ流にいえばゲートルは母なる自然の摂理から生まれたものであるという。聴衆はロースが生き生きと描写してみせるヘルマンの戦い〔2〕を思い浮かべる。ロースが断言するところによればゲルマンの一族ケルスキー人がローマ軍を撃退できたのはゲートルを巻いていたからであり、先の大戦でドイツ軍が負けたのはヘルマンの軍勢と違って兵隊たちが胴の長い長靴を履いていたからだという。

数日前にロースはウィーンで、ゼンメル団子〔3〕や芋団子〔4〕をオーストリア人が好むのはエロティックな嗜好からだと語っているが、納得できる話だ。同時にズボンを吊るサスペンダーがチロルでは女性を口説くときの必須アイテムになっている、というのだからおもしろい。これもまた母なる自然の摂理に導かれて生まれたとするロースの主張にもう突っこみは入れないこととしよう。

ロースは続けた。

「サスペンダーがもつエモーショナルな意味に鈍感な大都会の人間は、犯罪的なまでに装飾を施したベルトをつけています。さすがの美の審判者〔5〕もジロラモ・サヴォナローラ〔6〕に変身し、このヨーロッパの恥、すなわち装飾的なベルトを始末せよと判決を下すでしょう（その点アメリカ人はよくわかっていて、羞恥心からサスペンダーをシャツの下に隠しますから無罪放免でしょうが）。

ベルトは腹式呼吸を妨げます。原住民のもとではまだ残っているとはいえ、腹式呼吸の宗教性はどこでも失われてしまっていますが、腹式呼吸は体を痩せさせ、生活するうえで体を安定させるのです」

ロースの語りを聞いた聴衆たちは驚いた。もっとも彼が語った内容はどれも現実世界の事実と相入れるものが少なく、新鮮に響いたことは間違いない。多様な顔をもつロースに感謝である。

（一九二七年）

私――よりよきオーストリア人として

ここ数週間、私に関していろんな人がいろんなことを書いたり語ったりしていますが、そのなかにひとつ、正面切ってというより巧妙に仕組まれた誹謗中傷がありました。それはただ人々をあおるためのネタで、私を傷つけてあまりあるものでした。それはこんな言い草でした。

「講演や著作だけでなく、国内外で耳目を集めている批判的言説によってロースは祖国に対し、とくにウィーンに対して害をおよぼしている！　ロースの発言はわが国の観光産業および輸出産業に不利な影響を与えている。一言でいえばロースの罵倒によって外国で得てきたオーストリアの信用や名声が失墜しようとしているのだ。ロースは愛国者ではない……」

これだけは言わせていただきますが、私個人の意見に賛同しようがしまいが、私に対してこそ「愛国者」という言葉を使ってほしいのです。ただし、もちろんその発言者がまずは誠実であることが前提です。なぜなら私に対して賛同する人も否定する人も、私が長年抵抗の立場をとりながらいったい何をしてきたのか、まずは正確に把握していただく必要があるからです。私はもっぱら世界におけるオーストリアの威信と国際市場におけるオーストリア製品の信望を高めるどころか、なくしてしまう可能性をもった人間やインテリアや状況を少しでも変えようと努力してきたのです！

ウィーンでのふたつめの講演でとりあげた装飾に関しては、「ロースは装飾問題にケリをつけるため、ウィーン工芸を世界中いたるところで笑いものにして、国外での取引をつぶそうともくろんでいる」とまで言われているのです！　こんな具合に私の言動の一部を無理やり一般化して本質を無視してあげつらう者は、ただもうルール違反だと言うほかありません。彼らは間違っているとわかっていながら意図的にそう語っているからです。

ウィーン内外で私が繰り返し訴えてきたのは、ウィーン工房が高級品業界でのさばりだす前に、ウィーン職人の生みだす価値の高い実直な仕事に対して国外で認められているのと同程度にオーストリアでもちゃんと権威を与えましょうということです。彼らの仕事はすでに高い価値をもっている。彼らの生みだす高級品は前々から非常に人気があり、もっとも評価の高いウィーンの輸出商品のひとつです。この職人文化をウィーンに根づかせるのに建築家も工芸学校の生徒も必要なかったし、描いたり縫ったり、陶器を製作したりして高級な材料を趣味的に浪費する高級官僚の娘や良家の子女は必要なかったのです。彼女たちにしてみれば工芸は結婚するまでのお小遣い稼ぎか時間つぶしくらいにしか考えていないのですから。

私は彼女たちの手慰みを、われらの古きウィーンの高級品への卑劣極まる侮辱と呼んできました。いまでも事情は変わっていないと言わざるをえません。というのも、ある比較的小さな、おぞましいほど俗物的な工芸関係者のグループが、オーストリアで高級品産業に役立つよう教育を施す必要があるといまさら主張しだしたからです！　私の知るかぎり、わざわざ建築家がしゃしゃり出てきて職人たちに働き方を指南する必要があるなんて考えるようになるはるか以前から、ウィーンの皮革製品や曲線調の家具、オーストリアのガラス産業――いくらでもあげられますが――は世界中で評判もよく、よく売れていたのです！ ウィーンの労働者と職人は建築家の教えなんて必要としていません。たとえばスイスの時計職人やボヘミアのガラス職人の出自をみてみると、たいていは携わってきた材料を知り尽くして愛情を注ぎ、その極意を代々伝えてきたファミリーの出です。こうした人々が現代のスノッブな工芸関係者の指図を受けることなく独自の力でなしとげてきた成果は、模範とすべき卓越した存在であることを世界中の人々が認めているのです。

私が外国でことあるごとに宣伝してまわっているこうした本物のウィーンの高級品は、ウィーン工房がしゃしゃり出てきたとたん作為的に貶められ、姿を消してしまうのです。

これで私の罵倒の真意と、ウィーンそしてオーストリア全体の工芸を衰退させようという私の「もくろみ」が実際にはどういうものなのかご理解いただけたのではないでしょうか。だから私は国外に出るとよくこう言うんです。みなさんが感動しているウィーンの本物の工芸家は、じつのところ国内ではあまり支持されていないが、間違いなくオーストリアを象徴する工芸家だということをしっかり覚えておいていただきたいと。

にもかかわらずウィーンやオーストリアでは、どんなにまともな人でも工芸職人から買うなんてことは考えません。オーストリア人が外国に出て、これがオーストリアの仕事、オーストリアのセンス、オーストリアの様式だと自称しているスノッブな高級品は国内でほんとうの評価を得ているとは言いがたい。やたらお金のかかるスノッブな高級品は極端に材料を無駄使いしてつくられていますが、ふつうの所得状況でふつうの日用品に囲まれて暮らしている人々にしてみたら手を出せるものではありません。数少ない愛好家が関心を寄せることはあっても、誰もお金を出して買わないし、このような高級工芸品職人を支援しようとするパトロンは破産の道まっしぐらです。

現代工芸は長いこと商売としては成り立たなくなっているし、人為的になんとかぎりぎりつぶれないよう保っている状況です。もしスノッブな工芸に反対する私の態度が売国的だというなら、もっぱらその責任を負うべきウィーンとオーストリアの愛国主義者はいったい何をしているのか、ということになります！

愛国心から大金をはたき、よりによってウィーンの高級工芸家と装飾詐欺師に自分たちの家のインテリアを任せるよきオーストリア人とウィーン文化人がいるというのなら、どうか私に会わせてほしい……。

オーストリアの高級品が外国で得ている高い評判を私が貶めているですって？　まったく逆です。私は愛国者です。だから外国の人にはしっかり理解してもらおうと根気よく説明しつづけているのです。ウィーンにはすでに長いこと本物の高級品があり、展示会でやたらと金のかかったオーストリアのガラクタを展示して、これがオーストリアスタイルなんだと宣伝していたら、それは偽物と思ってください。そして一歩家に入れば誰もがそんな偽物を馬鹿にしていてオーストリア的なものからもっとも遠い存在なのに、つくっている連中は行政からちゃっかり助成を受けているのです。

「よい」オーストリア人たちが私のことを「悪い」オーストリア人だというなら、わが国ではウィーン工房が実態を伴わないまま成功を収めているという事実をしっかり受けとめていただきたい。もし愛国者が愛国心を奮い立たせ、自分の家を現代工芸家によって醜悪なものにしたいと本気で思っているのなら、私を悪いオーストリア人とみなしたってかまいません。

さしあたりいえるのは、私はそんな彼らよりもよほどよい人間だということです。なぜなら外国の友人たちにオーストリアの真の仕事と特定の小さなグループのスノビズムは同じではない、ということをこれからもやはり語りつづけようと思っているのですから。

（一九二七年）

ウィーンの癌

「フォス新聞」一九二七年五月五日

かつてはおもに建築家として活動し、いまではすっかり建築界の芸人じみてきたアドルフ・ロースが満員の楽友協会の大ホールで講演し、非難と喝采の嵐を巻き起こした。ウィーン工房（ウィーンの癌）に代表される工芸に芸術を持ちこもうとする方向性をばっさり斬ったのである。ロースはウィーン料理のことを世界でいちばんまずそうな料理と呼び、料理人とパン焼き職人を一気に敵にまわしてしまった。それでも満足しなかった。彼は敵対するグループをもっと増やすつもりなのだ。パティシエと建築家は（ふだんから厳しい批評家の言葉に曝されている点で）五十歩百歩であり、またそう見えるため、自分が手がけた建物がさんざん厳しい批評にさらされてきたが、今回はみずから批評家の側にまわって新しいテーゼを発表したのである。ロース自身がほのめかしているように、これはいままで公表してきたテーゼのなかでもっとも重要な、後世に残るテーゼになる可能性がある。

彼はこう断言した。

「芸術と工芸になんら因果関係はない」

「人類太古の時代は両者が結びついていましたが、数千数百年の長い年月のなかで徐々に切り離されていき、ついに十八世紀にゲーテが登場して「芸術作品は触れられるものであってはならない。実用に供して消費物にしてはならない」と明言するにいたりました。しかし昨今、フン族のようにヨーロッパ文化に入りこんで席巻しているウィーン工房のメンバーたちは、ゲーテのテーゼを打ち砕こうとこう主張しています。

「黒人やポリネシア人だけでなく、石器時代からルネサンス時代にいたるまで芸術家は実用向けの芸術作品をつくっていたのだ。これは現代の人間が失ってしまった長所のひとつである」

工芸的日用品などいらない、われわれの日用品をふたたび芸術作品にしなければならない！というわけです。つまり彼らは長年におよぶ人類の発展をなきものにしようとしているのです。

二十七年前のことになりますが、金持ちだったばかりに、哀れな境遇に陥った男の話を書いたことがあります。その男は俗な人間で芸術的なことをしてみたいと考えて、ある芸術家に自分の家のインテリアをまかせました。そこで男が自分の部屋にいるあいだどれだけ「幸せ」を感じているのかを細かく描写してみたのです。絨毯の上を歩けば芸術の上を歩いていることになるし、ドアノブを握れば芸術を握ることになる。ソファの上に寝転がれば芸術の上に寝転がっているという具合です。芸術と工芸をごっちゃにしている滑稽さを書いたわけですが、誰の耳にも響きはしませんでした。一八九八年にノイエ・フライエ・プレッセ紙で私が「インディアン的見地」と名づけたような馬鹿げた考え方が芸術生活と経済生活における国民の主要な特色にまでなっている町なんて、ウィーン以外どこを探しても見あたりません。しかし「商売人用芸術」という恥ずべき言葉がウィーンで生まれたのはたしかなことであり、周知のとおりそれはドイツにも広まっていったのです」

「インディアンとはなんだ！」と客席から声があがったが賛成である。たしかに何百年、何千年とインテリアを芸術家に任せてきたのは「俗物」だっただろう。ツタンカーメン王、中国の天子、フランスのルイ王朝。彼らは芸術を踏んだ。なぜなら織工は壁掛け用のゴブラン織りを織っていただけではなく、床に敷く絨毯も織っていたからだ。彼らは芸術を握りしめた。なぜならドアノブはたんにつかむだけの鉄ではなく、ブロンズの彫刻装飾が施されていたからだ。彼らは芸術に寝転んだ。なぜなら藁でできた寝床では満足できなかったからだ！　彼らのこうした「インディアン的見地」（なぜインディアン？）が建築家ロースをいらだたせ、使用を目的とする芸術（ああ、ゲーテはそんなことを言っているのではない！）こそロースにとってはポジティブな意味なのである。ときおり芸術作品は使うことによって厳粛さを帯び、誰もが手にとれる場所に置かれ、ごく自然に使われることで古色蒼然としたじつにすばらしい味わいが出てくるからだという。もっとも、こうした芸人一流の物言いにいちいち反応していたら思う壺である。

アドルフ・ロースは前回のパリでおこなわれた国際博覧会ではオーストリア館の設計を含めたディレクション全般を任されていた。そこで見た光景が、よりいっそうロースに毒舌を吐かせることになった。

「わが国の展示ブースでは、出品するすべての作品は芸術作品でなければならないというスローガンを立てたばかりに、シンプルでまっとうな工芸製品の展示があっさり却下されてしまった。それでフランスの人々は、いったいこの展示のどこにウィーンの伝統的な味わいがあるのか疑問を呈したのでした。実際、ウィーンらしい伝統などどこにも見つけることはできなかった。その結果、この博覧会をもってウィーンの伝統が得てきたすばらしい名声が消え失せてしまったのです」

ロースがそう語ったとたん野次が飛び、「嘘つき！」「恥知らず！」という言葉がホールに響いた。聴衆の半分がどっと前に押し寄せた。その数分間のあいだロースの口も閉じられたようにみえた。だがそこに居合わせたパリ万博出展者の多くは、ロースがウィーンに関する展示に対して語った非難の言葉をよく覚えている。

「会場の狭い通路に建築家があまりに背の高いショーケース[1]をつくったせいで、見物に来たパリ人たちも必死に首を伸ばしてはみたものの、ロブマイヤーのグラスも、奇抜ながら世界的に有名なウィーン工房の絹製品や革製品や磁器も見ることができなかった」

しばらくのあいだロースの声はヤジの嵐より力強く響いた。そして「建築家が職人仕事に介入することによって引き起こされる破壊的な影響」を非難した。

「あらゆるものは物として保っているかぎり、美的に優れたもの、現代的なものでなければなりません。したがって一晩かぎり踊れればよい女性の舞踏会用ドレスは、明くる日には現代的であることをやめても問題はない。しかし仕事部屋のデスクは、数百年を経ても現代的でありつづけなければならないのです」

ロースは「現代的《モデルネ》」という言葉の意味を、まるでゴムのように伸ばして拡大解釈して使っている。

「一九一七年、ドイツ政府はベルンでプロパガンダ展示を開催した。私は当時たまたまベルンにいたので、この町のオーストリア公使館の要請を受け、ドイツ政府主宰の宣伝展示会が人々にどう受けとめられているか専門家として観察し、ウィーンの外務省に報告をすることになったのです。しかし私の報告がウィーンに届くことはありませんでした。それも当然かもしれません。なにしろこんな内容だったからです。

展示会場となった建物の天辺には、恐るべき苦痛を人類にもたらすこんな言葉が書かれていてもおかしくはなかっただろう。「世界はドイツ的本性によって健やかになるべきだ！　しかり。しかし、世界がそれを望んでいないとはなんたることだ！」。この展示会は数千年前への後退を示唆していた」

この報告はウィーンにもたらされることはなかった。そのため彼の報告が事実に即しているのか証明しようがないし、「ドイツの存在が世界を健やかにするはず」なのかどうかは疑問である。そのため、ロース流の気の利いた言葉遊びもいまいち腑に落ちないところがある。もっとも、人々が納得しようがしまいが、そんなことはロースにとってどうでもいいことなのかもしれない。

このウィーンの「癌」は、ロースが断言するように国とウィーン市から援助を受けているにもかかわらず、成功しているとは言いがたい。ウィーン工房が西洋文化を侵害するものとして世界中で拒否されている、というのはたしかに正しい判断だ。

「私がオーストリア人に警告するのは、ウィーン工房の流行がオーストリアのものだなんて間違っても思わないでいただきたいのです。現代精神とは社会的な精神であり、現代的な製品は上流階級のみならず、あらゆる階級の人々に役立つものです。フォルムという観点からいえば、あらゆる製品はみな同じであるべきで、あらゆる製品はフォルムによってみずからが現代的であることを宣言しているのです。そこから逸脱したものをつくるならば間違ったものであり、社会的ではなく、つまるところ現代的ではないということになる。間違ったものによって社会でモダンな人間という地位を得ようとしているウィーン工房は、紳士を装い、自分たちの業績まで偽る詐欺師集団にすぎない」

ロースが最後をこう締めくくると、聴衆たちはこの罰当たりな口をきく男に数分間、口笛、拍手、ヤジで応えたのである。彼が「芸術とその使用」に関して語った言葉のなかに多くの塩とともに一粒の真実が混じっているとしても、彼の登場は遅きに失した感がある。かつて現代芸術が新しいものを模索するなかで座ることもできない椅子をつくりあげ、キュビストたちが熱狂するような壁かけをつくって壁に張りつけていたのはたしかである。しかしこの未来派[2]的な逸脱傾向は、いまでは完全に解消された。ウィーンも含めたあらゆる場所で、手工業における簡素化とその徹底化を推し進めようとしている建築芸術は、その価値を認められているではないか。たしかにすべてが成功しているというわけではない。しかしあらゆる日用品が同じように簡素であるべきならば、職人と建築家にとって——今後ロースが見せかけることが上手なだけの腹話術師で終わりたくないならば彼も含めて——自分独自の工芸を断念するのはけっしてむずかしいことではないだろう。「モード」については、ロース的な意味でももうこれ以上語ることはない。今後は一方にほら吹きか詐欺師しかおらず、もう一方に老いぼれで正直なアドルフ・ロースしかいなくなるだろう。

ウィーンの「癌」が何を意味しているのか、いまなら理解できよう。つまり癌がなくなること自体が癌だということだ。

「フォス新聞」一九二七年五月十五日(アドルフ・ロースの反論)

フォス新聞編集部御中

五月五日付の貴紙の記事で「ウィーンの癌」とのタイトルで貴紙のウィーン特派員が私の講演をとりあげ、先のパリでの国際博覧会におけるオーストリア館の設計を含めたディレクション全般に関する私の言説に対して厳しくも公明正大な批判を展開されています。その記事のなかで講演の一部を引用されています。「会場の狭い通路に建築家があまりに背の高いショーケースをつくったせいで、見物に来たパリ人たちも必死に首を伸ばしてはみたものの、ロブマイヤーのグラスも、奇抜ながら世界的に有名なウィーン工房の絹製品や革製品や磁器も見ることができなかった」

自分の目から見てほんとうにそうとしか言いようがありません。まったくひどい醜態だったといえるでしょう。

ただ一点だけ、この記事を書かれた記者氏が小さな間違いを犯していることを指摘させてください。展示をディレクションしたのはカール・ラーム氏がお考えのように私ではありません。私が批判しているヨーゼフ・ホフマン教授です。

他人の手柄を横取りするようなまねはしないことにしておりますので、この件、ぜひ紙面でとりあげていただくようお願い申しあげます。

アドルフ・ロース

（一九二七年）

V 回想するモダニスト

取り調べは、まあ当然ですがはじめは耐えがたいものでした。しかし時間が経つにつれ楽なものになっていったんです。警察でも州裁判所でも私は丁重に扱ってもらったし、役所の執行機関が非常に穏便に取りはからってくれることがはっきりしてきた。拘留所の責任者は私が自分の寝具を使うことを許してくれたのです。とはいえ、ひどい寝具でもう幾晩も寝ていたからいまさらという感じでしたが。ちょっと慣れなかったのは晩の七時が就寝時間だったことです。

当局が私の家で発見し、今回の事件の証拠に仕立てようとしている例の写真[1]ですが、あれは十五年前に、ある作家が亡くなる際に遺品に残したくなくて封印して私に送ってきた小包に入っていたものです。ちなみにその作家はペーター・アルテンベルクではありません、その点は強調しておきます。私はペーターの遺品にはいっさいさわっていません。もし私がほんとうにこの手の写真のコレクターだとするなら、十五年も経っているわけで新しいコレクションを増やしているはずでしょう。しかし、そんなものはない。第一その包みがどこにあったかなんて私自身とっくに忘れていたのですから。燃やさずにいたのは私の手落ちだったかもしれません。

　プラーター公園の警察と私のあいだで起こったとされているいざこざについてですが、私がある子供に「忍び寄った」とされていることに関しては、事実は異なるとはっきり申しあげなければなりません。同情すべき外観から私の目を引いたその子供に援助してくれる人物の住所を名刺の上にメモして渡しました。そうしたら、この子供の母親がこの名刺をもって警察に行った。しかし警察は、その時点ではこの件にはなんら憂慮すべき問題はないと説明しているのです。それなのにいまごろになって問題視され、意図的に歪曲して伝えられたのです。「助けを必要としている子供たちには、援助の手を差し伸べるのが当然だ」というのが私の信条なのに。私は長年ある行動を起こそうと汗をかいているのですが、それは労働者の子供たちをフランスに送りこみ、そこでフランス人の合理的な生活習慣や質素ではあれ非常に健康的な食事を知る機会をもってもらおうと考えているのです。一年もあれば私自身が二十四人の子供たちをパリに連れていけただろうし、これをモデルケースに子供たちのための大きな行動にしていこうと思っていたのですが、こんなことに巻きこまれてしまい、もう金輪際できないというわけではないけれど、当分は動けなくなってしまった。

　自分ができることならなんでもやって子供たちを援助しようと考えてきたものの、いまでは世界的な名声を得ている芸術家たちだって、彼らがまともに食えなかった時代にはいつもバックアップしてきました。ココシュカは私が出会ったころ、トランプと扇子の色づけを仕方なくやっていた。それは競走馬を農耕馬として使うに等しいわけです。それで私は彼に初期の制作の発注を世話してあげた。注文主がやはりいらないと言いだしたら、その作品は私が引きとるからと保証して。こうやって彼の作品をたくさん引きとりましたが、いまになってそれをギャラリーに売っているのです。

　初期のシェーンベルクのコンサートにも私は出資しています。当時、音楽家の感情を害さないよう、この件はいっさい外部に漏れないようにしていました。彼のコンサートのひとつで私は四〇〇〇クローネの債務を引き受けて支払わなければならなかった。アルテンベルクの場合は、彼がまだどれだけ偉大な詩人であるか誰も理解していないころに表立って援助していましたよ。この三人の立派な人間たちを飢え死にする危険から守ってきて、そのあげくいまでは私自身が妻も子ももてない物乞いになってしまったわけです。こんなことはいままで一度も話したことはなかったけれど、いまになって話さざるをえなくなったのは必要な保釈金を仲間たちに頼まざるをえなくなったからです。

ウィーンでは建築依頼は一件もなし

私はウィーンでは大きな建物をひとつ建てていますが、それ以降十八年間まったく注文がありません。なぜ誰も私に頼めなかったかというと、私が動くと必ず建築局といざこざが起こるからです。それがいまでは私がインテリアを手がけた家がほしいという人がいる。二十年から三十年はリノベーションする必要がないからです。私のインテリアのクオリティの高さのおかげでどれだけ節約できたかを知ったある工場経営者なんて、二十年後に設計料をもう一度払いこんできましたよ。彼の知り合いの家のインテリアは二十年経ってみな使えなくなるか、消耗しきって処分せざるをえなくなっていることがはっきりしたからです。私は装飾のついた低俗な日用品ではなく、ずっと持続する価値を創造することができると自負しています。しかしこれはプライベートな芸術問題ではなく、一級の国家経済の問題なのです。オーストリアではかつて最高級の材料と最高級の技能を投入して、二十年から三十年もかけ建物を建てたりして、いまでもそんなことをやっているところもある。これはウィーンとオーストリアの庶民が無意識にやっている食への散財と同じく国家経済の無駄遣いです。労働者たちが肉と粉物料理をあまりにたくさん食べるために清潔なシャツと新品のジャケットに使うお金がほとんど残らないとするなら、どんなに労働賃金を引きあげたところで意味がない。

戦中戦後の最悪の時期、栄養事情はどうだったかと聞かれると、私はいつも最高だった！と答えることができます。というのも私は、オーストリア人がすぐに捨ててしまったり、あまり大事にしないトマトやタマネギのほか、あまり日常では食べないような野菜で暮らしていたからです。ご存じのように私はこの国の状況や生活習慣を容赦なくバンバン断っていますが、ウィーンの町やこの自宅にいるとたまらなく気分がいいことは白状します。私自身が建てた家を愛しているし、仕事でウィーンを離れたときもずっとこの家を維持してきた。もっとも、ウィーンでは厳しい闘いを強いられもしてきたし、またいちばんいい時期を過ごさせてもらいましたが、この町以上に外国では高い評価をもらい、比較にならないほど忙しくなったことにも大変満足しています。

（一九二八年）

偉大な神ロース　有名建築家へのインタビュー

「社会から称賛を受け、国家から名誉まで与えられた精神世界のピューリタン・ロースが、いままで情熱を傾けてきた無装飾生活をとうとう手に入れることになった。しかしチェコスロバキアのピルゼン[1]においてである」。こうした生活がとうとう実現したことは、単純にうれしいですね。ウィーンではなくピルゼンではありますが。なぜピルゼンか事情を知っている人だけにはわかりますが、いわば純粋に文学的な成り行きといったところです。これを全部理解するには、わが愛する妻がピルゼン出身だということは前提として知っておいていただきたい。

世間で私の評価が低いことに関してですが、この文章を書いた記者は私のことを好意的に書いてくれていますが、観点がずれています。というのも建築家がこの世に存在して以来、私ほど称賛されてきた建築家は誰ひとりいません。ドイツでは二十年前に、私は生きているなかでもっとも偉大な建築家と呼ばれました。そしてプラハのチェコ系新聞でも私のことをそう呼んでいるのを知りました。たとえば一九〇八年、ドイツ工作連盟のミュンヘンでの集会で私が発言しようとしたとたん、その場で会の規約が変更されて、こんなメ

上・ヤン（ハンス）・ブリュンメル邸（現ブリュンメルハウス、ピルゼン、1928年）通り側外観。
下・同、食堂。ともに撮影1930年

ヤン・ブリュンメル邸寝室。撮影 1930 年

上・レオ・ブリュンメル邸（ピルゼン、1929年）食堂。左手に居間。
下・ヒルシュ邸（ピルゼン、1930年）ガーデンルーム。ともに撮影1930年

ッセージがまわってきた。「たったいま採用された連盟の決定にしたがい、これからは会員でない者の討論参加を認めないこととします。プロフェッサー・フィッシャー拝」

二年前「ベルリーナー・タークブラット」はこう書いています。「アドルフ・ロースの書いた記事は、彼が手がけた総合芸術よりもノーベル賞に値するだろう……（この記事を書いた女流作家の名前はあげないでおきましょう）」。同時代人が私の才能を利用しないために使わずにいるお金がもし私の手元に入ってきたら、どれだけすばらしいことができるでしょうか？　おそらく第二のオスカー・ココシュカを見つけだすことはできるでしょう。当時ココシュカがウィーン工房のもとで扇子と絵葉書の意匠デザイナーをやっていたところを私が見つけだしたのです。

イタリアではある椅子の種類を、セディア・ロース[2]と言います。その一方で私が推奨するウィーンの家具ブランド「トーネット」が主催した懸賞募集では、審査員は私の家具を選ばなかった。私をいちばん敵視している業界のボスたちのセンスと考え方を配慮しなければいけなかったのでしょうね。

私の論考「装飾と犯罪」がはじめて活字になったのはフランスでのことです。それ以降、この論考は世界的に注目を集めるようになりました。最初ドイツの出版社が私の論考集の出版を拒否したとき、この一件がチューリヒ新聞で報じられ、それを読んだパリの出版社が「建築界と生活文化に限定せず、広い意味での改革者の論考集をドイツ語で出版する」ことを自発的に申し出てくれたんです。それは第一次世界大戦後すぐのことでした。ドイツ語圏の書評がまったくとりあげなかったにもかかわらず、かなり大量に刷った本がほぼ売り切れました。そしてパリではソルボンヌが私の連続講演会を企画したいと言ってきた。一九〇四年に「未来《ツウクンフト》」で書いた記事はソルボンヌのドイツ文学者シャルル・アンドレール教授のギムナジウムの最終学年用読本に採用され、アカデミックな世界の住人すべてに、装飾に反対して真の芸術のために闘っている私の存在を知らしめることになりました。

その後サロン・ドートンヌから招待を受けて展覧会を開くことになり、当代随一の非フランス人建築家として正会員《ソシエテール》に任命されました。パリ滞在中はコンペの審査員として活動することもよくあります。オーストリアではこんなことはまず起こりません。ウィーンで招待を受けて展覧会を開いたことなど一度もありませんからね。しかし、パリでの経験はこの黙殺戦術があまり役に立たないことを示しています。というのも私を無視するのを恥じる人もいて、パリでの成功以降声をかけてくれるようになったのです。しかしウィーンの展示会のディレクターたちはあいかわらず黙殺戦術をとりつづけているようです。それどころか国も私に当然与えてしかるべきフランツ・ヨーゼフ勲章とオーストリアの教授資格を与えようとはしませんでした。しかし、最近ではこのネガティブキャンペーンに私は誇らしさすら感じるようになった。ニューヨーク・ヘラルド紙は「称賛者たちは彼のことを偉大な神ロースと呼ぶ」と書いていますが、その言葉以上に誇らしい。世界が私に与えてくれたいちばん誇らしい栄誉は、いまや私が三十年にわたる闘いの勝者になったという事実です。

かつて「装飾」は「美しい」を意味する形容詞でしたが、私が人生をかけてやってきた仕事によって、いまや「くだらない」を意味する言葉になったのです。また私はピルゼンだけで感謝や称賛を受けているわけではありません。人類全体がくだらない装飾から解放され、それによっていままで装飾に費やしてきた時間が人々のために取り戻され、有効なものとなったのです。

もっとも、私がミヒャエル広場につくった「ロースハウス」のせいで責任をとらされ、さんざん痛めつけられたことはたしかです。あの仕事は、それまで装飾という形で自分たちの建物に釘付けしなければならなかった何十億というお金をウィーン市が節約できるようにするための抵抗だったのですよ。（一九三〇年）

オスカー・ココシュカ

オスカー・ココシュカに会ったのは一九〇八年のことだ。彼は当時ウィーンの美術展用のポスターを描いたり、ウィーン工房に雇われて商売人用芸術に身を砕くドイツのやり方そのままに、扇装飾や絵葉書デザインの類の仕事に従事していた。聖なる精神がとことん貶められているのは明らかだった。呼び出してみると、はたして彼はやってきた。

「いま何をしているんだい？」と私は聞いた。

「胸像をつくっているよ」（彼の頭のなかでは、それは完成していた）

「できたものは私が買いとるよ。いくらならいい？」

「煙草一本」とココシュカが洒落のめすと、

「決まった。値段交渉はしないたちでね」と私は応じた。結局五〇クローネで話がついた。

ある美術展のために彼は等身大の人物像を描いたゴブラン織りのタペストリーを仕上げた。[1] この展示会のハイライトだったが、作品の前に集まったウィーン人たちは彼が切り開こうとしている新しい表現世界を理解できず、ただ腹を抱えて笑っただけだった。私がどれだけこの作品をほしかったことか。しかしこの作品はウィーン工房の所有となっており、最後は展示会のゴミの山のなかに消えてしまった。

「君がウィーン工房から離れたら、ウィーン工房で仕事をしていたときと同じ収入を得られるようになるから心配するな」と発破をかけて、彼のために仕事を探した。あるとき彼をスイスのレザンで療養中の妻のもとへ送り、妻の家の近所に住むフォーレル教授の肖像画を描かせるよう話をつけた。完成した作品をベルンの美術館に二〇〇フランで売ろうとしたが拒否された。それでウィーンのキュンストラーハウスの展示会に持っていったが、そこでも拒否。ついで持っていった先はローマで開催していたクリムト一派の展示会だったが、ここでも反対する者がいて拒否を食らった。そして最後にマンハイム市立芸術ホールが受け入れることになり、ようやく展示場所が決まった。

二〇〇クローネの値がつけられたが、これを買おうとする個人もギャラリーもあらわれなかった。ミヒャエル広場にロースハウスができたころだったが、ココシュカに心を動かされているなんてロースが下劣な証拠だと言われたものだ。

それがいまではどうだ?

当時、私はココシュカをバックアップしてくれる人を探したし、二〇〇クローネで彼の絵を買ってくれるよう町中頼みまわっていたものだ。みなに嘲笑され、拒絶され、私への風当たりは強くなる一方だった。だがその後、風当たりが強くなればなるほどココシュカの絵は鰻登りに値上がりしていったのである。

そんな時代をわれわれはともにこえてきたのだ。

私の六十歳の誕生日にココシュカが手紙を送ってきた。偉大な芸術家は偉大な人間性を秘めているということがよくわかる手紙だった。

（一九三一年）

アドルフ・ロースの肖像（オスカー・ココシュカ、1909年）

1930年12月10日、プラハのミュラー邸（居間）でのロース60歳記念パーティ。前列左より
フランティシェク・ミュラー、クレール・ロース、ミラダ・ミュラー、ロース、カール・クラウス

ヨーゼフ・ホフマンのこと

プラーガー・タークブラット紙に一月七日付で掲載されたフリッツ・レーマン教授の記事がもし三十年前に書かれていたら、そのタイトルを見ただけで私はきっと怒り狂ったことだろう。記事のタイトルは「ロースとホフマン」である。当時ある有名なウィーンの女性記者が書いた私とホフマンについての記事が出た。彼女は温厚な人柄として通っていたが、私は頭にきて手厳しい批判を書いて新聞社に送った。どんなに才能があろうと一介の意匠デザイナーと建築家を同列に扱うことはやめるよう忠告したのである。名指しはしなかったが、一介の意匠デザイナーとはもちろんホフマンのことだ。しかし彼女は両者を区別することに理解を示したものの、こともあろうに建築家をホフマンとし、私のことを意匠デザイナーとして語るようになった。さすがの編集部も見るに見かねて彼女を解雇するにいたった。

そもそも意匠デザイナーとはなんだろうか？　本来は実直な労働者と同様、週ごとに給料をもらっている無名の個人のことである。人が締めているネクタイをつまんで、「これはホフマンですね」などとデザイナーの名前を出す者がいるのはウィーンだけである。私にしてみればどうでもいいことだ。この点、私もイギリス人と同意見である。しかしウィーンでは意匠デザイナーは神々しい存在であり、大学教授であり、専門学校の教師であり、税金が免除される名誉博士だと考えられている。たしかに意匠デザインを教える専門学校はある。これまではティポットの表面はできるかぎり装飾をつけずフラットに、というのが原則だったのが、装飾が邪魔でろくに洗えないようなホフマンのティポットが傑作と考えられるようになった。その結果、意匠デザイナーにはありとあらゆる勲章に加え、上級建築監督の称号まで授与されるようになった。その人物は勲章や称号のおかげで、カフェの店主リードル氏と混同されずにいる程度の人間なのである。外国のほうが状況はひどくないかって？ 逆である。いまや他の国々がオーストリア人による意匠デザイナーの崇拝ぶりを笑っているのである。私がそんな事情を指摘したとたん、ホフマンはティポットから装飾を消し、またフラットな表面に戻した。それ以来ティポットによけいな装飾がつくことはなくなった。

またこんなこともあった。私がはじめて手がけた邸宅をホフマンに案内した際、彼は無装飾というものに開眼し、そのとき以来服装までヨーロッパ的になった。そのときのことをよく覚えているが、ホフマンはあわてて外へ飛びだすと私が世話になっているテーラーのもとへ走り、それまで着ていたジャケットを脱ぎ捨てた。以来その店にはホフマンの顧客がやってきては、彼のデザインしたジャケットを脱ぎ捨てていくという。やりきれない話だ。いまでは工芸学校の教授におさまった彼だが、やっていることといえばウィーン人の耳目を集めるためにパリから現代芸術の最新思想を輸入することなのである。ウィーンはここまで取り残されているのだ。この輸入にいちばん手を貸したのはフェルナン・レジェ[1]だろう。「あなたがいいと思うものを書いてくだされば私が署名を入れて紹介しよう」というやり方で、次から次へと人が推薦するものを自分の名前で紹介した。件のウィーン女性がホフマンのレジオンドヌール勲章コマンドゥール[2]受章のお膳立てをするよう頼まれて動いてみると、上述したティポットやジャケットの話と似たようなエピソードが次から

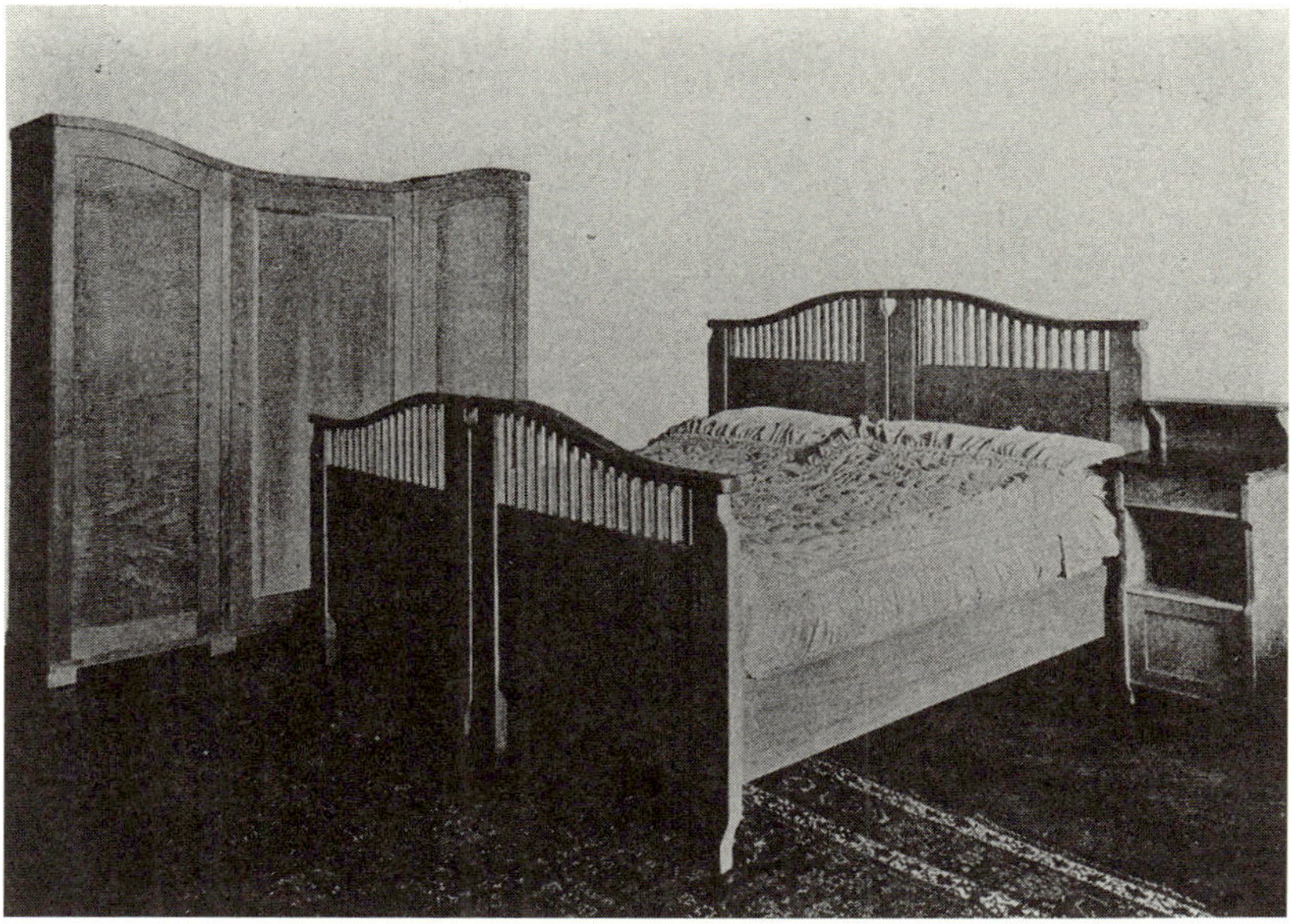

「私がはじめて手がけた邸宅」シュテッスラー邸（1899年）。上左・ダイニングテーブルとスツール。
上右・和風に角をまるく収めた食器戸棚。下・ベッドほか寝室の家具。いずれも撮影1900年

次へと出てきたそうだ。結局ホフマンは受章したが、恥さらしにならないためにも、パリでは余計なことはしゃべらないほうが身のためである。

最初にもふれたが、いまとなってはすべて笑って話せることである。しかし当時、ホフマンの勲章受章は装飾に対する私の闘いを邪魔するものだった。ホフマンは「六枚綴りのポストカード」（彼は「アーティストポストカード」と呼んでいた）をデザインする一介の意匠デザイナーにすぎなかったが、業績を重ねて工芸学校の教授にまで昇りつめた。そしてシュテッスラー邸[3]での研究を基盤にそれまでの思想を捨て、みずから企画して展示会をどんどん開き（彼にとっては不愉快で何も得るところのない私に声をかけてくることは一度もなかった）、成功を収めて世間で広く認められるようになり、無装飾でフラットをモットーとする新しいスタイルの伝道師として通用するようになっていった。だがそれも一時的なことにすぎなかった。なぜならパリ万博で醜態をさらして以降、ホフマンの魅力とされている無装飾性は、数ある装飾のなかのひとつにすぎなくなったからである。私は自分が立派な意匠デザイナーと一緒にされることに異論をさしはさむつもりはない。カフェのボーイと同列にされようと別にかまわない。ただしボーイがナイフの使い方をきちんと心得ていればの話だ。もし中国人を食事の席に招待し、敬意を表して皿の前に用意した箸を上手に使えなかったとしたら、その中国人はわが君主国家《フランツ・ヨーゼフ・オルデン》の紳士ではなく、紳士ぶった詐欺師だろう。

断言するが、ホフマンは初期作品の写真を展示する勇気がない。これこそ彼本来の仕事だろう。私の邸宅を見て以降、すべての作品は私の影響を受けているとホフマンは言う。どこがだ！　クラブの安楽椅子は詰め物をした箱にすぎないし、ティポットは銀でできたサイコロにしか見えないではないか。（一九三一年）

アドルフ・ロース、ヨーゼフ・ホフマンについて語る

アメリカに長年暮らしてウィーンを不在にし、一八九六年に帰ってきた。かつての同僚たちに再会すると、私は夢でも見ているのかと思って目をこすらずにはいられなかった。この建築家たちはみな、いかにも芸術家然とした格好をしていたのである。芸術家以外の人々とはまったく相容れない格好で、アメリカ的にいえば道化《ハンスヴルスト》〔1〕のようにみえたものである。彼らはわざわざあるテーラーを仕込み、豪華な素材を使って彼らの服をつくらせていた。人々は笑ったが、ジャーナリストたちの入れ知恵で政府は彼らをみな博士か教授にしていった。私はウィーンの古い指物師たちの仕事、伝統、品質の高さを支持していたが、それとは対照的に建築家の仕事は彼らが好んで着る服のようにみえた。そして私は彼らのサークルから締め出された。私は着ているものからして芸術家ではなかった。なぜなら、当時から私は伝統的な紳士服専門店ゴールドマン＆ザラチュの顧客であり、建築家たちにこれ以上くだらないことをやめてこの店の顧客になるよう勧めていたからである。みな苦笑した。そのころ私は一軒の家の内装仕事を引き受けていた。完成した家を見てもらうためにヨーゼフ・ホフマンとコロマン・モーザーを呼んだ。われわれはある水曜日の午後、馬車でその家にむ

かった。シュテッスラー邸だった。ふたりは黙って見慣れぬ内装をじっくり眺めた。そしてわれわれは別れた。その二日後ゴールドマン＆ザラチュに行くと、老主人がこう言った。

「ロースさん。私どもはまたあなたにお客さんを紹介していただいたことを感謝しなければなりません」

私は思いつくままありとあらゆる人たちを、芸術家や作家も含めてこの店に送りこんできたので、いったい誰のことを言っているかわからなかった。

「誰のことですか？」と私はたずねた。

「工芸学校教授のヨーゼフ・ホフマンという方です」

これは驚いた！

「それはそれは。いつから彼はここを使うようになったのですか？」

「一昨日の午後からです」

「何時にここにいらしたんです？」

「ちょっとお待ちを。おいヨハン、ゲストブックを見ておくれ！　プロフェッサー・ホフマンは何時にここにいらしたんだ？」

「午後四時半でした」とヨハンは答えた。

彼が私のもとを去ったのは、その十五分前のことだった。

このとき以来、ヨーゼフ・ホフマンはヨーロッパ的な服装をするようになったのである。店の顧客訪問記録が証明しているのだから間違いない。この一件以来、なんと直線が分離派の特徴となっていくのである！分離派は詰め物をした箱をつくって人々を座らせ、銀でできたサイコロ型の容器をティポットと呼ばせるようになった。私の考えは完全に誤解されていたのだ。ダゴベルト・ペッヒェが登場してくるまでその誤解は続いたのである。ペッヒェはいま分離派に模倣されている作家である。

誤解はそのままワイマールのバウハウスに受け継がれ、新即物主義《ノイエ・ザッハリヒカイト》〔2〕と呼ばれるようになった。後年、この概念をヨーゼフ・ホフマンがふたたびとりいれることになった。一八九六年以降、こうしたあらゆる災難に装飾による複雑なフォルムが加わっていった。それは役に立たない構成であり、一部のマテリアルの過剰使用（コンクリート、ガラス、鉄）である。バウハウスや構成主義が志向しているロマン派的傾向は、装飾に偏ったロマン派の流儀とどっちもどっちである。

今後さまざまな道を選んだ紳士たちも、みな結局はひとつの道をたどらざるをえないだろう。そしてスローガンにしたがって仕事をするのではなく、私がヨーゼフ・ホフマンにヨーロッパ文化人の服を着せた一八九六年に望んだように現代的に仕事をすることになっていくだろう。

（一九三一年）

ロース氏、われわれに語る

編集者様

この質問に答えるのは簡単ではありません。私のことと私の作品をいちばんしっかり評価できるのは私自身だけだからです。他の人が評価するのはかなりむずかしい。最初のご質問は、プラハのミュラー邸は私が手がけてきた一連の仕事のなかでどのくらい重要なのかというものでした。この邸宅は私の建築に関する思考においていちばん重要なものと思っています。私の建築は図面に従うのではなく、立体的に構想され、つくられているのです。私は平面図も立面図も断面図もつくらない。空間をつくるのです。私の構想のなかには一階、二階といったような区切りはありません。たんに関連する空間があるだけです。部屋、玄関、テラス、階などがごちゃまぜに絡まっている感じですが、空間同士は関連づけられています。どの空間も高さは違います。食事部屋は当然食糧貯蔵室より高くつくられています。つまりそれぞれの空間の天井がみな同じ高さではないということです。空間それぞれに高低はあっても、上っている感じも下りている感じもあまりなくて実用的につながっているのですが、再三繰り返しみてきたように、これがほかの人には不思議でしょ

1929年、建設中のミュラー邸。上・3階、階段室、主寝室、子供室方向を見る。天井の空洞は階段室天窓。下・2階居間より食堂に向かう階段を見る。右下の開口部は玄関奥の控え室

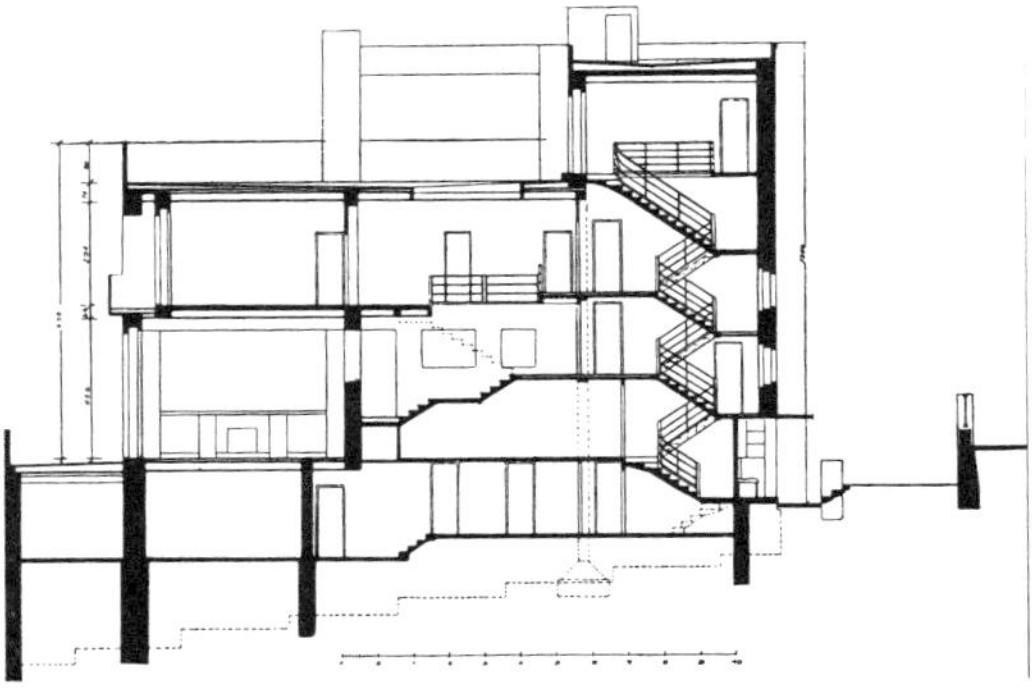

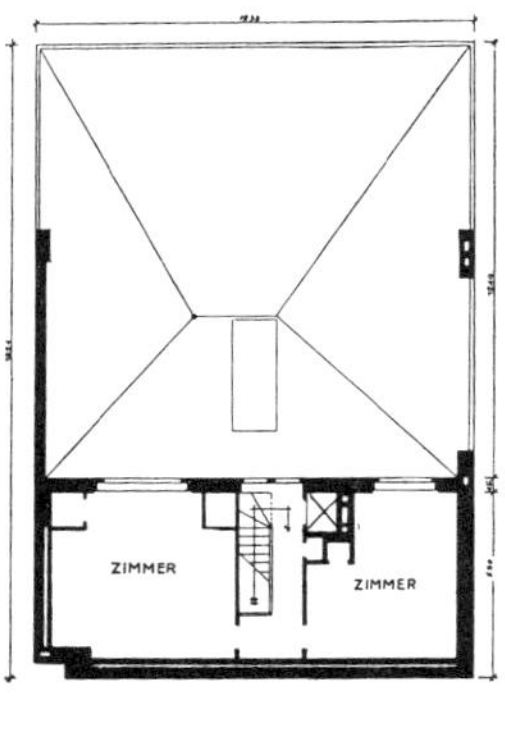

上・ミュラー邸（1930 年）断面図。中・左より 1 階、2 階、3 階平面図。1 階玄関ホール左手に談話室。右手サービス用階段を下るとエレベータ、ボイラー室、洗濯室、乾燥室。中央廊下の先の階段を下って車庫、運転手控え室、倉庫（図面には描かれていないがサービス用階段を半階上がると食糧貯蔵室、さらに半階上がれば 2 階厨房前の踊り場）。玄関ホールから正面控え室右手の階段を上がると 2 階居間に出る。居間の手前左手の階段を上がると婦人室、右手の階段を上がると食堂、配膳室、厨房。中央階段室から 4 段下って書斎。主階段を上がった 3 階に浴室、両側に夫妻のワードロープを配した主寝室、子供室。主階段側の廊下から 2 段上がって客室、使用人室。左・屋階平面図。左の部屋が「夏の食堂」。屋上テラスに描かれた長方形は階段室天窓。左ページ上・北東、北西側外観。手前に張り出しているのは玄関前から車庫にいたる通路で、下は倉庫になっている。左ページ下・南西、南東側外観。門を入り斜路を左に進むと右手に玄関がある。この項、いずれも撮影 1930 年

上・ミュラー邸玄関ポーチ。中央車待ちのベンチ左手に玄関扉。下右・玄関ホールより控え室を見る。正面奥は２階居間にいたる階段。下左・２階食堂に向かう階段と踊り場。手摺壁の左手が居間

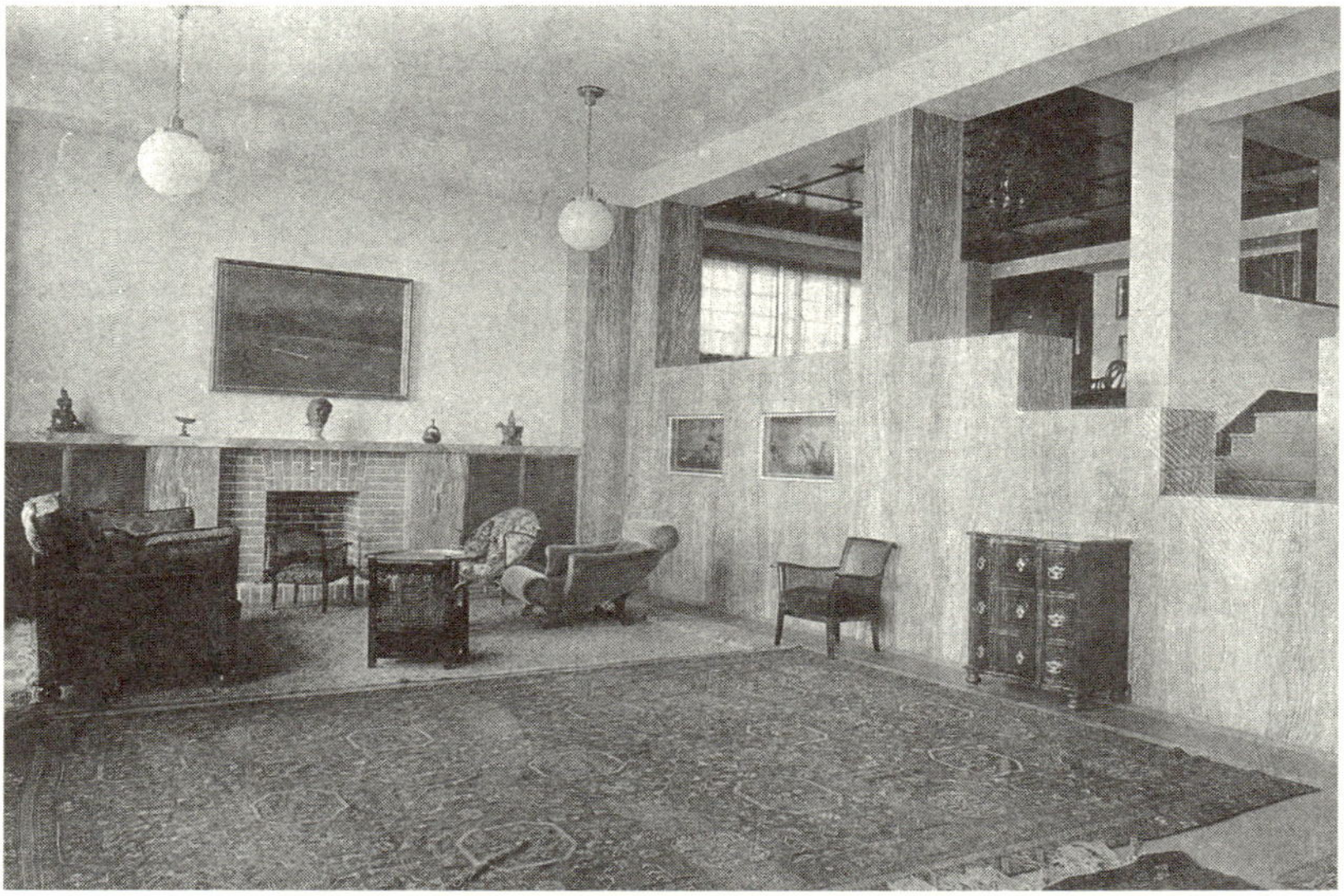

上・居間、暖炉側。中央チポリーノ大理石で覆われ、水槽が埋めこまれた壁の上に食堂の窓が見える。
下・同、ベンチソファ側。中央奥に婦人室にいたる階段。左手柱上部の先に婦人室アルコーブの小窓

上・ミュラー邸2階食堂。天井はマホガニー材。右手腰壁の先は居間、左腰壁の先は階段室。下右・2階厨房。中央壁隅に配膳用エレベータの扉。下左・2階婦人室。アルコーブ側より3段低い窓際のスペース

婦人室。窓際スペースよりアルコーブを見る。ソファ上の小窓のカーテンを開けると居間が見下ろせる

右ページ上・ミュラー邸2階書斎。左端は
玄関扉上に位置する窓。暖炉上の壁は鏡張り。
右ページ下・3階子供室（寝室）。左奥にプレイ
ルーム。壁下側、つくりつけの簞笥、テーブルほか
室内は青と黄色のツートンカラーが基調。
上・屋階「夏の食堂」。壁には浮世絵が飾られ、
電灯シェードほか和風の意匠が散りばめられている。
右手の扉から屋上テラスに出る。
下・屋上テラスにて。左より施主ミュラー、
カレル・ルホタ、ロース、ハインリヒ・クルカ
（ミュラー邸設計段階からロースをアシスト）。
左・同。ミュラー夫人の足元に階段室天窓

うがないようです。私にとっては自明のことですが。この立体的につくりあげていく工法を使いだしたのはウィーンにあるゴールドマン＆ザラチュの店舗をつくるときでした。その後ウィーンの戦争省の設計コンペ[1]で特別な表現をねらうために応用しました。ホールはすべて中央両翼に集め、そのまわりに配置した執務室の天井の高さはホールより低くしました。しかしほかの参加作品は、執務室とホールを同じ高さに設計していました。これでは空間を非常に無駄使いすることになる。しかし、私の空間構成は当時まったく相手にされませんでした。

質問の件に戻りますが、いままで手がけてきたなかでこの方法による空間効果と空間節約がいちばんうまく機能したケースがミュラー邸だと考えています。この邸宅はカレル・ルホタ教授[2]との共同で建てられました。この共同作業を私がどう思っているかって？　最高でした！　ふたりの力の入れ方は同じくらい強かったので、どちらのアイデアも均等に入っています。私が立体システムを持ちこんだのはいうまでもありません。この点は私にイニシアチブがありましたが、もちろんロタ氏がみごとに成功させた重要な試みがいくつもあったことも事実です。ミュラー邸は私たちの共同作品だということです。

どの程度までルホタ氏が私の弟子で、私の作品の影響を受けて仕事をしているか、というご質問に答えるのはもっとむずかしい。六年前、彼がまだ工科専門学校で設計に携わっていたころ、私らはブルノで知り合いました。私の大事な友人で、私の最初の著作『虚空へ向けて』の発行人だったマルカロウス博士[3]の紹介でした。ルホタ氏が私の作品に並々ならぬ興味を抱いていることはすぐにわかりました。私たちはウィーンやパリやプラハやブルノで何度も行動をともにしていますが、だからといって私が彼を体系的に教育していくというふうにはなりませんでした。もっとも彼が私のことをじつによく理解できることはわかっていましたし、彼は私の書いたものをチェコ語に訳し、私について論じて発表もしていたのです。ですから、もしルホタ氏が私の弟子だと感じてくれているなら、それは光栄なことです。

なぜいましょっちゅうチェコのピルゼンにいるのか、というご質問でしたね。これは偶然なんです。人は誰でもどこかにわが家と感じる場所が必要です。チェコスロバキアに生まれていることが、この町に私がふるさとを感じているいちばんの理由です。長年ウィーンに暮らしてきたけれど、私の活動に対してただの一度もウィーンから感謝されたことはありません。逆にチェコスロバキアに暮らしたことはなかったのに、ここでは政府も地元の人々も――その筆頭はマルカロウス博士ですが――とても紳士的につきあってくれます。二年前からピルゼンに暮らしていて、この町で非常に大きな建築プロジェクトを数件請け負っています。そのひとつにカプサ邸[4]の内装があります。ここもミュラー邸と同じようにルホタ教授と共同でプロジェクトを進めています。チェコスロバキアは私が知っている国々のなかでもいちばん穏やかで、勤勉で、折り目正しい国です。にもかかわらず――あるいは、それだからこそというべきか――ウィーンはほんとうに居心地がいいんです。なぜなら、いつも何かしら闘うべき悪い問題が横たわっているからです。やはり私は芯から革命家なんでしょうね。

最後になりますが、チェコの建築をどう思うかという質問にいきましょう。かなりたくさんありますが、総じて個性の強い先進的なものではないけれど、かなり器用なものという印象です。コチェラとその弟子たちはだめです。ここで新たに建てられるものはコピーばかりですが、それにはわけがあります。そのオリジナルはすべて私から出ているのです。オランダ経由で間接的にチェコに伝わってきたんですね。オランダ人は私の建築をもっとも深く理解しており、私の影響力は大きいのです。でも、それでいいわけです。質の悪い「新しくつくられた」椅子に座るより、コピーではあっても上質な椅子のほうがいいに決まっています。個々の建築家に関しては口出ししたくありません。この土地で私のものが直接コピーされているのはなんら不愉快なことではありませんし、むしろそれどころか、こうして私のものがモデルになって広がっていくところこそ私のライフワークの目的だといっていいくらいです！　財政上の問題もここではあまり心を砕くことはありません。お金のことはおまかせで、私は建築をつくることに集中できるということです。

蛇足になりますが、パリの装飾芸術展のチェコパビリオンに私も関わっていることをご存じでした？　紋章をつける場所を決めたのは私です（ルネサンスの時代もそうでしたが、コーニスの上の紋章をつける場所にも原則があって、とても大事なことなのです）。ゴチャール[5]が証人です。

アドルフ・ロース署名

（一九三一年）

松林の救済プロジェクト

ジュアン＝レ＝パン〔1〕の海岸沿いに、長さ四六メートルにわたって松林に覆われた区画がある。二四メートルの奥行きの土地が空いている。この土地を目いっぱい使ってホテルの建物に利用しようという計画がある。そのプロジェクトによれば松林の三分の一を伐採し馬蹄形の建物をつくることになっている。

それに対し、私は以下のプロジェクトを提案したい。ホテルの建物の両翼を省略して松林をすべて残し、そのぶん上にむかって建て増しするのである。建物の三分の一の幅をアーチ型の入口にあて、そのむこうに松林の光景が広がるようにする。レストランとダンスホールをそれぞれ最上階と屋上テラスに設け、カップ・ダンティーブやカンヌへの眺めを確保する。計画自体は新しいアイデアではない。ジュアン＝レ＝パンのパレ・ウィルソン〔2〕ですでに試されている建築方法に倣ったものだ。地階には店舗を入れる。レストランを最上階につくり、ダンスホールは屋上テラスにもってくる。各部屋のキッチンと浴室には新しい換気システムを導入する。

アドルフ・ロース

（一九三一年）

PROJET DE SAUVETAGE D'UNE PINÈDE

PAR ADOLF LOOS

Avenue du Littoral à JUAN-les-PINS, se trouve une parcelle de terrain de 46 m. de large recouverte d'une pinède. La partie en bordure de l'avenue sur une profondeur de 24 mètres est libre. Ce terrain doit être exploité au maximum par la construction d'un hôtel. Un projet existant prévoit le déboisement d'un tiers de cette forêt, pour pouvoir y élever une construction en forme de fer à cheval.

Je propose par contre un projet qui permettrait de sauver la pinède dans toute sa largeur, en supprimant les deux ailes et en exécutant cette construction en hauteur pour permettre de récupérer la surface perdue. Une grande voûte sur un tiers de la largeur découvre la forêt. Le restaurant et le dancing construits en terrasse seront assez élevés pour permettre d'avoir la vue sur Cap-Antibes et sur Cannes, ce qui constituera une attraction pour toute la côte. Le plan par lui-même ne recherche pas une idée nouvelle, mais il est conçu d'après le système déjà éprouvé du Palais Wilson à Juan-les-Pins. Par contre le rez-de-chaussée est utilisé par des magasins, le restaurant se trouve à l'avant-dernier étage, et le dancing sur la terrasse. Un nouveau système d'aération est prévu pour les kitchenettes et les salles de bains des appartements.

Adolf LOOS.

「ラルシテクチュール・ドジュールデュイ」1931年10月号、「松林の救済プロジェクト」掲載ページ

訳注

以下、初出情報に続くゴシック体の**P**と**S**は左記の本に収録されていることを示す。

P 『ポチョムキン都市』 *Die Potemkinsche Stadt*, Georg Prachner Verlag,1983

S 『全著作集』 *Gesammelte Schriften*, Lesethek Verlag, 2010

ウィーン市のコンペ

＊ 原題「Eine Concurrenz der Stadt Wien」。初出は「ディ・ツァイト（*Die Zeit*）」一八九七年十一月六日（**P S**）。「ディ・ツァイト」は一八九四年から一九一九年の間、ウィーンで発行されていた新聞。一八九四年、ジャーナリストのインリヒ・カナー、イジドール・ジンガーと作家のヘルマン・バールによって週刊紙として創刊。編集から印刷まですべてを自社でおこなった。一九〇四年より日刊紙に移行。ヘルマン・バールを筆頭に、ベルタ・ズットナーやテオドール・ヘルツルなどの有名な作家が文芸欄を飾り、外交政策やシオニズム運動などを扱った文学的価値の高い新聞であった。事務所はオットー・ワーグナーによる設計で、ウィーン中心部のケルントナー通りに位置していた。なお、本論稿の一週間前に同紙にて「工芸学校の展示会」（『虚空へ向けて』加藤淳訳、アセテート、二〇一二年、所収）が掲載されている。

〔1〕 皇帝即位記念博覧会とは、皇帝フランツ・ヨーゼフ（Franz Joseph,1830-1916）の即位五十周年を記念して、ウィーンのプラーター公園にて一八九八年五月八日から十月十八日まで開催された博覧会。当初十月九日までの予定であったが、好評を博し十八日まで延長された。皇帝が即位してからの五十年間における商工業の技術的進歩の紹介を趣旨とし、一般企業による広告を目的とした出展もなされた。主催はニーダーエステライヒ手工業連盟。

〔2〕 「建築展望（*Architektonische Rundschau*）」は一八八五年から一九一三年の間、シュトゥットガルトのJ・エンゲルホーン

社より発行されていた建築専門の月刊誌。ドイツの建築家カール・ヴァイグルとルートヴィヒ・アイゼンローアによる編集のもと、ドイツ国内外の建築を図面やイラストとともに紹介した。掲載作品は教会や市庁舎、美術館などの公共建築、城、邸宅、商店など多岐にわたる。

〔3〕「ドイツ・コンペ（*Deutsche Conkurrenzen*）」は一八九二年から一九一一年の間、ライプツィヒのE・A・ゼーマン社により発行されていた建築コンペティションの情報誌。建築家エルンスト・ヘーベルレとアルベルト・ノイマイスターによって創刊され、ドイツ国内における建築コンペティションの募集要項などが掲載された。設計だけでなく建築思想を含んだ内容であった。一般的に関心度の高いとされるコンペティションが五十件ほど、イラスト、設計図、詳細図面とともに約二四ページの冊子にまとめられていた。

〔4〕ゴットフリート・ゼンパー（Gottfried Semper, 1803–1879）は十九世紀古典主義のドイツの建築家・建築理論家。一八三四年ドレスデンの芸術アカデミーに教授として招聘。その後パリに、続いてロンドンに亡命し、第一回ロンドン万国博覧会に協力。一八七一年、皇帝フランツ・ヨーゼフによりウィーンに招かれ、宮廷博物館、ウィーン宮廷劇場などを設計した。代表作にドレスデン宮廷歌劇場（ドレスデン、一八三八―四一年）、おもな著作に『科学、産業、芸術』（一八五二年）『様式論』（一八六〇年）など。

〔5〕「ベルギーのテルビュレンで開催された展示会」とは、一八九七年に開催されたブリュッセル万国博覧会のうち、ベルギー領コンゴの物産品が展示された会場のこと。テルビュレンはブリュッセル近郊の地名。会場には植民地宮殿が建設され、その内装設計をアンリ・ヴァン・ド・ヴェルド、ギュスターヴ・セリュリエ＝ボヴィ、ポール・ハンカル、ジョルジュ・オベらが担当した。宮殿内はアールヌーヴォー様式でデザインされ、「熱帯植物」、「アフリカの原野生活」や「民族誌」等の展示室で構成された。この展覧会は半年で百二十万人以上の観客を集める成功を収めた。

〔6〕ポール・ハンカル（Paul Hankar, 1859–1901）はベルギーの建築家。一八七九年にアンリ・ベイヤールの建築事務所に入所し、建築設計を開始。一八九七年のブリュッセル万国博覧会ではテルビュレンに建設された植民地宮殿内の「民族誌の展示室」の内装設計を担当した。ヴィクトール・オルタやヴァン・ド・ヴェルドと並んで、ベルギーにおけるアールヌーヴォーの代表的作家のひとりとされる。代表作にチャンベラーニ邸（ブリュッセル、一八九七年）、クレイエ邸（ブリュッセル、一八九八年）など。

〔7〕ギュスターヴ・セリュリエ＝ボヴィ（Gustave Serrurier-Bovy, 1858–1910）はベルギーの建築家、家具デザイナー。初期アールヌーヴォーの代表的な作家のひとり。一八八四年、ロンドンを訪れた際に、ウィリアム・モリスの作品をはじめとする

アーツ・アンド・クラフツ運動に強い影響を受けた。ブリュッセル万国博覧会では輸入品のホールを担当し、弓状の曲線を用いた斬新な展示台などを製作した。代表作に自邸ヴィラ・オーブ（リエージュ、一九〇三年）など。

〔8〕ジョルジュ・オベ（Georges Hobé, 1854–1936）はベルギー出身の家具デザイナー、建築家。初期アールヌーヴォー様式の建築家のひとり。家具職人の息子として生まれ、若年期は家具製作をおこなっていたが、四十歳を過ぎるころから独学で建築を学び、仕事を始める。ブリュッセル万国博覧会ではメインホールの展示計画をおこない成功を収めた。メインホールはさまざまな曲線を組み合わせた梁が特徴的な木造建築で、室内にはカカオやコーヒーなどの特産品が展示されていた。オベはイギリス建築の影響を受けていた。また、地元の素材を用いることを提唱した。

〔9〕カール・ラビッツ（Carl Rabitz, 1823–1891）はドイツの建築技術者、発明家。鉄と金網と石膏を組み合わせてひとつの建築構造物をつくりあげることを可能にした。

ミルバッハ展

＊ 原題「Myrbach-Ausstellung」。初出は「ディ・ヴァーゲ（*Die Wage*）」一八九八年四月二日（**PS**）。「ディ・ヴァーゲ」は一八九八年にルドルフ・ローターによって創刊されたウィーンの週刊誌。ロースは一八九八年の四月から十一月にかけて、本論考以外に「工芸の展望I」「工芸の展望II」「ウィーンのスカラ座」（『虚空へ向けて』所収）などを寄稿した。

〔1〕フェリシアン・フォン・ミルバッハ（Felician von Myrbach, 1853–1940）はオーストリアの画家。ウィーン分離派およびウィーン工房の創立メンバー。ウィーン造形美術アカデミーにて絵画を学んだのち、幾度かの従軍を経験しながらも、パリで画家活動を続けた。一八九七年にはオーストリア博物館に併設された応用芸術学校の教授に就任し、コロマン・モーザーやヨーゼフ・ホフマンらと親交を深めた。一八九八年にウィーンにて開催されたアルタリア社主催の展覧会では、五十八点の作品が展示された。従軍兵士の様子や森、農民といった牧歌的な風景を多く描いた。

皇帝即位記念博覧会のポスター

＊ 原題「Das Placat der Kaiser-Jubiläums-Ausstellung」。初出は「ディ・ヴァーゲ」一八九八年四月二日（**PS**）。

〔1〕プラーター公園はウィーン東部にある公園。ウィーンの中心部からほど近く、総面積は六〇〇万平方メートルほど。十

八世紀中ごろまでは国有の狩り場として利用されていたが、一八七三年のウィーン万国博の開催に伴い、行楽地としての開発が進んだ。同年にはロトンダが園内に建設され、一八九五年にはヴェネツィアを模したテーマパークが建設されたほか、一八九七年には大観覧車が園内に設置された。

〔2〕「ノイエ・ヴィーナー・タークブラット（*Neue Wiener Tagblatt*）」は一八六七年から一九四五年まで発刊されたウィーンの日刊紙。世紀転換期においてロースが数多くの論稿を寄稿した「ノイエ・フライエ・プレッセ」と並んでもっとも広く読まれた新聞。「娯楽と知識のための新聞」という副題がついている。本紙にロースは「メルバとともに舞台デビュー」「金持ちゆえに、不幸になった男の話」（『虚空へ向けて』所収）「住むとは何かを学ぼう！」（『にもかかわらず』加藤淳訳、みすず書房、二〇一五年、所収）などを寄稿した。

〔3〕皇帝即位五十周年記念博覧会ポスターの作者は画家のアロイス・ハンス・シュラム（Alois Hans Schram, 1864–1919）。

〔4〕碑文のラテン語「Viribus unitis」は一八九八年当時の皇帝フランツ・ヨーゼフ一世の座右の銘であり、「帝国内の諸民族が一致団結する」という思いがこめられている。

〔5〕帝国鷲紋章は双頭の鷲をあしらったオーストリア帝国の紋章。もともとは神聖ローマ帝国の紋章であり、帝国崩壊後、ハプスブルク家の紋章として継承された。

〔6〕ラウフェンダー・フント模様はメアンダー雷文の一種で、波形を直線上に連続させた装飾文様。「laufender Hund」は「走る犬」の意。

〔7〕メアンダー雷文は直角に折れ曲がる線が幾重にも重なった迷路状の装飾文様。小アジアを蛇行するメアンダー川に由来し、ギリシャ雷文とも呼ばれる。古代より建築や美術の分野において多く用いられた。

〔8〕帝国宝珠はドイツ帝国帝権表章のひとつ。キリストの代理を務めるというかたちで、宇宙の支配権を有する印として、神聖ローマ帝国時代から皇帝に授けられてきた。世界を模した球体の上に、宝石で飾られた十字がかたどられている。

〔9〕帝国聖剣はドイツ帝国帝権表章のひとつ。神聖ローマ帝国の聖人にちなんで「マウリティウスの剣」とも呼ばれる。支配権の象徴として、戴冠式の際ドイツ皇帝は帝国聖剣の刃先を上にむけて身につけた。

〔10〕ハインリヒ・レフラー（Heinrich Lefler, 1863–1919）はウィーンの画家、装飾家。彼はウィーン造形美術家協同組合キュンストラーハウスの一員で、ウィーン造形美術アカデミーの教授。風俗画家として活動を始めるが、ウィーン造形美術家協同組合への加入を機に、ポスターのデザインから室内装飾、家具の制作へと活動の幅を広げていった。一九〇八年にはオスカー・ココシュカらとともに皇帝即位六十周年記念式典パレードの衣装をデザインした。

スカラの事件（オーストリア博物館と手工業連盟）

＊ 原題「Der Fall Scala」。初出は「ディ・ツァイト」一八九八年四月九日（**PS**）。

〔1〕 アルトゥール・フォン・スカラ（Arthur von Scala, 1845–1909）はルドルフ・アイテルベルガー、ヤーコブ・フォン・ファルケ、ブルーノ・ブッヒャーに続くオーストリア博物館四代目館長として一八九七年に就任した。同年の冬期展示会にてイギリスを範とする家具を展示したため、「オックスフォード・ストリート趣味」と呼ばれることもあった。なおスカラは一八九二年にはロンドンの企業から家具製品を国内向けに購入しており、そのなかにはウィリアム・モリスのデザインをモデルとする壁紙も含まれていた。

〔2〕 ウィリアム・モリス（William Morris, 1834–1896）はイギリスの工芸家、詩人、作家、社会運動家。一八六一年にモリス・マーシャル・フォークナー商会を設立し、家具や内装デザイン事業を成功させた。一八七七年に古建築物保護協会を設立して講演をおこなうようになるにつれてモリスの影響力は増し、いくつもの近代工芸ギルドが創設されるようになった。これを起点として芸術性と実用性の両立をめざした運動が展開した点において二十世紀の近代運動の先駆とされる。また一八九〇年にはケルムスコット・プレスを設立し、『チョーサー作品集』ほか五十点以上の書籍を出版した。

〔3〕 クリスマス展示会とは、一八九七年にスカラが開催した冬季展示会のこと。分離派などの新流行の家具デザインではなく、イギリスの職人がつくる日用品としての家具をメインに展示した。その展示会においてスカラはそれまで工芸連盟が占めていた博物館内の展示スペースを縮小したため、工芸連盟からの反感を買った。ロースはその様子を本論稿から半年後の「ウィーンのスカラ座」（『虚空へ向けて』所収）にて描いている。

〔4〕 オットー・フォン・ファルケ（Otto von Falke, 1862–1942）はオーストリアの美術史家、批評家。ウィーン大学にて歴史学と考古学を学ぶ。一八九五年にケルン工芸博物館の館長を務めたのち一九〇五年にベルリン工芸博物館の館長に就任。一九二〇年から一九二七年までベルリン美術館館長を務めたのち、美術誌「パンテオン」を創刊し、国内外の美術史家に影響を与えた。

〔5〕 ヤーコブ・フォン・ファルケ（Jakob von Falke, 1825–1897）はオーストリアの美術史家、批評家。エアランゲン・ニュルンベルク大学およびゲオルク・アウグスト大学にて言語学を学ぶ。美術史家ルドルフ・アイテルベルガーとの交友を通じ、一八六四年にオーストリア博物館の副館長に就任。アイテルベルガーの死後、同館長に就任した。

〔6〕 ザンドール・ヤーレイ（Sandor Jaray, 1845–1916）はウィーンの宮廷御用達の家具職人。ルーマニア生まれ。室内装飾家としても活動し、ウィーン分離派に参加。一八六八年にみずからの工房を設立し、一八六九年にはアン・デア・ウィーン劇場の改修に携わった。その後ウィーン美術史博物館やブルク劇場の内装なども手がけた。一九〇二年のロンドン万国博覧会においては「ウィーン一八三〇年代の室内」として十九世紀前半の市民の生活様式であるビーダーマイヤー様式の寝室を出展した。

〔7〕 ヘルマン・ヘルマー（Hermann Helmer, 1849–1919）はドイツの建築家。一八七三年にフェルディナント・フェルナーとともに建築事務所フェルナー&ヘルマーを設立し、ヨーロッパ各地で四十八作もの劇場建築を手がけた。また、ウィーン都市開発委員会の会員であり、競技検討委員会の議長を務めたほかオーストリア建築家協会を創設するなど、とくにウィーンにおいて活躍した。おもな作品にウィーン民衆劇場（一八八九年）、ウィーン・コンサートハウス（一九一三年）など。

〔8〕 ジョン・ラスキン（John Ruskin, 1819–1900）はイギリスの芸術評論家。ロンドンの裕福な商人の子として生まれる。オックスフォード大学で学び、のちに同大学で教鞭をとった。機械文明を排斥し中世の手工業を称賛する思想はイギリスのアーツ・アンド・クラフツ運動に大きな影響を与えた。画家ジョゼフ・マロード・ウィリアム・ターナーやラファエル前派と交流をもった。おもな著作に『建築の七灯』（一八四八年）『ヴェネツィアの石』（一八五一—五三年）など。

〔9〕 ウォルター・クレイン（Walter Crane, 1845–1915）はイギリスの挿絵画家、装飾芸術家。一八七〇年代より浮世絵の影響を受けた児童向け絵本や挿絵本を制作し、挿絵画家として高い評価を得た。一八八四年に社会主義同盟に加盟し、一八八七年よりアーツ・アンド・クラフツ展覧会協会の初代会長を務めた。「芸術家は自然の形態を直接とりいれるのではなく、自身の心によって選び抜かれた形態を学ぶべきである」という考えのもと、レリーフ、タイル、ステンドグラス、陶器、壁紙、織物などを数多く手がけた。著作『装飾芸術の主張』（一八九二年）がオランダ語に翻訳されるなど同時代の芸術家へ多大な影響を与えた。

〔10〕 カジミール・フェリクス・バデーニ（Kasimir Felix Graf von Badeni, 1846–1909）はオーストリア＝ハンガリー二重帝国の首相、貴族。当時のオーストリア領ガリツィアにてポーランド人貴族の家庭に生まれる。ガリツィア総督時代の実績を買われ、皇帝フランツ・ヨーゼフ一世によって首相に任命され、普通選挙の導入に尽力した。首相就任後初の選挙によって第一党となったチェコ青年党の影響により、公的機関におけるドイツ語とチェコ語の併用を義務づけたが、ドイツ系議員や一般市民の反発を受け、首相を辞した。

展示都市　新しい様式

＊原題「Die Ausstellungsstadt. Der neue Styl」。初出は「ノイエ・フライエ・プレッセ（*Neue Freie Presse*）」一八九八年五月八日（**PS**）。

〔1〕ロトンダは一八九八年の皇帝即位五十周年記念博覧会のメイン会場。ウィーン万国博覧会（一八七三年）の際に建設された円形の建物が転用された。内部はジルバーホフ（銀製品）、ザイデンホフ（絹製品）などにエリア分けされ、各分野の作品が展示された。ロースは「ノイエ・フライエ・プレッセ」紙に寄稿した展覧会レビュー（「ジルバーホフとその周辺」「紳士の帽子」一八九八年、『虚空へ向けて』所収）において、ロトンダ内のさまざまな作品に対し、批評をおこなった。

〔2〕ヴェルニ・マルタンは十八世紀フランスで家具や嗜好品（扇子や嗅ぎ煙草入れ）の塗装用に細工師マルタン兄弟によって開発された、光沢のあるラッカー系塗料。銅や金の粉末をニス塗料に加えてつくられる。

〔3〕エミール・ブレスラー（Emil Breßler, 1847–1921）はウィーン出身のネオ・バロック様式の建築家。一八六八年、ウィーン工科大学卒業。住宅から公共建築、展覧会建築まで数多くの設計を手がけ、とくに宮殿建築を得意とした。一八九八年、皇帝即位五十周年記念博覧会の主任建築家を務め、展示会場のメインエントランス、醸造家パビリオン（グスタフ・ヴィトリシュと協同）、ロトンダ内の皇帝用天幕を担当した。おもな作品にアルトケッテンホーフ宮殿（ニーダーエスターライヒ州シュヴェヒャト、一九〇二年）など。

〔4〕カミロ・ジッテ（Camillo Sitte, 1843–1903）はウィーンの建築家、画家、都市計画家。建築家であった父から建築を学び、リュブリャナ、オストラヴァなど多くの都市計画をおこなった。一八七五年にはザルツブルクの国立工芸学校に初代校長として招かれ、さらに一八八三年からはウィーン国立工芸学校で初代校長を務めた。一九〇一年にはベルリンで雑誌「都市計画」を創刊した。ジッテの都市計画は十九世紀後半のヨーロッパに広くみられた幾何学的な配置を批判し、実用性と芸術の両立をめざすものであった。また広場にモニュメントや建築を配置する際には、幾何学上の中央ではなく端におくことで、交通を妨げないだけでなく芸術的な効果をもたらすと主張している。おもな著作に『芸術原理に則った都市計画』（一九〇一年、邦題「広場の造形」）がある。

〔5〕ブロンシア・コラー（Broncia Koller-Pinell, 1863–1934）はユダヤ系オーストリア人の女性画家。オルガ・フロリアン、ティナ・ブラウ、マリー・エグナーらと並んでウィーン世紀末に活躍した。コラーは静物や風景、風俗を主題に絵画を描いたが、彼女の作品はしばしば物議を醸し批判にさらされた。グスタフ・クリムトを含む分離派と深い交流があった。

〔6〕カール・フィシュル（Karl Adalbert Fischl-Pirkhänfeld, 1871–1937）はオーストリアの建築家。ウィーン造形美術アカデミーの学生時代にオットー・ワーグナー、ヨージェ・プレチニックと共同でウィーンを中心とした地域の住宅設計をおこなった。はじめて個人で受けた仕事は、一八九八年の皇帝即位五十周年記念博覧会のロトンダ館内展示「兵器」ブースの設計で、一九〇四年の独立後は家具や内装を含めた住宅の設計を多く手がけた。

〔7〕アルトゥール・シュトラッサー（Arthur Strasser, 1854–1927）はオーストリアの彫刻家。ウィーン造形美術アカデミー、パリで彫刻を学んだのち、一八八三年にウィーンで労働者や農民を主題にした自然主義的な作品を出展し、高い評価を受けた。一八八九年には分離派会館東側のマルクス・アントニウス像を手がけた。

〔8〕ヨーゼフ・カール・フォン・クリンコシュ（Josef Carl von Klinkosch, 1822–1888）はウィーンの銀細工師。一八五一年に父の会社を継ぎ、海外から従業員を雇って中国の銀器を製作した。当時忘れられていたさまざまなデザインや技術をとりいれることで高い評価を得た。彼の製作する銀器はハプスブルク皇帝御用達であった。

〔9〕ヨージェ・プレチニック（Jože Plečnik, 1872–1957）はスロベニア出身の建築家・都市計画家。オーストリア・グラーツのギムナジウム、工芸学校に進学した当時に新環状道路計画の補助として参画後、一八九四年から一八九七年までオットー・ワーグナーのもとで学び、ウィーン分離派と関わりながらワーグナーの設計事務所で建築の室内装飾や家具デザインなどを多く手がけた。一九〇〇年の独立後はベオグラード、プラハ、リュブリャナでも活動し、プラハ城や大統領府の修築などに携わった。おもな作品にツァッヘル・ハウス（ウィーン、一九〇五年）、聖霊教会（ウィーン、一九一三年）、スロベニア国立大学図書館（リュブリャナ、一九四一年）など。

〔10〕オトマール・シムコヴィッツ（Othmar Schimkowitz, 1864–1947）はハンガリー出身のウィーンの彫刻家。ウィーン造形美術アカデミーで学び、一八九五年にウィーンで活動を始める。一八九八年、ウィーン分離派に参加。オルブリッヒ設計の分離派館（一八九八年）においてギリシャ神話に登場するゴルゴーンの彫刻を手がけたほか、オットー・ワーグナーやヨージェ・プレチニックとの共作も残している。

ワーグナー・シューレ展によせて

＊　原題「Aus der Wagner-Schule」。初出は「ノイエ・フライエ・プレッセ」一八九八年七月三十一日（**PS**）。

〔1〕ローマ賞は一七七二年にウィーン造形美術アカデミー再編の際にマリア・テレジアが設立したもっとも権威ある芸術賞

のひとつ。フランスでルイ十四世が設立した同名の奨学金つき留学制度とは異なるものであり、プレチニックのほかヨーゼフ・ホフマンなどの受賞者がいる。

〔2〕オットー・ワーグナー（Otto Wanger, 1841–1918）がウィーン造形美術アカデミーの建築専門課程に設けた三年制の講座のこと。一八九四年から一九一二年にかけて開講された。また、その講座で学んだ建築家を総称してワーグナー・シューレとも呼ぶ。入学生は各年、各国から集まった応募者のなかから八、九名程度が選抜され、一年次には住宅や集合住宅の設計、二年次には公共建築の設計が課された。さらに三年次には想像力を訓練するために現実離れした課題が出された。ワーグナー・シューレはヤン・コチェラ、ヨージェ・プレチニック、ヨーゼフ・ホフマンなど数多くの有名建築家を輩出した。

〔3〕活版印刷技術の発明者ヨハネス・グーテンベルクの記念碑設計競技は一八九七年に開催された。建築家ヨージェ・プレチニックと彫刻家オトマール・シムコヴィッツの共作が一等を受賞。この受賞は物議を醸し、作品が実現することはなかった。ウィーンの公的な場においての分離派のはじめての勝利といわれ、分離派の機関誌「ヴェル・サクルム」の一八九八年刊行の第二号で大きくとりあげられた。

〔4〕スケーベニゲンはオランダ、ゾイホラント州の都市ハーグの北海沿岸にあるリゾート地。プレチニックは卒業制作をこの地で計画した。

〔5〕アン・デア・ウィーン劇場はウィーン六区リンケ・ヴィーンツァイレ六番地にある劇場。閉鎖されることになったアウフ・デア・ヴィーデン劇場を演劇人エマヌエル・シカネーダーが引きとり、一八〇一年に開設。古典主義様式を基調としており、設計はフランツ・イェーガー、施工はその息子アントンが請け負った。十九世紀後半には世界的にも古典的オペレッタ上演の代表的な場となった。戦後は閉鎖の危機にも見舞われたが、一九六〇年から一九六二年の間の改築を経てふたたびウィーンの中心的な歌劇場に返り咲いた。

〔6〕レオポルド・バウアー（Leopold Bauer, 1872–1938）はモラヴィア出身のウィーンの建築家。ウィーン造形美術アカデミーにてカール・ハーゼナウアーとオットー・ワーグナーに師事した。一九一三―一八年は同アカデミーで教授を務める。分離派の初期メンバーとして参加し「ヴェル・サクルム」の編集をおこなった。代表作にオーストリア＝ハンガリー銀行（ウィーン、一九一九年）など。

〔7〕ヤン・コチェラ（Jan Kotěra, 1871–1923）はチェコの建築家。一八九四年から三年間、ワーグナー・シューレに第一期生として在籍し、卒業制作でローマ賞を受賞。一八九八年、プラハ応用芸術学校の教授となり、一九一〇年からはプラハ芸術アカデミーに新設された建築学校の教授を務めた。数多くの優れた建築家を教育し、チェコにおける近代建築の父と称さ

れる。おもな作品に東ボヘミア博物館（フラデツ・クラーロヴェー、一九一三年）など。

ポチョムキン都市

＊ 原題「Die Potemkin'sche Stadt」。初出は「ヴェル・サクルム（*Ver Sacrum*）」一八九八年七月、第七号（**PS**）。

〔1〕ポチョムキン村とは、南方領土の実状について女帝エカテリーナとその客を欺くために、宰相ポチョムキンがドニエプル河に沿って偽造したといわれる居住地のこと。女帝に見せられた村々はペンキで塗ったボール紙でできていて、衣装を着た農奴たちが幸福な村人を演じたとされる。しだいに「ポチョムキン村」という表現は、まがいものや不愉快な真実を隠すためにつくられるもの、あるいは口にされることを意味する常套句となった。

〔2〕スタッコは消石灰に大理石粉、粘土粉を混ぜた塗壁材料。大理石のような表面仕上げにするために用いられる。十九世紀以降はセメントモルタルを原材料として使われたため、表面が粗い仕上げとなった。ギリシャ・ローマを起源とし、時代の流れのなかで製法は一度忘れ去られたが、十四世紀にイタリアで再発見され、さかんに使用されるようになった。

〔3〕カルトゥーシュは建物や門などに掲示される装飾枠飾りの一種で、紙の端がまくれて丸まっているような装飾デザインが施されたもの。ルネサンス様式やバロック様式の建築にみられる。

〔4〕歯飾りはギリシャ・ローマ建築のコーニスにおいて小さな直方体を歯のように並べた装飾のこと。

建築における新旧ふたつの動向　ウィーンの芸術動向を特別考慮した両者の比較

＊ 原題「Die alte und die neue Richtung in der Baukunst」。初出は「建築（*Der Architekt*）」第三号、一八九八年（**PS**）。

〔1〕アンドレアス・シュリューター（Andreas Schlüter, 1664–1714）はバロック期を代表するドイツの彫刻家、建築家。一六九四年にブランデンブルク選帝侯フリードリヒ三世（後のプロイセン王フリードリヒ一世）より宮廷彫刻家に任命され、ワルシャワからベルリンへ移った。彫刻作品を手がける一方、宮廷建築家として建築作品も残した。代表作にシャルロッテンブルグ宮殿（ベルリン、一六九九年）、エカテリーナ宮殿の琥珀の間（サンクトペテルブルク、一七〇一年）など。

〔2〕ヨハン・ベルンハルト・フィッシャー・フォン・エルラッハ（Johann Bernhard Fischer von Erlach, 1656–1723）はバロック期を代表するオーストリアの建築家、建築史家。十六歳からローマに赴き、ベルニーニに師事した後、ナポリにて建築家修

行。その後一六八七年にオーストリアに帰国し、ウィーンを中心に活躍した。代表作にシェーンブルン宮殿（ウィーン、一六八八年）、カールス教会（ウィーン、一七一五年）など。

〔3〕アントワーヌ・ル・ポートル（Antoine Le Pautre, 1621-1679）はフランスの建築家。ルイ十四世やフィリップ一世のもとで活動した。また、フランス・バロック様式をつくりだしたことでも知られる。代表作にシャトー・デュ・ヴォードルイユ（ウール、一六五八年）など。

〔4〕カール・フリードリヒ・シンケル（Karl Friedrich Schinkel, 1781-1841）は十九世紀の新古典主義を代表するドイツの建築家。ベルリンの上級建築顧問官として多くの建築計画を指揮。代表作にノイエ・ヴァッヘ（ベルリン、一八一六年）、ベルリン旧博物館（ベルリン、一八二三年）など。

〔5〕アウグスブルクの市庁舎はドイツのアウグスブルク出身の建築家エリアス・ホル（Elias Holl, 1573-1646）によって設計され、一六一九年に完成。メインホールはウォールナット材を用いた格子天井に金をふんだんに用いた装飾が施されていることから、黄金の間と呼ばれる。内装を手がけたのが家具職人ヴォルフガング・エプナーだった。また、天井画は画家ヨハン・カーガーが担当。

〔6〕フリードリヒ・シュミット（Friedrich Schmidt, 1825-1891）はドイツ出身の建築家。一八五四年までケルン大聖堂の建設現場で職人としての経験を積み、ミラノのアカデミーやウィーン造形美術アカデミーで教授を務めた。ウィーン市庁舎（一八八三年）などゴシック・リバイバルの建物を多く設計し、晩年にはシュテファン大聖堂の南側尖塔を再築する際の主任建築家を務めた。

女性と家

＊ 原題「Die Frau und das Haus」。初出は「ノイエ・フライエ・プレッセ」一八九八年十一月三日（**PS**）。

〔1〕「ザ・ステューディオ（*The Studio*）」はイギリスで発行されていた応用芸術に関する月刊誌。一八九三年創刊。写真、版画、スケッチ、イラストレーション、室内装飾など扱われた題材は多岐にわたり、イギリスにおける応用芸術の最新情報を国内外へ提供した。影響力は大きく、ドイツの雑誌「装飾芸術（*Dekorative Kunst*）」やウィーン分離派の機関誌「ヴェル・サクルム」など同時代に欧米で創刊された多くの出版物の手本となった。また、アーツ・アンド・クラフツ運動やアールヌーヴォーなどの芸術活動を支持し、その発達に大きな影響をおよぼした。

〔2〕「ヴィーナー・モーデ（*Wiener Mode*）」は一八八七年から一九四五年までウィーンで発刊されていたモード雑誌。副題は「モードハウスのオフィシャルマガジン」。

〔3〕ルートヴィヒ・ノヴォトニーは一八一八年、ビーダーマイヤー時代に創業したウィーンの刺繡店のこと。創業時から現在まで聖ペテロ教会の側に店を構える。著名な顧客として、オーストリア皇后のエリザベートなどがあげられる。

〔4〕ゲネルズィヒ&オレンディ社はゲネルズィヒとエデュアルト・オレンディによって一八五七年に創業されたウィーンの絨毯販売会社。一八九一年以降はとくに東洋風絨毯販売に依拠し、一八九二年には宮廷御用達の称号を得た。看板商品はギンツキーの工場でつくらせた「マッファースドルフ手織り絨毯」であり、この商品はパリやロンドンなどでも人気を博し、ゲネルズィヒ&オレンディ社の名を世界市場においても認識させることとなった。

〔5〕ギンツキーはチェコ出身の紡績業者。一八四七年に設立した製造工場の製品はオーストリア、アメリカ、イギリスをはじめ世界的に好評を博し、ロンドン万博にも自社製絨毯を出品した。

〔6〕ロースは本書収録の「スカラの事件」においてオーストリア博物館館長スカラのイギリスの家具を展示する事業が「イギリス病」と揶揄されていることを紹介したが、ここでロースはその言葉を逆手にとり、肯定的に用いている。

カッラーラ

＊原題「Carrara」。草稿、一九〇六年一月（**PS**）。

〔1〕カッラーラはトスカーナ州マッサ＝カッラーラ県の都市。アプアーネ・アルプス近郊で産出される白い大理石は、すでに古代ローマの時代から名高いものであった。十二―十三世紀に建設されたゴシック様式の大聖堂も大理石のファサードをもつ。現在もなお、大理石加工業がさかんである。

〔2〕チェンテジミは十九世紀初頭からイタリアで使われていた通貨単位チェンテジモの複数形。一イタリア・リラ＝一〇〇チェンテジミ換算。硬貨は一、二、一〇、二〇、二五、五〇チェンテジモの六種があった。

〔3〕ガリバルディシャツはガリバルディブラウスともいう。二十世紀初頭に家のなかで着られていた婦人・子供用のゆったりした長袖の胴衣。イタリアの軍人ジュゼッペ・ガリバルディの着ていた赤シャツに似ていることから、その名がつけられた。ガリバルディがイタリア統一運動の際に率いた義勇軍は赤シャツ隊とも呼ばれた。

婦人クラブの安楽椅子

＊　原題「Die Fauteuils des Frauenclubs」。草稿、一九〇六年（**PS**）。

〔1〕　婦人クラブとは一九〇〇年十一月十五日、貴族階級を含む十二人の女性たちによって設立された女性クラブ。正式名称は「エルスター・ヴィーナー・フラウエンクラブ」。創立当初は三百人ほどのメンバーを有した。一九〇二年七月三十一日に金銭問題によって閉鎖後、「新婦人クラブ」として一九〇三年十一月十八日に再設立。展覧会や講義、音楽イベントなどの形をとって女性の社会的交流や知的活動を促す運動をおこなっていた。一九三八年閉鎖。

住居探訪

＊　原題「Wohnungswanderungen」。私家版。論考の一部が「住居のモード」のタイトルで「フランクフルター・ツァイトゥング（*Frankfurter Zeitung*）」一九〇七年十二月八日に掲載（**PS**）。私家版には以下の文が付されている。「アドルフ・ロースの住居探訪　チケット二〇クローネ　一枚で二名まで有効　集まった金額はチケット購入者の指定する慈善事業に使う」

〔1〕　ビーダーマイヤー様式とは、ウィーン会議の一八一四年から市民革命の起こる一八四八年までの期間を中心として、市民階級のあいだで流行した快適性を重視する簡素な内装や家具調度のこと。同時期には美術、文学などにおいても独自の文化が展開され、ビーダーマイヤー時代と呼ばれる。ビーダーマイヤーの語源はミュンヘンで発行されていた風刺雑誌「フリーゲンデ・ブレター（Fliegende Blätter）」のなかで法律家ルートヴィヒ・アイヒロットと医者アドルフ・キュスマウルがつくりあげた天真爛漫で俗物的な教師の名前。

〔2〕　ユーゲントシュティールとは、十九世紀末から二十世紀初頭にかけてミュンヘンを中心としてドイツ語圏で展開された芸術運動を指す。アールヌーヴォーの潮流がドイツ・オーストリアに波及した際にこのように呼ばれた。ユーゲントシュティールの名前は一八九六年に刊行された美術系の雑誌「ユーゲント」に由来する。代表的な人物にはペーター・ベーレンス、ヘルマン・オブリスト、アンリ・ヴァン・ド・ヴェルドなどがいる。

〔3〕　ドロテウムとは一七〇七年、マリア・テレジアの後援で設置された公営質屋。抵当物件を低い利子率で担保にした金銭の貸し付けや、競売の実施、貯蓄預金業務がおこなわれていた。ドロテウムという呼び名は、当時この施設がドロテーエ修道院の建物に設置されていたことに由来する。一九二三年に民営化。

〔4〕テネルファ織りとは、縫針を用いて糸だけでつくられるニードル・ポイント・レースの一種。十六世紀のアフリカ北西海岸沖のカナリア諸島テネリフ島を起源とする。車輪型、円形模様の柄や模様が多く、太陽の形をしていることからサンレースとも呼ばれる。

〔5〕フリーズとは古典建築のエンタブラチュアのアーキトレーブとコーニスの中間の幅の広い部分を指す。ドナテルロ・フリーズは、イタリアの彫刻家ドナテルロがつくったとされる浅彫りの技法「スキアッチャート」を施したフリーズのことか。

〔6〕妻の寝室とは、ロースが一九〇三年に集合住宅の内装を改装設計した自邸アドルフ・ロース・アパートメントにおいて、最初の妻リナ・ロースのためにつくられた寝室を指す。アンゴラウサギの長毛でつくられた白い絨毯が床からベッドまで覆い、壁面は窓を含めてドアの高さまでバチスト生地の白い布がかけられていた。なお、同邸の居間と暖炉の部分は一九五八年に現ウィーン博物館に移築され、展示されている。

〔7〕パヴォナッツォ大理石はカッラーラで採石される大理石の一種で、白地に黒あるいはグレーのマーブル模様のあるものを言う。パヴォナッツォとはイタリア語で孔雀を意味するパヴォーネ（pavone）に由来している。彫刻や建築などに広く利用され、有名なローマの「真実の口」にも使用されている。

〔8〕チッペンデールのリバンドチェアとは、イギリスの家具職人トーマス・チッペンデール（Thomas Chippendale, 1718–1779）の製作したリバンド・バックチェアのこと。リボンを結んだように見える繊細な意匠の背もたれが特徴。チッペンデールは中国の意匠をとりいれたロココ様式の家具を得意とした。

〔9〕F・O・シュミット社は一八五三年に、フリードリヒ・オットー・シュミット（Friedrich Otto Schmidt, 1824–1894）によって設立されたウィーンの家具工房。ロース以外にもヨーゼフ・ホフマンなど十九世紀末の多くのデザイナーと友好な関係をもち、家具製作をおこなった。

〔10〕エレファントトランク・テーブルは、アドルフ・ロースとマックス・シュミットが共同でデザインし、F・O・シュミット社が一八九九年に製作した八本足のテーブル。現在でも当社によって製造されている。

ミヒャエル広場にある私の建物のファサードに物言いがついた件

＊　原題「Die beanständete Fassade des Baues am Michaelerplatz」。初出は「ウィーン画報（*Illustrirtes Wiener Extrablatt*）」一九一〇年九月三十日（**PS**）。編集部による以下の前書きが記されている。「ウィーン建築の歴史のなかで書き留めておかねばならな

い奇妙な事件が起こった。ある建設中の建物のファサードに関して、建物を設計した建築家とウィーン市建築局の意見がぶつかったため、すみやかに工事を中止するよう行政命令が下ったのである。争点となっているのは装飾をめぐる問題で、建築家が自分流の芸術を盛りこみすぎているというのではなく、装飾があまりに少なすぎるというのである。ここが新しい点だ。当の建築家であるアドルフ・ロースがコメントを寄せてくれた」。なお「ウィーン画報」は劇作家オットカール・フランツ・エーバースベルクとフランツ・ヨーゼフ・ジンガーによって一八七二年三月二十四日に創刊され、一九二八年まで発刊された日刊紙。

〔1〕チポリーノ大理石は、古代ギリシャや古代ローマで用いられた大理石の一種。白色または緑白色のなかに緑色や灰色の波状の模様がある。ロースはロースハウスのほか、ミュラー邸などの多くの作品でチポリーノ大理石を用いた。

ミヒャエル広場の私の建築

＊　原題「Mein Haus am Michaelerplatz」。一九一一年十二月十一日、ウィーン、文学と音楽のための学術連盟での講演（**PS**）。

〔1〕キュンストラーハウスはウィーン造形美術家協同組合の拠点となった建物。イタリア・ルネサンス様式のヴィラを借用したデザインで、リングシュトラーセとカールス広場との間に位置する。同組合は一八六一年に発足、社会における芸術家の生活条件を向上させることを目的とし、この会場で会員作品の展覧会を毎年開催した。一八九七年、旧態依然とするこの組合に不満をもったグスタフ・クリムトやヨーゼフ・ホフマンなど若い芸術家が離脱、彼らが新しく設立したのがウィーン分離派である。

〔2〕グシュナスは、ウィーンにおいて謝肉祭の期間中におこなわれる仮装行事。詳細は不明であるが、十九世紀中ごろにウィーンの芸術家たちによって開催された芸術家祭がもとになっている。Gschnasとは、廃材やパレットに残った絵の具など「役に立たないもの」を指す語で、ロース執筆当時においては、そのような材料でつくられた衣装の展示会であった。一八六八年からはキュンストラーハウスにおいて開催された。現在でも謝肉祭の時期に仮装パレードがおこなわれる。

立つ、歩く、座る、寝る、食べる、飲むことについて

＊　原題「Vom Stehen, Gehen,Sitzen, Schlafen, Essen und Trinken」。講演。初出は「ノイエス・ヴィーナー・ジュルナール（*Neues*

Wiener Journal)」一九一一年三月十日（**S**）。

以下は編集部が付した前書き。「ミヒャエル広場につくった建物によって激しい議論を巻き起こした建築家アドルフ・ロースが、昨日電気技術研究所の講義室にて、信奉者と敵対者を前に、あまり話題にされることのない人間の動物的でプラクティカルな日常の動作についてあれこれ語った。無装飾の狂信者であり、かつウィーン美術界のアウトサイダーとして通る彼は、ドライに、かつ少しばかりのユーモアを交え、華美な装飾をすべて否定した。聴衆にとって矛盾する話もあったが、納得のいく部分もあり、また無理やり普遍化しているところもあった。だが何よりはじけんばかりの笑いを呼ぶ数々のジョークやエピソードを連発し、講演者は非常に強烈な印象を残したのであった」

〔1〕講演末尾に付された編集部の一文――「音楽文芸アカデミー協会から呼ばれたゲストとして登壇したロースは、鳴りやまない割れんばかりの拍手のなかで講演を終えた」

オットー・ワーグナー

＊原題「Otto Wagner」。初出は「ライヒスポスト（*Reichspost*）」一九一一年七月十三日（**S**）。

〔1〕ヘッツェンドルフ・フォン・ホーエンベルク（Johann Ferdinand Hetzendorf von Hohenberg, 1733–1816）はオーストリアの建築家。一七七六年に宮廷建築家として指名された。彼の設計したパラヴィチーニ宮殿は一七八四年に竣工し、その装飾の欠如から批判の対象となった。

〔2〕カフェ・オペラはウィーン国立歌劇場内に現存するレストラン。オペラの休憩中にケータリングサービスなどもおこなっている。ワーグナーは、ウィーン造形美術アカデミー在学中にエドゥアルド・ファン・デア・ニュルのもとでウィーン宮廷歌劇場の設計に関わった。

〔3〕エドゥアルド・ファン・デア・ニュル（Eduard van der Nüll, 1812–1868）はオーストリアの建築家。ウィーン工科大学で学び、友人のジッカルツブルクとともに西ヨーロッパを周遊し、共同で多くの作品を残した。リングシュトラーセにあるウィーン宮廷歌劇場（現ウィーン国立歌劇場）は建設当時非難を浴び、ニュルは追いつめられて自殺。だが現在では歴史主義建築の傑作と評価されている。

〔4〕この一文はロースの誤解による。ワーグナーは実際にはベルリン王立建築アカデミーで学んだ後にウィーン造形美術アカデミーに入学している。

〔5〕ラリッシュ・メニッヒ宮殿はウィーンにあるマニエリスムの宮殿。ファン・デア・ニュルとジッカルツブルクが設計し、一八六八年に竣工した。現在はイラク大使館に転用されている。

〔6〕ダンツァー劇場はワーグナー設計によるウィーンのヴァサガッセ三十三番地に位置する劇場。一八六五年に竣工した。

〔7〕マカルト時代とは、十九世紀後半ウィーンにおける文化嗜好を特徴づけたオーストリア出身の画家ハンス・マカルトの全盛期を指す。とくに一八七〇―八五年をさし、歴史主義の終わりからアールヌーヴォーの始まりまでとされる。マカルトは一八六九年にオーストリア皇帝からウィーンに招聘されて以来、上昇期の市民階級から愛されたシンボル的存在であった。クリムトなど分離派の芸術家に大きな影響を与えた。

〔8〕アーキトレーヴはギリシャ・ローマ建築においてエンタブレチュア（柱で支えられる水平部分）の最下部を構成する水平の部分。オーダーによって異なる形状をしている。

〔9〕"Sine arte, sine amore non et vita, Artis sola domina necessita" がラテン語原文。後半部分はドイツの建築家ゴットフリート・ゼンパーの「芸術は唯一の主人を知っている。それは必要である」という言葉を受け継いだもの。

〔10〕ホーエンシュタウフェンガッセの連邦銀行は一八八四年に竣工した銀行。ウィーン一区ホーエンシュタウフェンガッセ三番地に位置する。ガラス天井から自然光がふりそそぐ明るく開放的な内部空間をもっている。

〔11〕レオポルドシュタットのディアーナ浴場は一八一〇年にオープンした浴場施設。もともとは温水浴場のみであったが、何度も拡張が重ねられ、現在ではアトラクション要素をもつさまざまなスイミングプールやホテルなども備える複合娯楽施設へと進化している。ワーグナーは一八七九年、中庭を屋外プールにつくりかえるデザインを担当している。現在の施設は二〇〇〇年にオープンした新しい建物のなかにあり、初期の建物は現存しない。

〔12〕『近代建築』は一八九五年に出版されたワーグナー執筆の書籍。ワーグナーがウィーン造形美術アカデミーの教授としておこなった講義内容をもとにしており、副題は「建築青年に与えるこの芸術領域への手引き」である。当時ワーグナーの主張には賛否両論の意見があった。版を重ね、第四版ではタイトルを「同時代の建築術」に変更している。

〔13〕パレ・ホヨースは一八九一年、ウィーン三区レンヴェーク三番地に建てられたワーグナーの自邸。三軒の賃貸住宅のうちの一軒であり、上階ファサードのフレームが一、二階に比べて立体的であるため、額縁のなかの絵画のようにみえる。ワーグナーは一八八二年に建設されたシュタディオンガッセ六―八番地の賃貸住宅内のアトリエをこの新邸に移した。

〔14〕アルティブスはワーグナーが一八八〇年に設計した、美術館や図書館をもつ芸術地区の総合計画案。中央に象徴的なパンテオンをもち、人工の湖や列柱廊などによって構成される。ギリシャ・ローマなどさまざまな時代の様式を断片化して再

構成したこの計画は、当時美術や建築の専門家のみならず一般大衆からも大きな反響を得た。
〔15〕 ヴォラピュクは一八八〇年にドイツのカトリック神父ヨハン・マルティン・シュライヤーによって創られた人工言語。一九二〇年代になるとオランダの軍医アリー・デ・ヨング指導のもと改良がおこなわれ、オランダやドイツでふたたび人気を得たがナチスの抑圧により普及しなかった。
〔16〕 カールスプラッツ駅はウィーン中心部の南に位置する一八九九年に開業した駅。駅舎はワーグナーとオルブリッヒによって設計され、当時のウィーンにおいてもっとも近代的な建築とされた。同名の駅は現在ウィーン中心部を結ぶ地下鉄の駅として存在し、駅舎自体はウィーン博物館の展示空間に改築されている。
〔17〕 アポロ蠟燭店（Apollokerzenniederlage）はウィーンにある蠟燭と石鹸の販売店。一八九九年、ヨーゼフ・ホフマンにより設計。入口の半円を描いた鉄の装飾とショーウィンドウの大きなガラスが特徴的である。また、そのディスプレイと店内を仕切るガラス製のついたてをコロマン・モーザーがデザインした。ウィーン中心部のアム・ホーフ広場（Am Hof）に位置していた。現存せず。
〔18〕 ヌスドルフの水門は、当時ドナウ河改修事業委員会の芸術顧問をつとめていたワーグナーの設計により、ウィーン市北部のヌスドルフに一八九八年に竣工した水門。ドナウ川本流から市内の運河に水を引き込む地点にあたり、水門のほかに管理棟と倉庫が付属する。建築デザインのみならず、土木工事の方法と正確さによっても注目を集めた。

アドルフ・ロース、ウィーンの建築物について語る

＊ 原題「Adolf Loos über Wiener Gebäude」。一九一三―一四年、住居探訪の参加者のノートより（**P S**）。
〔1〕 ヘーベルシュタイン邸（Herbersteinsche Haus）はヘレンガッセを挟み、ロースハウスの向かいに建つ建物。現在の建物は一八九七年竣工、カール・ケーニッヒ（Karl König, 1841–1915）による設計。建て替えられる前の建物で営業されていたカフェ・グリーンシュタイドルはカフェ文士たちでにぎわう場所であった。カフェはこの建て替えの際に一時閉店したが、一九九〇年から同じ場所で営業を再開している。
〔2〕 クラーリー邸は一六八六年から一六八九年にかけてモラー家の邸宅として建てられたバロック様式の邸宅。一七六〇年、クラーリー・アルトリンゲン家によって買い取られた。ロースハウスとは通りを隔ててはすむかいの位置関係にある。現在はオーストリア国立図書館の音楽コレクションや地球儀美術館などが入り、一般に公開されている。

〔3〕方杖とは柱と梁下の隅部を補強するためトラスに用いられる短い斜材のこと。

〔4〕テオフィール・フォン・ハンゼン（Theophil von Hansen, 1813-1891）は、デンマークの建築家。デンマーク、コペンハーゲンの美術大学で学び、一八四六年からウィーンに招かれ活動した。シュミット、フェルステルらとともに、リングシュトラーセの多くの公共建築を手がけた。代表作として、アテネ天文台（ウィーン、一八四六年）、国会議事堂（ウィーン、一八八三年）、科学アカデミー（ギリシャ、一八五六年）など。

〔5〕ウィーン造形美術アカデミー（Die Akademie der bildenden Künste）はヨーロッパ最古のアカデミーのひとつ。一六八八年にレオポルド一世によって前身となる私立学校が設立された。一八七一年、テオフィール・フォン・ハンゼンによって新校舎が設計され、シラー広場に移った。ウィーン分離派のヨーゼフ・ホフマンやオルブリッヒは本アカデミーの出身。

〔6〕パイロンは古代エジプトの神殿にみられる、傾斜した壁面をもつふたつの台形の塔の間に出入り口を設けたもの。

ウィンタースポーツホテル

＊原題「Wintersporthotel」。一九一三―一四年、シュヴァルツヴァルト・シューレでのロース講義の参加者のノートより（**PS**）。

〔1〕ロッジアとは少なくとも一方の側が外部にむかって開放されている列柱廊で、とくにイタリアで好んでつくられた。開廊・涼み廊ともいう。

ホテル・フリードリヒシュトラーセ

＊原題「Hotel Friedrichstraße」。一九一三―一四年、シュヴァルツヴァルト・シューレでのロース講義の参加者のノートより（**PS**）。

〔1〕ホテル・フリードリヒシュトラーセの設計図は、一九〇四年あるいは一九〇九年に実施されたと推測される個人主宰のコンペのために作成された。入口のフォルムはロースが一九〇三年以降設計を手がけたヴィラ・カルマと類似点をもつ。

〔2〕ナシュマルクトは果物・野菜を中心としたウィーン最大の生鮮食料品の市場。ウィーン四区のヴィーデン地区に位置する。市場が成立した十八世紀後半から二十世紀初頭までは、現在の場所から数百メートル北東のウィーン川南岸、現在の地

下鉄カールスプラッツ駅付近に位置していた。十九世紀末からの暗渠化工事に伴い徐々に現在の場所に移転が始まり、第一次大戦後の一九一九年に移転が完了した。

〔3〕ホテル・ブリストルは一八九二年創業の高級ホテル。アールデコ様式の内装が有名。ケルントナー通りに面し、真向かいにはウィーン国立歌劇場がある。ホテル・フリードリヒシュトラーセの敷地から二〇〇メートル先に位置する。

建築とカフェハウス

＊ 原題「Architektur und Caféhaus」。一九一三―一四年、シュヴァルツヴァルト・シューレでのロース講義の参加者のノートより（**S**）。

〔1〕ウィーンにおいて、カフェハウスは十七世紀から議論や情報交換の場所としての役割をもつようになり、十八世紀後半以降この社会的役割が拡大する。貴族から小市民まで多様な人々が集まり、幅広い交際がおこなわれた。さらに十九世紀後半には「市民の居間」としての役割をもつようになり、ステータスや自己表現といった点でカフェハウスの内装や外観はウィーン市民にとって大きな意味をもつようになった。

〔2〕ホテル・アストリアはケルントナー通り三十二番地に位置する、一九一二年創業のホテル。建物は宮廷建築家のフランツ・カール・メルティンガー（Franz Karl Mörtinger, 1872–1929）の設計によるものであり、その後一九四八年に改装されている。当時は国内外の貴族や政治家、外交官によく利用されていた。

〔3〕カフェ・ビリヤードパラストは一九〇八年にサンミケーリ・ヴォルケンシュタイン（Sanmicheli Wolkenstein, 1872–1910）によって設計された建物。建物はケルカウパラストと呼ばれ、その名は所有者のビリヤード世界王者フーゴー・ケルカウに由来する。建物内にはビリヤード場のほかにライブ演奏が楽しめるナイトクラブが併設されていた。

ベヴェーグング　新しい芸術グループ

＊ 原題「Bewegung. Eine neue Künstlervereinigung」。初出は「新八時新聞（*Neues 8Uhr-Blatt*）」一九一八年六月十日（**PS**）。

〔1〕「ベヴェーグング」はウィーンを活動拠点とする芸術グループで、フリーダ・スラヴェンディ、カタリーナ・ツィルナー、フリードリヒ・ファイグルのほか、「ウィーン女性芸術」の参加者でもあったヘレーネ・フンケによって設立された。

一九一七年の設立以降、一九一八年から一九二二年にかけて展示会をおこなっていた。

〔2〕サミュエル・ケンデ（Samuel Kende, 1858–1928）はウィーンの画商。ウィーンのローテントゥルム通りにオークションハウス・S・ケンデを設立した。

〔3〕ヴラスチスラフ・ホッフマン（Vlastislav Hofman, 1884–1964）はチェコの建築家、都市計画家、デザイナー。一九〇二年から一九〇七年までチェコ工芸大学で学び、一九一八年からプラハで設立された若い芸術家グループ「頑固派（Tvrdošíjní）」のメンバーとして活動した。

〔4〕ヴァーツラフ・シュパーラ（Vaclav Spala, 1885–1946）はチェコの画家。フォービズムやキュビズムに影響を受け風景画や静物画を描いた。一八八七年にチェコで設立されたマネス芸術家連盟のメンバーであり、「頑固派」の展示会に出品した。

〔5〕ルドルフ・クレムリチカ（Rudolf Kremlicka, 1886–1932）はチェコの画家。プラハ造形美術アカデミーに学び、「頑固派」に参加。また一九二四年にはハーゲンブントに参加した。

〔6〕ヨセフ・チャペック（Josef Capek, 1887–1945）はチェコの画家・著作家。ボヘミア出身で、小説『R.U.R』などで知られるカレル・チャペックの実兄。児童書や評論文、書籍の装丁を手がけた。新聞の風刺漫画でのナチズム批判によって強制収容所に収監され、収容所内で死亡した。

〔7〕アルフレート・クービン（Alfred Kubin, 1877–1959）はオーストリアの画家。家庭環境から精神病を患い、表現主義的な作品を制作した。パウル・クレー、ワシリー・カンディンスキーらとともに「青騎士」を形成した。

〔8〕オスカー・ココシュカ（Oskar Kokoschka, 1886–1980）はオーストリアの画家。一九〇九年までウィーン工芸学校で学び、ウィーン工房に参加。しかし一九〇八年に展示会「クンストシャウ・ウィーン」でロースとの出会いをきっかけに、特定の芸術運動に参加せず独自の道を歩むようになる。ココシュカは文学の才能もあり、戯曲や詩も書いた。代表作に「嵐の花嫁」（一九一三年）、「アルマ・マーラーの肖像画」（一九一三年）など。

都会と田舎　連続講演「二十世紀の外国文化」より

＊　原題「Stadt und Land. Aus dem Vortragszyklus "Äußere Kultur im 20.Jahrhundert"」。初出は「新八時新聞」一九一八年十月十二日（**PS**）。

〔1〕バート・イシュルはオーバーエステライヒ州の南部に位置する温泉地。フランツ・ヨーゼフ一世が避暑地として利用し

ていたことでも知られる。

〔2〕 オイゲーニエ・シュヴァルツヴァルト（Eugenie Schwarzwald, 1872–1940）はウィーンの教育者、教育改革者。チューリッヒ大学で文学、哲学を学んだ後、一九〇〇年にウィーンへ移住。翌年、シュヴァルツヴァルト学校を開校した。本学校はウィーンにおいてはじめて女子学生の大学進学に必要な教育体制を整えた女学校であった。教師陣にはロースのほかにココシュカ、シェーンベルクなどがいた。そのほか第一次世界大戦中に深刻な食料不足に苦しむ市民のための共同食堂や、児童保養所を創設した。なお、彼女の自宅は当時の知識人や芸術家が多く集まる文化サロンであり、ロースも頻繁に訪れていた。

芸術局のためのガイドライン

＊ 原題「Richtlinien für ein Kunstamt」。一九一九年三月二十九日、アドルフ・ロースにより「デア・フリーデ」付録として刊行（**PS**）。なお芸術局はオーストリア政府の公開する法令アーカイブにおいて一九一八年に教育省の設置を命ずる法令が確認できるほか、一九二〇年には「交易と経済、産業と建設、芸術と文化遺産の保護」などのために内務・教育省の設置を命ずる法令が確認できる。このことから、一九一九年当時のオーストリアでは本論考の内容に類似する政策が実際に検討されていたことが推察される。本文でロースが提案した芸術局は、結果的には設立されなかった。

〔1〕 アンチック体は活字字体のひとつ。ローマン体のこと。縦線が太く横線が細いことが特徴。十九世紀末から二十世紀前半にかけて、ドイツ語圏で伝統的に用いられた装飾的なフラクトゥール書体（ドイツ文字）と国際性と視認性の高いアンチック体について、公式文書と教育機関での採用に関して激しく論争がおこなわれた。この論争は、書体の論争という枠組みをこえて政治思想や文化、民族等の問題として論じられた。

〔2〕 ドイツ体操とはフリードリヒ・ヤーンによって完成され、ドイツで発達した器械体操・手具体操の総称。自然性の尊重、全身的修練を重視し、鉄棒や鞍馬、吊り輪などの器具を利用することを特徴とする。

〔3〕 スウェーデン体操とは、スウェーデンの生理学者ペール・ヘンリック・リングが考案した徒手体操。解剖学・生理学など身体組織の法則にもとづいて考慮された動きで、運動の科学性や合理性を特徴とする。

〔4〕 ダルクローズ理論とはウィーン出身のスイスの音楽教育者エミール・ジャック＝ダルクローズが提唱した音楽教育理論。リトミックともいう。音楽と身体のリズムの一体化をねらったもので、リズム運動、ソルフェージュ、即興演奏の三段階からなる。この理論はダルクローズが一八九二年、ジュネーブ音楽学校の教授となった際、既存の理論重視の音楽教育に疑問

を抱いたことをきっかけに考案された。一九一一年、ダルクローズはドレスデン郊外ヘレラウにリトミックの学校を創立し、一九一五年にはアメリカにも学校が設立されるなど、多くの国で支持を集めた。

〔5〕ヨハネス・イッテン（Johannes Itten, 1888–1967）はスイスの画家、彫刻家。バウハウスにおいて造形の基礎教育を施す「予備過程」を提唱するなど、自由主義的な教育改革運動をもたらしたことでも知られる。

〔6〕スウェーデン式手工教育システムはスウェーデンの教育家オットー・サロモンによって確立された手工教育。スロイド教育ともいう。手作業によるものづくりを通じて、子供の個性や勤勉さの形成を目的とする。

〔7〕アーダルベルト・シュティフター（Adalbert Stifter, 1805–1868）は南ボヘミア地方出身の小説家、画家。亜麻布織工の家に生まれ、一八二六年にウィーン大学に入学。画家として活動を始めるが、一八四〇年に短編小説を執筆したことをきっかけに小説家として活躍した。一八四八年、三月革命以後リンツに移住。彼の作品は自然の風景のなかで暮らす人々の日常を精緻に描写するものであった。

〔8〕ペーター・ローゼッガー（Peter Rosegger, 1843–1918）はオーストリアの小説家、詩人。オーストリアのシュタイアーマルク州の出身で、田舎を題材にした小説を描いた。晩年、シュタイアーマルク州都であるグラーツより栄誉を与えられた。おもな著作に『シュタイアーマルクの物語』（一八七〇年）など。

〔9〕宮廷ブルク劇場は現在のブルク劇場。一九一八年まではウィーン帝立・王立宮廷ブルク劇場と呼ばれ、オーストリア共和国成立の際に現名称となる。ウィーン都市大改造計画の際、一八八八年にゴッドフリート・ゼンパーの設計による劇場が現在の位置に建設された。一九四五年に戦火により焼失し、一九五五年に再建。現在もドイツ語圏の重要な劇場のひとつ。

〔10〕宮廷歌劇場はウィーン都市大改造計画の一環として一八六九年に完成した歌劇場で、一九一九年まではウィーン帝立・王立宮廷歌劇場と呼ばれていた。一八九七年から一九〇七年はグスタフ・マーラーが総監督を勤め、ウィーンのオペレッタ黄金時代を代表した。オーストリア共和国の誕生後、その維持をめぐって議論がなされた末に国家の管轄下で維持されることが決定し、一九三八年十一月には国立歌劇場と正式に名を改めた。

イギリスの制服

＊ 原題「Die englische Uniform」。初出は「新八時新聞」一九一九年五月二十四日（**PS**）。

〔1〕「ムスケッテ（*Muskete*）」は一九〇五年から一九四一年にかけてウィーンで発行された風刺雑誌。同時期に存在した他

の雑誌と連携し、若手作家の作品を掲載した。初期は兵士のための風刺雑誌として、一九二〇年後半には今日の男性誌のさきがけとして発展した。

アドルフ・ロースの回答（読者からの質問への回答）

＊原題「Antworten von Adolf Loos（Antworten auf Fragen aus dem Publikum）」。初出は「新八時新聞」一九一九年六―十月（**PS**）。

〔1〕ウィンドボナとは現在のウィーンの原型となったローマ時代の軍事基地の名称。もとはケルト人の集落であったドナウ川中流部に、ローマ帝国が北方の国境を守る砦として宿営地を築いた。また、ウィーンのアルベルティーナ広場のアルブレヒト噴水の彫刻（ヨハン・マイクスナー、一八六九年）にはウィンドボナを象徴した女性が彫られている。

〔2〕『ニューヨークの歴史』は一八〇九年にワシントン・アーヴィングによって執筆された風刺小説。滑稽なオランダ系アメリカ人の学者ディートリヒ・ニッカーボッカーが記したという設定でオランダ人によるニューヨーク州の支配が歴史的に描かれている。

〔3〕カイゼルひげとは伸ばした口ひげを蠟や油で固め、両端を跳ねあげて八の字形にした口ひげ。ドイツ皇帝ヴィルヘルム二世が蓄えていたことからこのように呼ばれた。

〔4〕カバートコートは英国を代表するショート丈のコートのこと。カバートとは「動物の隠れ場」という意味があり、もともと英国の貴族がキツネ狩りの際の乗馬用コートとして着用した。

一枚壁の家

＊原題「Das Haus mit einer Mauer」。特許明細書、一九二一年二月十一日（**PS**）。

住居タイプ（ラインツ公団住宅）

＊原題「Über die Haustypen」。私家版、一九二一年七月二十二日（**PS**）。

〔1〕キュベル・システム（Kübelsystem）とは便器から下水道に設置したキュベル（ドイツ語でバケツの意味）にパイプを通し、糞尿を溜める仕組み。キュベルの容積は三〇―四〇リットルほどであった。キュベルは下水道につながっているが水洗ではないため糞便は流れず、別途回収する必要があった。一八六七年ごろからつくられ、第一次大戦以降は水洗トイレにとってかわられた。

造成計画（ラインツ公団住宅）

＊ 原題「Über den Verbauungsplan」。私家版、一九二一年七月二十二日（**PS**）。

〔1〕一九二〇年に開発が始まったシェーンブルン宮殿南西のラインツ地区フリーデンシュタット団地の西に広がる約二・五ヘクタールのラインツ動物公園においてロースは本論考で解説しているように全体計画をおこなったが認可されず、別の設計者による案が採用された。ロース設計の住宅は一九二一年に八棟のみが建設され、その後、一九二四年までにロースの設計を踏襲した住宅三十六棟が建設されたが、統一された全体計画は実現しなかった。

〔2〕レベレヒト・ミッゲ（Leberecht Migge, 1881-1935）はドイツ人の造園家、都市理論家。一九一八年に『みんなで自給』を発表した。そこで各戸に用意された庭で野菜を育てる自給自足型集合住宅を提案した。ミッゲの提案は、十九世紀以降ドイツで普及してきていたクラインガルテンの考えに、当時ヨーロッパで流行していた田園都市の思想を取り入れたものだといえる。おもな著作に『二十世紀の庭園文化』（一九一三年）『グリーン・マニフェスト』（一九一九年）など。

シカゴ・トリビューン円柱建築

＊ 原題「The Chicago Tribune Column」。初出は「オーストリア技術者建築家連盟季刊誌（*Zeitschrift des Österr. Ingenieur- und Architekten-Vereines*）」三―四号、一九二三年一月二十六日（**PS**）。

〔1〕シカゴ・トリビューンは一八四七年にアメリカ中西部で創刊された日刊新聞で一八六〇年に大統領選挙においてリンカーンを支持して以降、共和党寄りの方針をとっている。一九二二年、本社ビルの設計コンペが開催され、ロースのほかにヴァルター・グロピウスやエリエル・サーリネンらが参加した。結果、ロースの作品は佳作にも選ばれず、レイモンド・フッドとジョン・ハウエルズの設計案が選ばれた。一九二五年に竣工し、現在も使用されている。

〔2〕ナポレオンの戦勝記念円柱とは、アウステルリッツの戦い（一八〇五年）に勝利したことを記念してパリ・ヴァンドーム広場にたてられた記念柱。ナポレオンは五賢帝のトラヤヌスを敬愛していたため、この記念柱も彫刻を施したブロンズの延べ板を螺旋状に巻きつけるなど、トラヤヌス記念柱を模してつくられている。

〔3〕トラヤヌス記念柱は、ローマ皇帝トラヤヌスがダキア戦争で勝利したことを記念して一一三年にローマにつくられた記念柱。戦争の経緯が帯状のレリーフとして刻まれており、その後さまざまな記念柱のデザインに影響を与えたとされている。

〔4〕マウソロス霊廟は、古代ギリシャの都市国家カリアの統治者マウソロスとその妻アルテミシアのためにつくられた霊廟。紀元前三五〇年にカリアの首都ハルカリナッソス（現在のトルコ共和国ボドルム）に完成したとされる。

〔5〕アグリジェントはイタリア南部、シチリア自治州アグリジェント県の県都。通商の要地として栄えた古代ギリシャの植民都市アクラガスに起源をもつ。コンコルディア神殿ほか古代ギリシャの神殿遺跡群は「神殿の谷」と呼ばれ現在も残る。

グランドホテル・バビロン

＊ 原題「Das Grand-Hotel Babylon」。初出は「ディ・ノイエ・ヴィルトシャフト（*Die neue Wirtschaft*）」一九二三年十二月二十日（**PS**）。

〔1〕サロン・ドートンヌは、一九〇三年から毎年秋にパリでおこなわれている公募型の展覧会。歴代の参加者にはマティス、セザンヌ、ピカソなどがいる。抽象的・前衛的作品を中心としながらつねに新しい芸術の作品を展示するサロンとして知られ、その設立背景には古い歴史をもち保守的ととらえられていたフランス芸術家協会主催のサロンや国民美術協会への反抗があったと考えられている。

〔2〕『グランド・バビロン・ホテル』はイギリスの小説家アーノルド・ベネットが一九〇二年に発表した長編小説。格式あるイギリスの名門ホテルと、それを買い取った大富豪をとりまく陰謀を描いた娯楽もの。ベネットはこの作品で人気を得たことにより本格的に執筆活動をおこなうようになる。

裸体

＊ 原題「Nacktheit」。草稿、一九二三年（**S**）。

『人でなしの女』　メルヘン

＊　原題「L'Inhumaine. Histoire Féerique」。初出は「ノイエ・フライエ・プレッセ」一九二四年七月二十九日（PS）。

〔1〕「カリガリ博士」は一九二〇年に制作されたドイツのサイレント映画。監督はロベルト・ヴィーネ、脚本はハンス・ヤノヴィッツとカール・マイヤー。心理的な不安や恐怖を視覚的に表現するなど、ドイツ表現主義を映画に最初にとりいれた作品で、後の映画に大きな影響を与えた。

〔2〕マルセル・レルビエ（Marcel l'herbier, 1888–1979）はフランスの映画監督、脚本家、評論家。サイレント期のフランス映画において斬新な作品を発表し、この時期の映画人の指導者的な存在となった。『人でなしの女』（一九二四年）では複数のデザイナーを起用し、映画舞台装置の改革を試みた。トーキー映画以後はおもに戯曲の映画化作品を手がけた。レジオンドヌール勲章受章者。代表作に映画『エル・ドラド』（一九二一年）『生けるパスカル』（一九二六年）など。

〔3〕ジョルジェット・ルブラン（Georgette Leblanc, 1875–1941）はフランスのソプラノ歌手、女優、作家。『青い鳥』などで有名なモーリス・メーテルリンクとは約二十年にわたり愛人関係にあり、彼の戯曲には彼女のために書かれたものもあった。パリの芸術家たちとさまざまに親交を深め、映画女優として評価されると同時に一九三〇年代以降は自叙伝や児童書などの執筆活動もおこなった。

〔4〕ジュール・パスキン（Jules Pascin, 1885–1930）はフランスで活動したアメリカ人画家、版画家。ウィーンやミュンヘンで学んだのち、一九〇五年にパリへ移住。油彩画を中心として娼婦たちを好んで描き、一九二〇年代パリの狂乱の時代を代表する画家となった。生涯をボヘミアンとして過ごし、モンパルナスのカフェ・ド・ドーモやジョッキーなどでさまざまな芸術家たちと交流をもった。晩年はアルコールや麻薬に体をむしばまれ、パリで自殺。代表作に「眠る二人の女」（一九二九年）など。

〔5〕マレ＝ステヴァン（Robert Mallet-Stevens, 1886–1945）はフランスの建築家、舞台美術家。一九二〇年代のパリで活躍し、一九二九年にはル・コルビュジエやジャン・プルーヴェらと現代芸術家協会UAMを設立し、会長を務めた。映画の舞台美術も多く手がけ、一九一九年から一九二九年の間に少なくとも十作の映画を担当した。映画「人でなしの女」（一九二四年）のなかでは立体的な邸宅を手がけた。代表作は「パリのマレ＝ステヴァンス通りの集合住宅」（一九二六―二七年）。

〔6〕フレデリック・キースラー（Frederick Kiesler, 1890–1965）はオーストリア＝ハンガリー帝国チェルノヴィッツ（現ウク

ライナ、チェルニウツィー）出身の建築家、舞台美術家、彫刻家。「終わりのない」空間構想を提唱。一九二〇年よりロースのもとで働くかたわら、新造形主義を理念とするオランダの芸術グループ「デ・ステイル」に参加。一九二五年のパリ装飾博覧会で「空間都市」（一九二五年）を発表し、国際的に注目され、以後活動拠点をアメリカに移した。代表作に「フィルム・ギルド・シネマ」（一九三〇年）など。

〔7〕「マクロプロス事件」はチェコの劇作家カレル・チャペックによる喜劇。初演は一九二二年のプラハ。不老不死となった女性が若さと美貌を保ちながら、オペラ歌手として各地を渡り歩く姿を描いた戯曲。

〔8〕リヒャルト・ワーグナーが中世の騎士の伝説をもとに作詞・作曲した楽劇「トリスタンとイゾルデ」（初演一八六五年）のなかのセリフ。イゾルデとの禁じられた恋が発覚したことで、深手を負ったトリスタンが死の淵の狂乱のなかでこの言葉を発する。

節約について

* 原題「Von der Sparsamkeit」。初出は「住居文化（*Wohnungskultur*）」二―三号、一九二四年、ブルノ（**PS**）。以下は編集者による前書き。「この記事は「住居文化」編集長ボフミル・マルカロウスがアドルフ・ロースにおこなった数多くのインタビューをもとに再構成したものである。一貫した論考ではなく、節約に関するロースの発言を断片的につなげてある。なおこの論考のタイトル「節約について」はロース本人の希望による」

〔1〕ドイチェスハウスは、一八八九年から一八九一年に建設されたブルノに住むドイツ人のためのコミュニティハウス。ドイツ・ルネッサンス様式の建物内にはコンサートホール、カフェなどがあった。一九四五年に取り壊された。

〔2〕ベセダはハンゼン（Theophil von Hansen, 1813–1891）の設計によって一八七三年にブルノに建てられた、チェコ人のための市民文化会館。イタリア・ルネサンス様式の建物内にはホールやレストランなどがあり文化の中心地となっている。

〔3〕「彼は私のなかでは論敵なのです」――ジョン・ラスキンは一八七一年にイングランド中部の地方、シェフィールドに「セント・ジョーンズ・ギルド」を創設し、職人と農民への教育をおこない理想のコミュニティを創造しようと試みた。当時、産業革命によって都市が発展する一方で、田園風景に美的な感覚が見いだされつつあった。こうして、ラスキンが農民を通して美的な感覚を見いだそうとしたのに対し、ロースは本稿で貴族が職人仕事への理解を示していたという考えを披露している。ロースの職人仕事を尊重する姿勢には、本論稿にかぎらずラスキンからの影響をうかがわせる。ラスキンが「論

敵」との表明は、先人の思想をこえようとしたロースの模索をみることができるのではないだろうか。

〔4〕家具職人ミヒャエル・トーネット（Michael Thonet, 1796–1871）とその息子たちによってつくられた曲木椅子のこと。ロースは自身が設計したカフェ・ムゼウム（ヴィーン、一八九九年）にトーネットにならったデザインの椅子を用いている。

黄金の馬車ではなく

＊原題「Ohne vergoldeten Wagen」。初出は「スタヴィテル（*Stavitel*）」一九二六年三月、プラハ（**S**）。

〔1〕トマーシュ・マサリク（Tomáš Garrigue Masaryk, 1850–1937）はチェコの哲学者、社会学者、チェコスロバキア共和国の初代大統領。チェコのモラヴィア地方の貧しい家の出で、後にドイツ語の教育を受け、ウィーン大学の哲学部を卒業した。第一次大戦の初頭に亡命し、海外でチェコ軍を組織してオーストリア＝ハンガリー帝国に抵抗した。第一次大戦後の一九一八年に大統領に就任し一九三五年まで務めた。

〔2〕カール一世（Karl I. Österreich-Ungarn, 1887–1922）はオーストリア＝ハンガリー帝国最後の皇帝。第一次世界大戦の引き金とされるサラエボ事件で暗殺されたオーストリア皇位継承者フランツ・フェルディナントに代わって、その甥にあたるカールが皇帝となった。在位は一九一六年—一九一八年の二年と短期間であったが、崩壊寸前にあった帝国を支えながら社会福祉に尽力するなど、大戦の早期終結に努力した。しかし、彼の平和工作は理解されず、敗戦後島流しにされ、一九二二年ポルトガル領の孤島で肺炎によって三十四歳の若さで他界した。

〔3〕ヴィルヘルム二世（Wilhelm II, 1859–1941）は、ドイツ帝国皇帝およびプロイセン王。在位一八八八—一九一八年。明晰な頭脳な反面、気性が激しかったため、たびたびの軽率な発言で自国および他国から不信を招いた。両端がはねあがった八の字形の特徴的な口ひげはカイゼルひげとして有名になり、ロースもこのひげについて言及している。一九一八年のドイツ革命が起こると退位してオランダに亡命した。

ウィーン工芸襲撃　アドルフ・ロースの説明

＊原題「Der Überfall auf das Wiener Kunstgewerbe. Eine Erklärung Adolf Loos'」。初出は「ヴィーナー・アルゲマイネ・ツァイトゥング（*Winer Allgemeine Zeitung*）」一九二七年五月五日（**S**）。記者による前書き「アドルフ・ロースが次のように書いてき

た」に続く。

〔1〕一九二五年に開催されたパリ万博は通称アールデコ博覧会と呼ばれ装飾美術の展示を中心とする万国博覧会である。博覧会は手工芸によるアーティストの制作と機械による大量生産の統一を目的としていたが、結果としては手工芸を中心とする富裕層向けの一品製作のものが多く展示された。オーストリア・パビリオンは、ヨーゼフ・ホフマンが総指揮をとり、ホフマン自身が設計したオーストリア本館の他に、ペーター・ベーレンスが設計した総ガラス張りの植物室、ヨーゼフ・フランクによるカフェ、オスカー・シュトルナートによるオルガン塔が建てられた。オーストリア・パビリオンにはウィーン工房を中心とした手工芸品が展示され好評を博した。

〔2〕ダゴベルト・ペッヒェ（Dagobert Peche, 1887–1923）はオーストリアのデザイナー。ウィーン工科大学とウィーン造形美術アカデミーで建築を学んだ。イギリスへの旅行やローマ賞によるパリ留学を経て、活動分野を家具、装飾品、テキスタイルへと展開。一九一五年からはウィーン工房に参加し、その影響で工房のデザインは彼のもたらした曲線的で柔らかいデザインへと変化した。ヨーゼフ・ホフマンの後期作品にも影響を与えたとされ、ウィーン工房のモード部門で活躍した重要な人物のひとりとされる。

〔3〕ベルタ・ツッカーカンドル（Berta Zuckerkandl-Szeps, 1864–1945）は、オーストリアのジャーナリスト・美術批評家。ウィーンの自宅でサロンを主催し、十九世紀末から二十世紀初頭にかけてオーストリアで活躍した芸術家たちの交流を促した。彼女のサロンにはヨハン・シュトラウス二世やグスタフ・マーラーなどの音楽家、グスタフ・クリムトやオスカー・ココシュカなどの画家、オットー・ワーグナーやヨーゼフ・ホフマンなど当時ウィーン工房や分離派で活動していた建築家も訪れた。

サスペンダーとゲートルとヨーロッパ精神について

＊ 原題「Über Hosenträger, Gamaschen und den europäischen Geist」。初出は「フォス新聞（*Vossische Zeitung*）」一九二七年三月一日（**S**）。フォス新聞は一七二一年から一九三四年にかけてベルリンで発行された新聞。一七二一年、フリードリヒ・ヴィルヘルム王に許可を受けてヨハン・ミヒャエル・リュディガーが「国家と学術に関する王室特権ベルリン新聞」を発行。彼の死後、一七五一年より息子のクリスティアン・フリードリヒ・フォスが継いだことから「フォス新聞」と呼ばれるようになり、一九一〇年から正式な名称となった。

〔1〕ルートヴィヒ・ビーバーバッハ（Ludwig Bieberbach, 1886–1982）は、ドイツの数学者。一九一六年に正則関数に関するビーバーバッハ予想を発表したことによって知られる。この予想は一九八五年に証明されるまで、現代数学における屈指の難問とされた。ナチスの熱狂的支持者でもあった。

〔2〕ヘルマンの戦い（Die Hermannsschlacht）はドイツの劇作家クライスト（Heinrich von Kleist, 1777–1811）によって一八〇八年に書かれた五幕構成の愛国的戯曲。西暦九年にゲルマン諸部族軍とローマ帝国の間でおこなわれたトイトブルク森の戦いをベースにしている。スペインでの反ナポレオン蜂起など当時の時局と密接な関係にあるこの作品は、ドイツ諸国の解放と統一を内容にしているため、当時の政治状況では上演の実現ができなかった。

〔3〕ゼンメルとは南ドイツやオーストリアで食される小型で皮の堅い白パンのこと。ゼンメル入り団子は、ゼンメルを細かく砕いたものにミルクや卵、塩などを加えて、こねてだんご状にし茹でたもの。

〔4〕オーストリアの団子料理「クネーデル」の一種。茹でてこしたジャガイモに小麦粉・塩・こしょう・ナツメグなどを加え、団子状に丸めて茹でたもの。肉料理の付け合わせとして添えられたり、煮込み料理のスープに入れたりして食される。ベーコンやキノコなど、さまざまな具材と合わせてつくられることもある。

〔5〕arbiter elegantiarum はラテン語で「美（趣味）の審判者」を意味する、ローマ帝政期の政治家ペトロニウスの愛称。第五代皇帝ネロの側近であり、高い教養と宮廷における優美を決定する絶大な権力を持っていたことから歴史家タキトゥスなどからこう呼ばれた。

〔6〕ジロラモ・サヴォナローラ（Girolamo Savonarola,1452–1498）はイタリアの宗教改革者。とくに教会の堕落、社会の腐敗を糾弾した。メディチ家追放後政権を取り、フィレンツェに峻厳な政策を強行したが、反対派に捕らえられて焚刑に処せられた。ボッティチェリなど多くの芸術家がサヴォナローラの狂信的な宗教性に影響を受けたとされる。

私――よりよきオーストリア人として

＊ 原題「Ich-der bessere Österreicher」。初出は「ノイエス・ヴィーナー・ジュルナール（*Neues Wiener Journal*）」一九二七年四月二十三日（**S**）。ロースの談話に先立って以下の記者による前書きがある。

「アドルフ・ロースの耳があまり聞こえていないのはよく知られている。しかしたとえ耳がよかったとしても、一昨日の楽友協会ホールの講演でわきおこった非難と称賛の大音響が彼をとまどわせることはほとんどなかっただろう。

三年前にロースがパリで出版した『虚空へ向けて』という本のタイトルは、どうせ言いたいことは誰にも伝わらないだろうという辛辣な意味を込めたコケトリーであったばかりでなく、ウィーンにいた二十年間、彼は誰からも相手にされず、ほんとうに虚空へ向けて語っていたのである。だからロースがウィーンの食事と装飾について語った夕方のふたつの講演によってウィーン人の半分を敵にまわしたという事実は、リアクションがあったという点で少なくとも一歩前進を意味する。ロースの目には装飾が、オーストリア名物杏入り芋団子（マリーレンクネーデル）より不愉快なものに映るのである。明後日、彼はウィーンの町を出る。きっとその際は、講演をしにわれわれのところにやってきたときよりはるかに晴れ晴れした気分になっているころだろう」

ウィーンの癌

＊ 原題「Wiener Weh」。初出は「フォス新聞」一九二七年五月五日、十五日（**S**）。

〔1〕 背の高いショーケースとは、ホフマンが設計を担当した「収集品の部屋」と思われる。展示室は壁面が総ガラス張りとなっており、そのなかにジュエリーや絵画などさまざまな展示品が収められ注目を集めた。ホフマンがとくに傾注して設計したと考えられ、展示ケースにはほとんど繰り返しのない草花の模様が施されていた。

〔2〕 未来派は一九一〇─二〇年代にかけてイタリアを中心に展開された芸術運動。イタリアの詩人フィリッポ・マリネッティが一九〇九年にパリの「フィガロ」紙上で発表した「未来派宣言」に端を発したもので、建築家アントニオ・サンテリアらの若いイタリア芸術家たちの賛同を得て広まった。マリネッティを指導者に、従来の芸術文化の古いしきたりを否定し、新しい未来社会の機械と速度のダイナミズムを礼賛する内容の作品をあいついで発表した。

アドルフ・ロース、芸術家と子供へのみずからの態度を語る

＊ 原題「Adolf Loos über seine Einstellung zu Künstlern und Kindern」。初出は「ノイエ・フライエ・プレッセ」一九二八年九月九日（**S**）。なお談話に先立ち記者による一文が付されている。「昨日の釈放後、アドルフ・ロースは弊紙記者とのインタビューで以下のように語った」

〔1〕 問題となったポルノ写真はウィーン大学比較生理学の教授テオドール・ベーア（一八六六─一九一九）のものと考えら

れている。ロースとベーアは一九〇二年ごろに知り合い、翌年にはロース初期の代表作ヴィラ・カルマの施主となっている。一九〇四年にベーアが猥褻罪で告訴された際に件の写真の押収を恐れ、ロースに託したとされる。

＊ 偉大な神ロース　有名建築家へのインタビュー

原題「Der große Gott Loos. Gespräch mit dem berühmten Architekten」。初出は「ディ・シュトゥンデ（*Die Stunde*）」一九三〇年三月二十日（**S**）。談話の前に記者による以下の前書きがある。

「いま一度アドルフ・ロースの三十分のインタビューである。最近彼がウィーンに来るのはまれだ。ここ数年、ウィーンでの仕事がないからである。目下ウィーンでは新たな建設プロジェクトが減っているとはいえ、アドルフ・ロースにいたっては建てることができないのである。世間は彼のことを意図的に忘れようとしている。気を遣って見て見ぬふりをしている。だがパリやチェコスロバキアなどウィーンの外でロースが称賛されると、ウィーン人の口からは決まってこんな言葉がもれるのだ。「われらのロースが……」

　しかしウィーンから無視されてもアドルフ・ロースが感情を害することはまったくなく、せいぜい不機嫌になった程度である。なぜならロースは古参のウィーン人であり、自分がウィーンでどれほど影響力をおよぼしているかよくわかっているからである。

　ロースをめぐる争い、ロースに対する争い、ロースを擁護する争いはすでに数十年おこなわれているが、賛同者が多いのか反対者が多いのかいまだはっきりしない。彼には人々の反感を買う容赦ない態度があり、他の建築家を怒らせることもあれば料理人を怒らせることもある。彼らに気に入られるような言動がとれないのである。彼は旗を掲げるようにつねに自分の意見を毅然と表現する。旗には彼独自の色がついているが、ウィーンの人々は既存の色しか愛さない。

　つい先ごろ、アドルフ・ロースはチェコスロバキア共和国からチェコスロバキア芸術に対する貢献度の高さが評価され、助成金を受けた。ウィーンのある新聞記事を引用しつつロースが語った」

〔1〕ピルゼンはチェコ西部に位置する都市。ロースの三番目の妻クレール（Claire Beck Loos, 1904–1942）の出身地である。ロースは一九二八年よりピルゼンに頻繁に通い多くの内装設計を手がけた。一九三〇年からは湯治のためにおもにピルゼンに滞在していた。

〔2〕セディア・ロースはロースがデザインした有名な椅子。黒漆塗りの木を湾曲させてつくられた革新的な構造をもつ椅子

で、カフェ・ムゼウムのために設計されたことから正式名称をロース・カフェ・ムゼウムという。

オスカー・ココシュカ

＊ 原題「Oskar Kokoschka」。初出は「オスカー・ココシュカ」展示会カタログ（マンハイム市立芸術ホール）、一九三一年一月（PS）。

〔1〕 ゴブラン織りの作品は、ウィーン工房の美術展「クンストシャウ・ウィーン」にココシュカが出品した「夢を追うものたち」をさす。装飾的マーレライ芸術の部屋に展示された。マーレライ芸術とは南ドイツやチロル地方の手芸の一種で、家具や日用品を草花などの模様で飾る絵付けの手法。一九〇八年のこの美術展では芸術家たちの展覧会のポスター作品を集めた「ポスタールーム」が有名でココシュカも出品している。

ヨーゼフ・ホフマンのこと

＊ 原題「Über Josef Hoffmann」。草稿、一九三一年（PS）。

〔1〕 フェルナン・レジェ（Fernand Léger, 1881-1955）はフランスの画家、舞台装飾家、映画作家。建築事務所で修行した後にパリで絵画を学んだ。セザンヌに大きな影響を受け、キュビズムに参加。相対立する存在を画面のなかで同居させる緊張的調和の理念「コントラスト」を提唱。また、コルビュジエのエスプリ・ヌーヴォー館の壁画を制作するなど、建築の壁画や舞台装置を多く手がけた。代表作に「モナ・リザと鍵」（一九三〇年）など。

〔2〕 レジオンドヌール勲章コマンドゥールはナポレオン・ボナパルトによって一八〇二年に創設された勲章。軍人や文化・科学・産業・商業・創作活動などの分野における民間人の卓越した功績を表彰することを目的としている。この勲章は五階級に分かれ、シュヴァリエ（五等）、オフィシエ（四等）、コマンドゥール（三等）、グラントフィシエ（二等）、グランクロワ（一等）がある。

〔3〕 シュテッスラー邸はロースが設計した最初の住宅で、オイゲン・シュテッスラー（Eugen Stössler）のためのアパート。ウィーンのランデスゲリヒトシュトラーセ十八番地にあり、一八九九年に完成した。ロースは、建物の設計の他に家具の設計もみずからおこなっている。ロースはヨーゼフ・ホフマンやコロマン・モーザーにこの住宅をみずから案内している。

アドルフ・ロース、ヨーゼフ・ホフマンについて語る

＊　原題「Adolf Loos über Josef Hoffmann」。初出は「ダス・ノイエ・フランクフルト」（フランクフルト）一九三一年二月、「プラーガー・プレッセ」（プラハ）同三月十九日（**S**）。

〔1〕　ハンスヴルストとは、民衆に親しまれたドイツ語圏の代表的道化。十六世紀前半風刺文学『阿呆船』やマルティン・ルターの『ハンス・ヴォルストに抗して』などにみられ、一七一二年に劇作家ヨーゼフ・アントン・シュトラニツキーによって広く普及された。進取な精神をもちながらも臆病、粗野、滑稽、まぬけ、狡猾で、自己に甘い陽気なキャラクターであった。

〔2〕　ノイエ・ザッハリヒカイトは第一次世界大戦後にドイツで起きた前衛芸術運動。表現主義をはじめとする当時の非合理的な美術の傾向に反発し、事象を冷静な視覚でとらえる作品を指向した。建築の分野ではブルーノ・タウトのほかエルンスト・マイ、ヴァルター・グロピウス、ミース・ファン・デル・ローエがノイエ・ザッハリッヒカイトの作品を残した。

ロース氏、われわれに語る

＊　原題「Herr Loos erzählt uns」。速記録、一九三一年、カレル・ルホタの遺品（**S**）。

〔1〕　一九〇七年に実施された設計競技で、ロースのほかオットー・ワーグナーやレオポルド・バウアーなど多数の建築家が参加し、最終的にはルートヴィヒ・バウマンの案が採用された。ロースの案で用いられた、ひとつの建築のなかでまとまった空間をずらすことによって新たな空間を生みだす方法は、その後の作品にも多く用いられることとなった。

〔2〕　カレル・ルホタ（Karel Lhota, 1894–1947）はチェコの建築家。プラハの大学で建築を学び、一九二五年から三二年にかけて大学で構造エンジニアとして教鞭をとる。一九二三年にロースと出会い、ミュラー邸をはじめとした数件の設計・デザインに共同設計者として関わった。

〔3〕　ボフミル・マルカロウス（Bohumil Markalous, 1882–1952）はチェコの作家・大学教授。筆名をヤロミール・ヨーンと名乗り旺盛な評論活動を展開。一九二二―二三年の研究旅行中、雑誌「住居文化」においてチェコ人建築家エルンスト・ヴィーズナーやロースが執筆したエッセイ・記事の翻訳をおこなった。

〔4〕 カプサ邸は一九三〇年から一九三一年にかけてロースが設計に関わった住宅。外観はチェコの建築家オタカー・ノボトニー（Otakar Novotný, 1880-1959）によってデザインされ、ロースは屋内の設計を担当した。階高の操作や備えつけのソファなどロースらしいデザインが多くみられる。施主のルミール・カプサはロースと関係の深かったピルゼンの建設会社「カプサ＝ミュラー」のオーナーのひとりであった。もうひとりのオーナーがフランティシェク・ミュラーであり、ロースはカプサ邸より先にミュラー邸の設計をおこなっている。そのため家具やガーデンルームのレベル操作、寝室の壁紙などミュラー邸との類似点も指摘されている。

〔5〕 ヨセフ・ゴチャール（Josef Gočár, 1880-1945）はチェコの建築家。パヴェル・ヤナーク（Pavel Janák, 1882-1956）が確立したキュビズム建築の理論をもとに実作を重ねた。代表作にブラック・マドンナ（プラハ、一九一一年）、チェコスロバキア・レジオン銀行（プラハ、一九二三年）などがある。一九二五年パリ万博でロースが関わったというチェコスロバキアパビリオンの設計はグランプリを受賞した。

松林の救済プロジェクト

＊ 原題「Projet de sauvetage d'une pinède」。初出は「ラルシテクチュール・ドジュールデュイ（*L'architecture d'aujourd'hui*）」一九三一年十月号、フランス語で掲載（**S**）。

〔1〕 ジュアン＝レ＝パンはフランス南東部の地中海沿い、プロヴァンス＝アルプ＝コート・ダジュール地域圏に位置する保養地。コート・ダジュールの海岸一帯が行楽地として人気を博した影響で、一八八二年にリゾート化された。一九二七年にコート・ダジュール初の大型高級ホテル、プロヴァザールの開業以来、ピカソ、チャップリンなどの著名人が訪れ、人気のリゾート地として地位を築いた。土地の名は地域にカサマツが多く植生することに由来する。

〔2〕 パレ・ウィルソンはロシア出身のニースの建築家ゲオルギー・ディカンスキ（1881-1963）がジュアン＝レ＝パンのウィルソン大統領通り百二十番地に建てた邸宅。周辺の田園風景を見渡せるよう屋上にテラスをつくり、ファサードはモザイク模様で装飾された。

（訳注執筆　早稲田大学建築学科中谷礼仁研究室）

解題　ロース再起動

またはは物質がロースの口を借りて語ったこと

鈴木了二

「素材の感触とはまさにこれ!」(アドルフ・ロース「節約について」)

われわれの計画したロース著作集の三冊目にして最後にあたるこの『ポチョムキン都市』が、アドルフ・ロースが生前にみずから選んで出版した『虚空へ向けて』と『にもかかわらず』の二冊と違って、その二冊に選ばれなかった論考だけを集めているためにかえって読みやすくなったところはたしかにある。

というのも、ひとを逆なでする鋭い批判を公然と口にし論争も厭わないロースのような書き手にとっては、当然のことながら出版すること自体が強いメッセージ性を含んでいたし、さらには本人の意向をこえて戦闘的な意味あいさえもっていたから、生前の二冊はロースもそうとう緊張して出版にあたったことは間違いなく、そのために死後に出された『ポチョムキン都市』よりもメリハリがはっきりしているが、その代わり少しかしこまっているような気がする。それもそのはずで、第一集『虚空に向けて』についても一九〇〇年の段階ですでに載せる原稿は全部揃っていたのに出版にこぎつけたのはやっと一九二一年になってからであり、しかも一度は決まりかけたウィーンの出版社に出版の直前になって本文中のヨーゼフ・ホフマンを批判している箇所を訂正削除という前提条件を提示され、それを断ったことでウィーンで出版する道は結局閉ざされてしまい、呆れてしまうが、なんとパリとチューリッヒにあったジョルジュ・クレ出版が刊行する始末であったのだ。だからそれに較べると今回の第三集『ポチョムキン都市』は、ほかの二冊には感じることのできなかったリラックスするロースが間近に感じられる。

われわれがロースの新訳を思い立ったとき最初に思っていたのは、メディアに流通しているロースのイメージを根本から変えてしまいたいということであった。どうしてもつきまとうウィーン特有の黴臭い伝統文化。世紀末から二十世紀初頭にかけてのなんとなくもっさりとしたファッション。「装飾と犯罪」といった逆説的言説が発言の意図とかけ離れて醸しだす背徳的でおどろおどろしくもあるどぎつい印象。そんな固形化する既成のイメージからロースをバリバリと引き剥がし、現代を生きるわれわれの目の前にすらっと立たせてみたいと思ったのだ。ロースの言葉がいままさに発せられたと感じられるフレッシュな日本語に置きかえる試みといったらいいか。しかしむずかしいことに、あまりにいまっぽくすると軽薄に浮わついてキッチュ化し、かといって注意を怠るとすぐに堅苦しくなり、偉そうな建築家特有の見慣れた言葉に酷似してしまう。しかしそんな言葉こそロースは嫌っていたはずだ。ロースの盟友カール・クラウスが攻撃の矛先を向けたのは、ほかならぬそんな「常套句」ではなかったか。

『ポチョムキン都市』冒頭の「ウィーン市のコンペ」においてすでに自分自身の立場と、批評性のスタンスがほとんど全部出揃っているといっても過言ではない。これを書いた一八九七年、ロースはまだたったの二十八歳だ。四年間のアメリカ放浪からイギリス経由でウィーンに戻ってまだ三年しか経っていない。ロースの表情といえば、いまでは有名画家になっているオスカー・ココシュカの描いた油絵やデッサンによる肖像画のやや左にうつむく思いつめたような表情がどうしても思い浮かんでしまうし、ポートレートがたいがい晩年の写真ときているのでそれがまた、いかにも融通の利かない頑固者といった風情を醸しだしているのだが、しかし実際のロースはそんなイメージとはほど遠く、日常的にいつも冗談を飛ばし、講演などの公の場に出ても話はものすごくおもしろかったらしく、聴衆からは弾けるように爆笑が立て続けに起こっていたという。だからココシュカの描いたあのこわばった肖像画にしてもココシュカ好みの深刻な顔をロースがあえてしてやった可能性はおおいにある。若いころの写真をよく見てみると、意志はたしかに強そうだがまだ少年ぽさの残った、聡明でかしこそうな青年の顔だ。

さて、そんな若いロースによって書かれた「ウィーン市のコンペ」を読んで内容以前にすぐ目につくのは次々と繰り出されるクールな悪口だろう。そんなに長くはないエッセイにもかかわらず数行ほど読み進めば出くわすいくつもの悪口フレーズ。ちょっと引用すれば次のとおりだ。「この建築家たちの如才なさ」「詐欺が自由にのさばる」「この壮大なガラクタ博覧会」「外観そのものが嘘をつく」「同胞が芸術をめぐって恥をかく」「空虚さ、虚偽、凡庸さがたっぷり賞金をもらい、のさばりつづける」等々。

もっとも、これらのフレーズをよその二十世紀初頭の昔話として読むかぎりロースはそんなにおもしろくはないだろう。なぜなら字面で意味だけ追いかけるとあまりにまっとうだからである。では常識的なのか？　いや、ここはまっとうすぎる、というべきだ。だからいまはとりあえず意味を後まわしにしてかまわず読んでいく。と、どうだろう。ロースが批判を展開している問題がいまのわれわれをとりまいている現代の問題に酷似していることに気がつきはじめ、具体的事象に照らしあわせながら読んでいると、少なくとも建築に携わったことがあるひとであれば、すぐにでもロースの悪口を使ってみたい欲望にかられはしないだろうか。なぜなら、そこから連想できる事態はたちどころにいくつも思い浮かぶからだ。たとえば現在進行のまっただなかにある「東京オリンピック競技場」などは、コンペの始まりからプロセス、そしていままさに目前で施工中の現在に思いをめぐらせるなら、この物件ひとつでロースの連発した悪口フレーズのすべてを無駄なくキッチリと使いきってしまえそうな気がするのである。

これだけの悪口を連発しながら品位は高く、目の前で起こっている現実を容赦なく告発しつづける勇敢な二十八歳のロースだが、そのかれは当時のウィーンではまだよく知られていなかったフロンティア・アメリカの、その新鮮な息吹をいちはやく体感していたウィーンきってのニューウェイブだった。しかしそのいっぽうで、ロースはたいして金もないのにイギリス仕立てのトラディショナルな服に、金額には糸目をつけずにこだわりつづけ、それを自分の重要なスタイルとして着こなしていた古典主義者だった。だからそのさっそうとした存在はまばゆいほどだったにちがいないのだが、そんな人物がもしも現在の東京にいると考えてみると、それはいったいどんなイメージとなって立ちあらわれるだろうか。そしてまたその生意気さはどれだけの嫌がらせと黙殺を誘発するだろうか。偉くなった巨匠のレトロな昔話として読むのではなく、われわれの都市のなかに同じ事態をリアルに見いだすことこそがロースをおもしろくさせるのだ。まじめにこれを実行するなら、ロースによる「悪口」フレーズのリストに現代日本にふさわしく「俗物」「アートっぽいうわごと」（金井美恵子）など少しばかり加えれば足りる。

「ウィーン市のコンペ」がおもしろいのは、もちろん悪口のことだけではなく、当時のウィーン市が開催したパヴィリオンのためのちっぽけな「コンペ」をめぐる顛末記のなかで、ロースが繊細な観察眼によって指摘する事柄、出てくる人物の名前も知らないのでいまのわれわれにとってはどうでもいいような気がする些末な事柄のなかに、じつはその後の百二十年を経てもまったく解消されず、それどころか、さらに成長しほとんど怪物となってもちこされてきた問題の原型がすでにロースのウィーンにあるからだ。ロースがこれを書いた一八九七年には、いまのわれわれが知っている「近代建築」と呼ばれる一群はまだ姿をあらわしていない。にもかかわらず当時のウィーンで発せられたロースの批判的な言葉が「近代建築」に対してもあいかわらず辛辣に、しかもその核心に突き刺さるとしたらこの百二十年とはいったいなんだったのか。これは深刻な問いだ。そしてアクチュアルなロースが真骨頂をみせるのはまさにここからだ。

いうまでもなくロースはどこまでもアクチュアルであった。それは建築という専門ジャンルに還元しきれないレベルにおいてアクチュアルであったのだ。したがって著作の主題も多方面にわたる。そのアクチュアルさにおいてロースをこえる建築家はかれのあとに誰もいない、と私は思う。そしてロースにそのアクチュアリティを生涯にわたって持続させえたものはなによりも「言葉」であった。ロースの言葉についてはロースのハードボイルド・スタイル」(『非建築的考察』筑摩書房、一九八八年、所収)という論考をだいぶ前に少しばかり書いたことがあったが、今回ロースの書いたものを省略なしで全部読んでみて、あらためてロースが第一級の文筆家であり、とはいえそれはいわゆる名文家というようなものではなく、当時としてはまだ新しい職能だったジャーナリストとしてみずからを自覚的に位置づけていたことがよりはっきりとわかった気がする。その自覚がなければこれほど時代に鋭敏に反応しつつ毎年コンスタントに文章を書き残すことはできなかったのではなかろうか。

その理由のひとつには間違いなくアメリカでの経験がある。ロースがアメリカにいたのは二十三歳から二十六歳にいたるまでの四年間だが、前半がフィラデルフィア、後半がニューヨークと移り住み、その間生活費のためにいろいろなアルバイトをやるなかで一時は新聞に小さなコラムを書いた。ニューヨーク滞在中にドイツ系アメリカ人向けの夕刊紙の音楽コラムに歌劇の批評を書かされて赤っ恥をかいたというムチャクチャおかしい体験を後日書いているくらいである(「メルバとともに舞台デビュー」、『虚空へ向けて』所収)。一八五〇年前後にあいついで創刊され、それからすでに半世紀ほど経っていたニューヨーク・タイムズやシカゴ・トリビューンなどからもジャーナリズム周辺のことを吸収できていたはずだ。簡潔な短い構文を断定するように次々と並べていき、ときには飛躍を恐れずに話題を変え、ここがチャンスだと思えば間髪を入れずにユーモアを突っこむ文体がドイツ語の構文というよりも、アメリカの新聞や雑誌のコラムの文体を思わせるのである。たとえば当時のアメリカで各種の新聞に傑作コラムや爆笑旅行記などを書いていたマーク・トウェインのような。

建築家でありながら言葉に対する自信をロースに与えていたもうひとつの理由は、言葉の強力な同志がロースのすぐそばにいたことだ。それこそ筋金入りの「言葉」のひと、正真正銘のジャーナリストというべきカール・クラウスである。クラウスはロースより四歳若かったが、ふたりは生涯にわたり仲がよかった。ロースの写っているさほど多いとはいえない記念写真を見ると、なにかといえばクラウスも一緒に写っているのである。ロースが亡くなる数年前に竣工したロース晩年の傑作であるミュラー邸でのパーティにもちゃんと嬉しそうな感じで写っている。クラウスは十八歳から文筆活動をはじめたほどの早熟で、二十四歳の一八九八年にはウィーンの大新聞「ノイエ・フライエ・プレッセ」から文芸欄担当の話が飛びこんできたのだ。その話がどれほどすごいことだったかというと、クラウスの翻訳も多く手がけ当時のウィーン文化に詳しい池内紀氏によれば、ウィーンの小説家シュテファン・ツヴァイクが若いころ自分の原稿が「ノイエ・フライエ・プレッセ」に載ったときには天にも昇る心地がしたとのちに語っていたほどのものなのだそうだ。ツヴァイクは晩年には亡命や自殺と悲惨な人生をたどったものの、当時のウィーンでは歴史小説を中心に多くの著作を書いた有名な小説家で、ごく最近ではウェス・アンダーソンが映画「グランド・ブタペスト・ホテル」の主人公の精神的モデルにした作家なのである。それはともかく『虚空へ向けて』で読める論考は、じつは「ノイエ・フライエ・プレッセ」のコラムに弱冠二十八歳のロースが頻繁に書いていたものでもあったわけで、アメリカ帰りのかれの言動がいかに早熟で注目されていたか、だからこそ、なおさらバッシングもリバウンドもいかに大きかったかがわかるというものだろう。

さて先ほどのクラウスに話を戻すと、それほどの大抜擢だったにもかかわらずクラウスはこの申し出をバッサリと断ってしまい、代わりにその翌年の一八九九年には自前で個人誌「炬火」を刊行するのだ。後になってみれば、その時代急速に巨大化していたマスメディアに対するクラウスの生涯を賭けた激烈な批判と闘いの始まりだったことがわかる。そしてロースも、クラウスとタイミングを計ったかのようにちょうどこの前後から批評活動を開始するのであるが、これほどの度胸をもった辛辣な批判の書き手が同志として、親友として自分のそばにいてくれたことはロースにとってどれほど力強いことであったことか。その親密さは、ただお互いに書いたものを見せあっていた程度ではなくて、ふたりは手分けをして当時のウィーンを根底的に批判し尽くそうと心に決めた同盟だった。その手分けの守備範囲はクラウスが「言葉」、ロースが「芸術」であり、それを守るために批判の槍玉にあげたのがクラウスは「文芸欄」、ロースは「装飾」であったのである。このあたりのことについてはベンヤミンをはじめとして、いまでは多くの研究者が書いているので省略するが、先ほど指摘したロースの繰りだす豊富な悪口フレーズにしても、批判力と語彙力と比喩力ではさらにロースの上をいくクラウスがかたわらにいつもいて、笑いながらまだいけるまだいけると言葉を次々と選びだし、ますます先鋭化させていった結果にちがいない。

では、ウィーン全体を敵にまわしかねない、ほとんど孤立無縁を覚悟したかれらの勇気と使命感はいったいどこから来たのだろうか。

「時代が自害せんとみずからに手をくだしかけたとき、この手こそクラウスそのひとだった」と述べたのはブレヒトだ。この認識に比肩するような主張はほとんどなされていない。アドルフ・ロースが友人として述べた言葉も、到底およばない。「クラウスは」とロースは説明する、「新時代の入口に立っている」。ああ、全然ちがうのだ。――つまり、かれが立っているのは、最後の審判の入口なのだ。（「カール・クラウス」一九三一年、高木久雄・佐藤康彦訳、『ヴァルター・ベンヤミン著作集7　文学の危機』晶文社、一九六九年、所収）

そこは新しい時代の入口か、それとも最後の審判の入口か。どちらの認識に立つかで人類史はまったく真逆の方向を指すことになる。ロースを高く評価していたベンヤミンだが、ここに限ってはロースのウィークポイントを、これでもそうとう遠慮しながらなのだが、しかし鋭く突いていた。

というのも、見逃すわけにはいかないのはここそがまさに「近代」の決定的な分岐点であるからだ。そして「近代」はほとんどの場合、近代以後のいまにいたるまで分岐点の片側、すなわち「新時代の入口」のほうに立ってきたのではなかったか。「近代建築」に限ればなおさらのことだ。「近代建築」といえばいまでさえ、ほとんど無根拠だったかもしれない「新しさ」というパッケージで幾重にも包まれてはいないだろうか。
しかしベンヤミンとブレヒトが手を携えてはっきりと指し示しているのは「最後の審判の入口」のほうなのであり、だからこそベンヤミンはクラウスに賭け、全精力を傾けて炎のような論考「カール・クラウス」を書いたのだ。しかし、あくまでもそれはベンヤミンによって引用されたワンフレーズにしかすぎないので、全文を読んで確かめてみた。というのも、ロースが書いたこの部分の「新しさ」のニュアンスがどの程度のものか、底抜けにハッピーなのか、あるいは突撃前の掛け声、というかカラ元気のようなものなのか、そこのニュアンスが知りたかったのだ。ロースを擁護したいという気持ちもどこかにはたらいた。第二巻である『にもかかわらず』に載っているが、たいして長くないので全文を引用してみる。

カール・クラウスは、新しい時代へのとば口に立ち、神と自然から遠く隔たってしまった人類に対して、これから向かうべき道を指し示している。頭を天空に突っこんで星のめぐりあわせをにらみ、足は大地を踏みしめて、彼は巨人のように歩んでいく。心は人類の悲惨に思いを馳せて呻吟するのだ。そして彼は大声で呼びかける。人類の没落を恐れているのだ。だが、彼は沈黙に逃げるようなことはしない。彼が希望を捨て去っていないことを私は確信する。だからこそ彼は呼びかけつづける。彼の声は来るべき新しい世紀をも貫き、響きわたるだろう。人類の胸にしっかりと受けとめられるまで。いつの日か人類は悟る日が来るだろう。自分たちが没落することなく生きつづけているのはカール・クラウスのおかげであることを。(加藤淳訳)

注意深く読めばわかる。ロースの名誉のために言っておくと、ここには楽観的な見通しのようなものは微塵もなかったのだ。ロースの目に見えていた現実はあくまでも「人類の悲惨」であり「人類の没落」なのである。そしてロースの書いた「希望」とは、クラウスの声が世紀に響きわたっているかぎり、その声さえあれば人類の没落を阻止しつづけられるはずだという根拠なき信念表明、親友のまえでは泣かないという友情のもうほとんど捨て鉢的な表現といったところなのである。

たしかにロースの論考には「新しい人間」とか「新しい時代」といったような近代建築史でよくみかける前向きフレーズが出てくることはある。しかしその「新しさ」がいったいどのようなことなのかは結局よくわからないのだ。ちょっと例をあげれば「新しい価値をつくりだすことができる人間」(「ミルバッハ展」)とか「世界は新しい色を得て光り輝くのである」(「女性と家」)とかいうようなトートロジックな使い方ばかりで、それはまるで「新しいから新しいのだ」とひたすら断定しているだけにすぎないように私には思える。少なくとも「新しさ」に対する盲目的な幻想はない。みずからの生きたウィーンで「人類の没落」を敏感に感じとっていたからこそ「人類最期の日々」というそのものズバリのタイトルをもつ戯曲を書いたカール・クラウスと、同志関係というべきあれほどの友情を最後まで持続することができたのだ。

藤田省三が一九八一年に書いた「精神の非常時」という短い論考がある。「新石器時代以来の人類史的大変化に曝されるに至ったところに今日の根本的な危機性があるという事は、もっともっと色々な局面について自覚され見詰められ考慮されなければならないであろう」という書き出しが、人類史をあっという間に横切って現代にいたるスピード感を感じさせる、この論考のその最後の部分がウィーンにおけるロース・クラウス同盟にも当てはまるように思われる。

そして幸いにも私たちの前には、現代世界の問題群が此の世に初めて姿を現わした時に、恰かも危機的世界の「創造の第一日」に遭遇した者として、その問題群に全智全能を傾けて立ち入った尊敬すべき先輩の群れがある。シュールレアリストの何人かやフォルマリストの何人かやフランクフルト学派の何人かや、ヴァレリー、ブレヒトその他の知性や、それらの周辺にあって色々な呼び名を持って現われた受難経験の探求者たちがそれ

である。（『藤田省三著作集6　全体主義の時代経験』みすず書房、一九九七年、所収）

「新石器時代以来の人類史的大変化」とは、もはや断るまでもなく二十世紀初頭の世界の没落と崩壊のことであり、その問題群のなかに立ち入った数少ないひとの群れにもしもひとり建築家を入れることができるとすれば、それはアドルフ・ロース以外には考えられない。少なくともル・コルビュジエやミース・ファン・デル・ローエたちはそのレベルにいない。才能の問題ではない。それ以前の問題だ。「新しさ」に対してだけは疑問を差しはさもうとはしないかれらの書いたものは、われわれが危機的世界に直面するとき、「没落」に自覚的であったロースの書いたものに太刀打ちできないだろう。だからこそ今後、植民地ヴィラ・ブルジョア型のコルビュジエや全体主義パッケージ・カーテンウォール型のミースの賞味期限が切れてしまったとしても、そして現在の気の抜けたかのようにもみえる日本の建築界から判断すれば明らかにその時期は来てしまっているのだが、それにはまったく動じないロースがこちら側にいるかぎりわれわれはいささかも恐れる必要はない。恐れるどころか、亡くなる二年前ますます冴え渡るロースは早くも畳みかけているのである。「バウハウスや構成主義が志向しているロマン派的傾向は、装飾に偏ったロマン派の流儀とどっちもどっちである」と。あたかもロースの「無装飾」性を継承したかのように装うバウハウスの志向のなかに「ロマン派」的傾向を見抜くロースの聡明さと教養である。

ロースが早い時期から都市の没落と崩壊に敏感であったのはもちろん理由がある。というのも、ロースやクラウスが活動した時期のウィーンは人類史上でもまれな「世界崩壊」の実験場になっていたからだ。その理由については多くの研究があるので詳しくはそちらを当たってほしいのだが、無理を承知で一言で要約すればこの時期の諸条件がウィーンという特定の場所を奇跡的にも一個の自己完結したコンパクトな「世界モデル」にしていたからだ。そこには「モデル」でありうる必要条件が出揃っており、あとは爆発的人口増加と第一次世界大戦という未知の要因を加えるだけで、ウィーンはあっという間に「昨日の世界」（シュテファン・ツヴァイク）になっていた。小説作家J・M・クッツェーに『世界文学論集』というおもしろい作家論（田尻芳樹訳、みすず書房、二〇一五年）があるが、そのなかでロースが活動していたのと同じ時期、あまりにも長い小説『特性のない男』を書きつづけていたロベルト・ムージルについて一章をあてて書いている。特性がないということを端からタイトルにつけているところからもうかがえるように、ムージルの当初の予想では行き詰まりが極まったウィーンをくまなく書ききることによって世界をまるごととりだすつもりだったはずの『特性のない男』は、しかし結局書き終えることができず未完となってしまうのだが、その途中の段階でのムージルの日記をクッツェーは引用してこう書く。

「第一巻はアーチのほぼ最高地点で終わっている」と彼は書いた。しかし「その向こう側には支えが何もない」。自分はこの作品を決して完結できないのではないかと彼は恐れ始めた。

崩壊感覚とはこういうものだ。やはり同時期ウィーンにいたヘルマン・ブロッホは「価値崩壊」や「価値真空」と書いていた「世界崩壊」の実感が、ムージルではさらにヴァージョンアップし、そこには目のくらむ見下ろすのも恐ろしい衝撃が感じられる。

ロースが書いたもののなかで、かれの気持ちがどこまでも無条件に解放され、一点の曇りもなくポジティブに響くのは素材・材料のことについて語りはじめるときである。ロースが先人先輩として高く評価したのはフリードリッヒ・シンケル、ゴットフリート・ゼンパー、オットー・ワーグナーであったが、その評価基準はたとえば「ネオ・クラシシズム」というようなスタイルに依拠するのではなく、あくまでもかれらの素材・材料に対する扱い方、というよりも素材・材料への深い思いやりだ。これらの建築家について書いている部分では、かならず素材・材料への言及があることからもそれは明らかだろう。ロースにとっては、素材の塊があれば、すばらしい大理石が都市の広場にあれば、もうそれだけで十分にすばらしいことなのだ。物議をかもしたあのミヒャエル広場の建築にしても、ロースにとってはチポリーノ大理石をふんだんに使うことが重要であったし、その上部にはモルタルという素材にもっともふさわしい平坦な表面が必要だったのだ。それ以上に付け加えるべきものはなにもない。あとはできるだけめだたないようにしておくこと、それがロースのモットーだった。繰り返し反復できるシンプルさ。イミテーションでさえなければ模倣はもちろん積極的に肯定され、その結果としての平凡さがロースにとって重要だった。だからカッラーラ大理石を産するイタリアのカッラーラ村を訪ねたときのことを書いた紀行エッセイ「カッラーラ」ほど読む者をワクワクさせてくれるものはない。世界中のなにもかもが大理石を謳歌するような、見開き二ページにも充たない短いエッセイのなかでロースの喜びが溢れ、弾ける。なにしろロースにとっては第一音節にアクセントがある「カッラーラ」という名前からしてすでに大理石なのである。ロースの前ではもはや素材も材料もそれらを一括して物質と言ってしまっていいだろう。かれが装飾を嫌うのも、それが物質を汚すものだからであり、建築家を嫌うのも、かれらが物質の滑らかな肌の上に恥も外聞もなく「アートっぽいうわごと」みたいなものを「装飾」と称して付け加えるからだ。

ロースは親友クラウスと一緒に覗きこんだ「最後の審判」の入口で、みずからを人間から物質の側に置きかえる。このとき隣のクラウスもまたみずからを人間から非人間の側へと置きかえる。「全人間」「デーモン」「非人間」という三つのカテゴリーでカール・クラウス論を書いたベンヤミンは、ロース・クラウス同盟の「非人間」への移行を見逃さない。言いかえると、このときはじめて物質がみずからを語ることができるようになったのだ、「非人間」ロースの口を借りて。だとすればロースは真の「マテリアリスト」ということになるだろう。そういえば『ポチョムキン都市』の初っぱなに置かれた「ウィーン市のコンペ」でも、「マテリアリスト」という概念はポジティヴか？ネガティブか？という問題が早くも浮上していたことを思いだす。すでにその段階でロースには約束された場所があったのだ。人類史上、最初にあらわれた「唯物論的建築家」。ただしその出自はルソー、フーリエ、マルクスではない。イデオロギーの問題ではなく言葉の問題だ。ロースは物質の言語を話すのである。

物質にイデオロギーもアナクロニズムもない。それがロースの「新しい」現代性ではないか。ロースのまっとうさは、事物のまっとうさであり、物質のまっとうさなのだ。職人を徹底的に擁護するのも、かれらが物質のまっとうさを共有しているからにほかならない。物質の言語を聞き話すのがロース＝建築家だとすれば、みずからを身体的に物質化できる人間が職人だ。ロースにとって理想的な建築は、必要な素材ごとにそれを得意とする職人が数名集まればそれですむ、というものだ。

ロースは自分が教える小さな学校＝教育機関「アドルフ・ロース建築学校」をつくり、「他なるもの」という小さな雑誌＝メディアをつくり、「芸術局のガイドライン」という自分のポリス＝国家のためのささやかな実践綱領を書いた。すべてがどこまでも小さいことがロースの条件である。とはいえ、それは人間のいじけた「慎ましさ」から出てきているのではもちろんない。物質と職人の絶対的な単位としての規模が即物的にそうさせるのだ。もちろん国家、というか都市もまた小さくなければならないだろう。「小さくあり続けるアナクロニズム」（藤田省三「「小国寡民」を求めて」、『語る藤田省三』岩波書店、二〇一七年、所収）。だからロースは、雑誌も学校も芸術局もみんな気休めや趣味でやったわけではない。この実践を持続的に、断続的に続けることが世界の「物質化計画」に対するまっとうな取り組み方なのだ。われわれはそれを続けなければならない。というか物質的な単位こそが唯物論的快楽を保証する。なぜなら物質とは人類にとっては記憶の塊なのでもあって、ここに「人間との関わりでいえば、あらゆる事物は感覚なのだから」（「サント＝ブーヴに反論する」出口裕弘訳、『プルースト全集14』筑摩書房、一九八六年）と言い切るプルーストの言葉を重ねてみれば感覚、そのなかでもとくに触覚を下地にするロースの快楽的な建築の拡がりがみえてくる。

ところで、著作のなかで見せるロースの「装飾」に対する拒否反応はどこか常軌を逸してはいないだろうか。あの嫌悪感はもはや生理的とでもいうしかないもので、いままで見たことのない異様な色のヘンな虫がいきなり口のなかに飛びこんだようなあわてぶりである。そして、この拒否反応の原因はやはり「俗物」であり、つまり

「ヨーゼフ・ホフマン」なのである。ホフマンに対するロースの批判を「あれはロースの私憤だったのではないか」と憶測してみたり、「ホフマンもロースもそれぞれだろう」というふうに相対化してみせるスノッブな傾向を一部に見かけるが、調べてみたかぎりではホフマンを「この建築家たちの如才なさ」としたロースはむしろよっぽど寛大で、ホフマンという人物はおおかたの予想をはるかに上まわる底なしの「俗物」であったようである。

よく知られているように、手の触れるものは芸術であってはならないというテーゼが、原理的に身体と触れることを前提とする建築を、芸術の側ではなく実用品の側に峻別することがロースの装飾に対する拒否に、理屈のうえではつながったのだが、しかしその「手の触れるものは芸術であってはならない」という真理に気づいた最初のきっかけが、じつは若いころロースの読んだゲーテの『親和力』にあったというので『親和力』（柴田翔訳、講談社文芸文庫、一九九七年）を手に入れて読んでみたのだが、そこには芸術作品を鑑定しようと「俗物」たちが作品の表面を脂っこい慎みを欠いた無神経な手つきで触る、身の毛のよだつおぞましい様子が書かれていた。もちろんゲーテの端正な文体によってではあったけれども。触覚の侮辱。それがロースを物質化する。

訳者あとがき

加藤　淳

本書はオーストリアの建築家アドルフ・ロースの著作集 *Die Potemkinsche Stadt*（Georg Prachner Verlag, 1983）ならびにアドルフ・ロース全著作集 *Gesammelte Schriften*（Lesethek Verlag, 2010）から選んだ論考をあわせた翻訳である。

ロースは生前二冊の著作を世に問うている。*Ins Leere Gesprochen*（Georges Crès, 1921. 邦題『虚空へ向けて』）、および *Trotzdem*（Brenner Velag, 1931. 邦題『にもかかわらず』）である。*Die Potemkinsche Stadt* はこの二作に含まれず、ロース本人も管理していなかった原稿もあわせてウィーンの文芸評論家アドルフ・オペルが編集した著作である。同書は一八九七年から一九三三年にかけて活字になったエッセイ、パンフレット、批評、新聞の学芸欄に掲載された寄稿文、講演録、論考草稿、インタビュー、新聞記事、講義ノートなどから構成されている。『にもかかわらず』の冒頭で前二作をロースは人々を装飾から解放するための「闘いの記録」と呼び、その論調にそぐわない自分の論考を意識的に排除した。したがって *Die Potemkinsche Stadt* は補遺集となっているが、ここには本人も気づかなかった思想的原石が含まれており、公共のマナーからズボンのボタンにいたるまで、人間が生きるさまざまな場面に注意を向けたロースの全方位的視線が息づいている。

同書が刊行されるまでにはいくつかの経緯があった。まず一九六二年、ウィーンのヘラルド出版がアドルフ・ロース全著作集刊行を宣言し、同年、生前の二冊を含む「第一巻」が出版されると反響があった。だが、多数の読者から「第二巻」の注文書が各地の書店に届いていたにもかかわらず、大半が紛失しているロース原稿をすべて収集することがきわめて困難であることを理由に出版が見送られた。ところがその後、紛失したとされていた原稿と図面をロース本人がニースの彫刻家フランシス・ウィルス（旧名フランツ・ピッシンガー、一八九二―一九八〇）に託していたことが判明し、一九八一年以降あらためてロースの著作集がアドルフ・オペルの編集によりウィーンのゲオルク・プラヒナーから出版される運びとなった。その一環として誕生したのが*Die Potemkinsche Stadt*である。最終的に二〇一〇年、すべての著作を包含する一冊として待望の全著作集*Gesammelte Schriften*が出版された（以下、これを便宜上シュリフテンと呼ぶ）。

そこで私たち翻訳組織（訳者、早稲田大学名誉教授鈴木了二、早稲田大学建築学科中谷研究室アドルフ・ロース研究出版ゼミ、他大学の協力研究者からなる組織）はロースの全体像を詳細かつ丹念に追跡するため、まず『虚空へ向けて』『にもかかわらず』の日本語翻訳版を刊行した。そしてこのたび*Die Potemkinsche Stadt*の全論考とともにシュリフテンに収録されている残りの論考をすべて翻訳した。現在、上記著作群によって公開されているロースの全論考の日本語訳は、訳者と早稲田大学建築学科中谷礼仁研究室が保管している。

本書はそのなかから重要と思われる論考を中心に四十五篇を選び、一冊にまとめた日本版『ポチョムキン都市』である。すでに刊行済みの二冊『虚空へ向けて』（アセテート、二〇一二年）『にもかかわらず』（みすず書房、二〇一五年）とあわせ、現在までわれわれが把握しているロースの全論考百四十五編中百十編が公刊されたことになる。

ロースの文体はアカデミックな調子がない一方で、同時代批判や否定的言説を逆説的に表現することが多々あり、訳出の際困惑させられる場面もあったが、基本的には明快な文体で一貫しており、当時の時代状況やロースをとりまく人間関係などをたぐれば論旨を見失うことはなかった。掲載先の大半が学術誌や専門雑誌ではなく、日刊紙や週刊誌であったためわかりやすく語ろうとするロースの意図も伝わってきた。また壇上に立つロースは「はじけんばかりの笑いを呼ぶ数々のジョークやエピソードを連発」（「立つ、歩く、座る、寝る、食べる、飲むことについて」訳注参照）する稀有な演説上手でもあった。

本書を読むうえで鍵となる言葉を指摘しておく。

肯定的にとらえられているHandwerkとGewerbeという言葉だが、どちらも「工芸」と訳出した。これらは近代以前から続く手仕事によって生みだされる製造品と製造業全体を指しており、工芸のみならず広く職業、生業をも意味する。ロースが十代のころ建築術を学んだライヒェンベルクの学校もGewerbe Schule（職業訓練学校）だった。一方、十九世紀の中ごろからGewerbeという単語に芸術を意味するKunstという接頭辞がつけられ、Kunstgewerbeとも表現されるようになった。慣例に従いこちらも「工芸」と訳したが、ここではデザインと製作両方を職人が担っていた従来の工芸と違い、家内制手工業から工場制手工業への発展を背景にして両者が分業化されていった。しかし芸術家（Künstler）、建築家（Architekt）こそ現場にいるべきとするロースの目には、実用から遊離しモードや芸術性を強調しているかにみえる分離派やウィーン工房のKunstgewerbeが批判の対象に映った。そして「芸術（Kunst）と工芸（Handwerk）になんら因果関係はない」（「ウィーンの癌」）というテーゼにいたる。ロース流のKunstgewerbe批判は、工芸人材の教育システムや社会の仕組みにまでおよんでいく。

この文脈のなかで『虚空へ向けて』『にもかかわらず』において否定されていたKünstlerが、本来のあり方として慣れ親しんだ思考に変更を迫る「聖なる精神」の持ち主であり、国家や社会をこえて人々に新しい道を示す「天才」と肯定的に説明されている（「芸術局のためのガイドライン」および本書未収録の「芸術振興」）。

形態を意味するFormも鍵となる。本書の第一論考「ウィーン市のコンペ」で引用しているゼンパーのテーゼ、「すべての素材は独自の形態言語（Formensprache）をもつ」を受け、ロースは素材のみならず建築、家具、服などにも応用する。物にはふさわしいFormがあり、それが使用目的にも合致するとする。またFormに「ひとつ」を意味する英語の接頭辞uniがつくことで統一されたForm＝ユニフォームが生まれたということを示唆した（「イギリスの制服」）、決まったFormに則ってつくられるイギリスのスーツこそが機能性と画一性をもった現代の服装だと指摘している（「現代礼賛」、本書未収録）。

ロースはまたTradition（伝統）、Antike（古典古代）、Klassik（古典主義）をほぼ同義的に使っている。ロースのいうTraditionとは、移り変わる時代の潮流や流行りすたりに抗する保守という意味をこえ、Antikeを基準にした物差しのことである。それに則ることがものをつねに現代的であらしめる要因となる。めざすべき建築家像を古典教養を身につけた職人と表現し、「将来の偉大な建築家は古典主義者（Klassiker）」だと断言している（「建築における新旧ふたつの動向」）。

最後にロースの主張の柱となる言葉をあげておく。「簡素な」「単純な」を意味する einfach である。ロースにとってはこれこそモデルネ（近代性）の神髄であり、建築のみならず調理方法を述べる際にも用いられる。この言葉の示唆するところは機能的で実用的、適切な Form をもち、質実で無装飾、節約になるということである。「節約について」ではロースのモデルネ思想のエッセンスがわかりやすく解説されており、本書をここから読まれるのもいい。

全体を通じた本書の大きな特徴は、この一冊がロースのライフヒストリーにもなっている点である。一九〇〇年を境に、その前後をほぼ三十年ずつ生きたロースは各地を精力的に渡り歩いた。アメリカでの修行時代、つねに論争の渦中にいたウィーン時代、華やかな社交を演じたパリの日々、チェコスロバキア政府から褒賞を与えられ、後継者を育てながら創作活動を展開した人生の晩秋。その間もさまざまな町へ足を運んでいるが、そのつど観察と思索を書き残している。ロースの軌跡は日本語版『にもかかわらず』の年譜に詳しい。また後年、決定的に決裂していくヨーゼフ・ホフマンら分離派、ウィーン工房のメンバーに対し、一八九〇年代はまだ共感をこめて語っている箇所（「ウィーン市のコンペ」「ミルバッハ展」ほか）も散見され、時の流れを感じさせる。こうした人間ロースの息遣いを把握しやすくするために、論考全体を五つの時代に区分した。収録論考を編年に並べてまとめ、各時代のロースの活動や発言を象徴する独自のタイトルを冠した。一八九七年から一九〇〇年を「装飾に抗して」、一九〇〇年から一九一八年を「オーストリアに西洋文明を」、一九一八年から一九二四年を「戦後ウィーンとの共闘」、一九二八年から一九三三年を「回想するモダニスト」とした。

毛色の変わったところでは、少女を誘惑したかどで逮捕され、家宅捜索された結果、未成年のポルノ写真の所蔵が発覚したスキャンダルへの弁明「アドルフ・ロース、芸術家と子供へのみずからの態度を語る」も収録した。多面的なロース像が見えてくることだろう。

翻訳、調査は早稲田大学中谷礼仁教授と建築家鈴木了二の指導のもと、中谷研究室で月に一度開催されるロース研究出版ゼミを通じて進められた。ゼミ開催日までに訳者が訳した論考を、ゼミの参加者であった京都大学人間・環境学研究科博士後期課程の岸本督司（現在、京都造形芸術大学非常勤講師）と慶應義塾大学大学院文学研究科独文学専攻後期博士課程の宮下みなみの両氏が細かくチェックを入れてフィードバックし、訳者が再考を加えたものを、学生を含む組織全体で読みあわせた。ウィーン留学を経てロース研究に従事する岸本とオーストリアの作家ローベルト・ムージルを中心にドイツ語圏の文化・芸術を研究する宮下のチェックが入ることで訳文は精度を増していった。

　ゼミでは内容を精査しつつ、論考に出てくるキーワード、人物名、事件、歴史的背景、専門用語などを洗いだし、担当者を決めて次回までに詳細を調査し、訳注を作成することが研究の一環となった。これはロースの論考の意味を読みとるために必要な歴史学的作業であり、これによってロースの同時代的存在意義がより明確になった。これまでの長期にわたるロース論考全邦訳プロジェクトに参加した学生は以下のとおりである。安藤悠、細井淳、原功一、齋藤亜紀子、癸生川まどか、保坂麻友、根来美和、丸茂友里、芳野真央、吉田和弘、浦上卓司、渡辺周、石井宏樹、太田紀子、仙田諭史、佐藤綾子、重本大地、蔣一悠、渡邊慧子、慶応義塾大学の小口薫子。当初は学生としてロースゼミに参加し、修了後、早稲田大学理工学術院建築学科助手を務めた本橋仁（現在、京都国立近代美術館研究員）も出席した。

　翻訳・訳注にあたっては多くの方にお世話になった。慶應義塾大学文学部独文科の岩﨑英二郎名誉教授（二〇一七年七月、逝去）、和泉雅人名誉教授、粂川麻里生教授のご指導がなければ、翻訳しきることはできなかった。ジーゲン大学の学長を務められたドイツ文学研究者ラルフ・シュネル教授にもメールを通じてアドバイスを頂いた。チェコの人物名の発音と日本語の表記に関しては、チェコセンター東京支局の高嶺エヴァ氏にご教授いただいた。日本文化にも造詣の深い首都大学東京のヴァルター・ルプレヒター教授（オーストリア現代文学）には、ゼミの発足以来さまざまな知識をご提供いただいた。

　また本書は、二〇一四年度早稲田大学特定課題研究助成（課題番号：2014A-028）ならびに二〇一六年度公益財団法人ユニオン造形文化財団・平成二十八年度調査研究助成による研究成果の一部である。

　各先生方、関係諸機関、そしてじっくりおつきあいいただいたみすず書房の編集者遠藤敏之氏に厚く御礼申しあげる。

アドルフ・ロース全論考リスト

リスト中初出資料または掲載日が不明なものは—（ダーシ）で示した

執筆年	初出媒体名	掲載月日	原　題	邦　題	収録著作集（日本語訳）
1897	Die Zeit	10.31	Schulausstellung der Kunstgewerbeschule	工芸学校の展示会	『虚空へ向けて』
	Die Zeit	11.06	Eine Concurrenz der Stadt Wien	ウィーン市のコンペ	『ポチョムキン都市』
	Die Zeit	11.27	Das Österreichische Museum	オーストリア博物館	未収録
	Die Zeit	12.18	Weihnachtsausstellung im Österreichischen Museum	オーストリア博物館のクリスマス展示会	『虚空へ向けて』
1898	Dekorative Kunst	——	Ein wiener Architekt	あるウィーンの建築家	未収録
	Der Architekt	——	Die alte und die neue Richtung in der Baukunst	建築における新旧ふたつの動向	『ポチョムキン都市』
	——	——	Damenmode（＊1）	女たちのモード	『虚空へ向けて』
	Die Wage	4.02	Myrbach-Ausstellung	ミルバッハ展	『ポチョムキン都市』
	Die Wage	4.02	Das Plakat der Kaiser-Jubiläums-Ausstellung	皇帝即位記念展覧会のポスター	同上
	Die Zeit	4.09	Der Fall Scala	スカラの事件	同上
	Neue Freie Presse	5.08	Die Ausstellungsstadt. Der neue Styl	展示都市——新しい様式	同上
	Neue Freie Presse	5.15	Der Silberhof und seine Nachbarschaft	ジルバーホフとその周辺	『虚空へ向けて』
	Neue Freie Presse	5.22	Die Herrenmode	紳士のモード	同上
	Neue Freie Presse	5.29	Der neue Styl und die Bronze-Industrie	新様式とブロンズ産業	同上
	Neue Freie Presse	6.05	Interieurs	インテリア	同上
	Neue Freie Presse	6.12	Die Interrieurs in der Rotunde	ロトンダ会場内のインテリア	同上
	Neue Freie Presse	6.19	Die Sitzmöbel	椅子	同上
	Neue Freie Presse	6.26	Glas und Ton	ガラスと陶土	同上
	Ver Sacrum	7.—	Die Potemkin'sche Stadt	ポチョムキン都市	『ポチョムキン都市』
	Ver Sacrum	7.—	Unseren jungen Architekten	われらの若き建築家たちに	未収録
	Neue Freie Presse	7.03	Das Luxusfuhrwerk	豪華な馬車	『虚空へ向けて』
	Neue Freie Presse	7.17	Die Plumber	配管工	同上
	Neue Freie Presse	7.24	Die Herrenhüte	紳士の帽子	同上
	Neue Freie Presse	7.31	Aus der Wagner-Schule	ワーグナー・シューレ展によせて	『ポチョムキン都市』
	Neue Freie Presse	8.07	Die Fussbekleidung	靴	『虚空へ向けて』
	Neue Freie Presse	8.14	Die Schuhmacher	靴職人	同上
	Neue Freie Presse	8.28	Die Baumaterialien	建築材料	同上
	Neue Freie Presse	9.04	Das Prinzip der Bekleidung	被覆の原理	同上
	Neue Freie Presse	9.25	Wäsche	下着	同上
	Die Wage	10.01	Kunstgewerbliche Rundschau I	工芸の展望 I	同上
	Neue Freie Presse	10.02	Möbel	家具	同上
	Neue Freie Presse	10.09	Die Möbel aus dem Jahre 1898	1898 年の家具	同上
	Neue Freie Presse	10.23	Buchdrucker	印刷工	同上
	Neue Freie Presse	11.03	Die Frau und das Haus	女性と家	『ポチョムキン都市』
	Die Wage	11.05	Das Scala-Theater in Wien	ウィーンの“スカラ座”	『虚空へ向けて』
	Neue Freie Presse	11.13	Die Winterausstellung im Österreichischen Museum	オーストリア博物館の冬期展示会	同上
	Die Wage	11.26	Kunstgewerbliche Rundschau II	工芸の展望 II	同上
	Neue Freie Presse	11.27	Wanderungen im Österreichischen Museum	オーストリア博物館の館内鑑賞	同上
	Neue Freie Presse	12.11	Wanderungen durch die Winterausstellung des Österreichischen Museums	オーストリア博物館の冬季展示会をめぐる	未収録

1899	Neue Freie Presse	1.29	Die englischen Schulen im Österreichischen Museum	オーストリア博物館におけるイギリス派	『虚空へ向けて』
	Wiener Rundschau	2.—	Englische Kunst auf der Schulbank	学校仕込みのイギリス芸術	未収録
	Die Zeit	2.18	Ein Epilog zur Winterausstellung	冬期展示会のエピローグ	同上
1900	草稿	——	Die Emanzipation des Judentums	ユダヤ人の解放	同上
	Neues Wiener Tagblatt	1.20	Mein Auftreten mit der Melba	メルバとともに舞台デビュー	『虚空へ向けて』
	Neues Wiener Tagblatt	4.26	Von einem armen, reichen Manne	金持ちゆえに、不幸になった男の話	同上
1903	——	——	Aus meinem Leben	わが人生の断片より	『にもかかわらず』
	DAS ANDERE Nr.1	10.01	DAS ANDERE Nr.1	他なるもの 1	同上（一部未収録）
	DAS ANDERE Nr.2	10.15	DAS ANDERE Nr.2	他なるもの 2	同上（同上）
1904	Ein Blatt zur Einführung abendländischer Kultur in Österreich	——	Das Leben（＊1）	生活	未収録
	Die Zukunft	1.30	(ibid.)	（同上）	（同上）
	Die Zukunft	2.13	Keramika	陶器	『にもかかわらず』
1905	草稿	——	Kunstförderung	芸術振興	未収録
1906	草稿	1.—	Carrara	カッラーラ	『ポチョムキン都市』
	草稿	——	Die Fauteuils des Frauenclubs	婦人クラブの安楽椅子	同上
1907	Fremdenblatt	4.07	Die Entdeckung Wiens	ウィーンにある最高の内部空間、最高の邸宅、最高の消えゆく建物、最高の新建築、最高の散歩道について	『にもかかわらず』
	——（＊2）	——	Wohnungswanderungen（＊1）	住居探訪	『ポチョムキン都市』
	Frankfurter Zeitung	12.08	(ibid.)	（同上）	（同上）
1908	——	——	Kulturentartung	文化の堕落	『にもかかわらず』
	März	8.01	Die Überflüssigen（Deutscher Werkbund）	無駄（ドイツ工作連盟）	同上
	März	8.18	Lob der Gegenwart	現代礼賛	未収録
	März	10.18	Kultur	文化	『にもかかわらず』
1909	——	——	Kleines Intermezzo	ちょっとした出来事	同上
1910	——	——	An den Ulk	ウルクに	同上
	——	1.21（＊3）	Ornament und Verbrechen	装飾と犯罪	同上
	Die Fackel	4.09	Aufruf an die Wiener	ウィーン人に告ぐ	同上
	Illustrirtes Wiener Extrablatt	9.30	Die beanstandete Fassade des Baues am Michaelerplatz	ミヒャエル広場にある私の建物のファサードに物言いがついた件	『ポチョムキン都市』
	Reichspost	10.01	Wiener Architekturfragen	ウィーンにおける建築問題〔「ミヒャエル広場」主張その2〕	『にもかかわらず』
	Der Morgen	10.03	Mein erstes Haus	私の設計による最初の建物〔「ミヒャエル広場」主張その1〕	同上
	Der Sturm	12.15	Architektur	建築	同上
	Neue Freie Presse	12.06	Das Haus gegenüber der Hofburg	王宮の向かいにある住宅〔「ミヒャエル広場」付言〕	同上
1911	Neues Wiener Journal	3.10	Vom Stehen, Gehen, Sitzen, Schlafen, Essen und Trinken	立つ、歩く、座る、寝る、食べる、飲むことについて	『ポチョムキン都市』
	Wiener Allgemeine Zeitung	4.05	Meine Kämpfe	私の闘い	未収録
	Reichspost	7.13	Otto Wagner	オットー・ワーグナー	『ポチョムキン都市』
	——	12.11（＊3）	Mein Haus am Michaelerplatz	ミヒャエル広場の私の建築	同上
	Neue Freie Presse	12.13	Der Vortrag des Architekten Loos	建築家ロースの講義	未収録
1912	Der Merker	1.—	Das Mysterium der Akustik	音響効果の不思議	『にもかかわらず』
	——	11.20（＊3）	Heimatkunst	郷土芸術	同上
1913	Festschrift der Abiturienten der 7A-Klasse der Schottenfelder Realschule	——	Die kranken Ohren Beethovens	ベートーヴェンの病める耳	同上
	——	——	Adolf Loos über Wiener Gebäude	アドルフ・ロース、ウィーンの建物物について語る	『ポチョムキン都市』

執筆年	初出媒体名	掲載月日	原題	邦題	収録著作集（日本語訳）
	——	——	Architektur und Caféhaus	建築とカフェハウス	同上
	——	——	Hotel Friedrichstraße	ホテル・フリードリヒシュトラーセ	同上
	——	——	Wintersporthotel	ウィンタースポーツホテル	同上
	Der Brenner	6.15	Rundfrage über Karl Kraus	カール・クラウス	『にもかかわらず』
	XI.Jahrbuch der Schulanstalten der Frau. Dr.Phil.Eugenie Schwarzwald in Wien	——	Regeln Für den, der in den Bergen baut（＊1）	山村で家を建てるためのルール	同上
	Der Brenner	10.01	(ibid.)	（同上）	（同上）
	Der Architekt	10.10	Meine Bauschule	私の建築学校	同上
1917	——	——	Hands off!	口出しするな！	同上
1918	Neues 8 Uhr-Blatt	4.19	Die Frühjahrsausstellung des Künstlerhauses	キュンストラーハウスの春期展示会	未収録
	Neues 8 Uhr-Blatt	4.23	Sezession	分離派	同上
	Neues 8 Uhr-Blatt	5.02	Eröffnung des Technischen Museums	産業技術博物館のオープン	同上
	Neues 8 Uhr-Blatt	6.10	Bewegung. Eine neue Künstlervereinigung	ベヴェーグング——新しい芸術グループ	『ポチョムキン都市』
	Neues 8 Uhr-Blatt	10.12	Stadt und Land	都会と田舎	同上
	Neues 8 Uhr-Blatt	12.11/13	Möbel für Neuvermählte（＊4）	新婚夫婦のための家具	未収録
1919	Der Morgen	1.08	Abschied von Peter Altenberg	ペーター・アルテンベルクとの別れ	『にもかかわらず』
	Neues 8 Uhr-Blatt	2.24	Nationalökonomie	国家経済	未収録
	Der Friede	3.29	Richtlinien für ein Kunstamt	芸術局のためのガイドライン	『ポチョムキン都市』
	Neues 8 Uhr-Blatt	4.23	Konfiskation der Schlösser	宮殿の押収	未収録
	Neues 8 Uhr-Blatt	5.24	Die englische Uniform	イギリスの制服	『ポチョムキン都市』
	Neues 8 Uhr-Blatt	6.14–10.25	Antworten von Adolf Loos（＊4）	読者からの質問と回答	同上および『にもかかわらず』
1920	——	——	Regeln für die Siedlung	集合住宅のルール	未収録
	Action-Cahiers individualistes de Philosophie et d'Art	10.—	Art et Architecture	芸術と建築	同上
1921	Neue Freie Presse	4.03	Der Tag der Siedler	都市住民が移住する日	『にもかかわらず』
	Neues Wiener Tagblatt	5.15	Wohnen Lernen!	住むとは何かを学ぼう！	同上
	特許明細書	2.11	Das Haus mit einer Mauer	一枚壁の家	『ポチョムキン都市』
	——（＊2）	7.22	Über die Haustypen (Siedlungshäuser Lainz)	住居タイプ（ラインツ公団住宅）	同上
	——（＊2）	7.22	Über den Verbauungsplan	造成計画（ラインツ公団住宅）	同上
	——	08.—	Vorwort zur Erstausgabe von INS LEERE GESPROCHEN	『虚空へ向けて』初版序文	『虚空へ向けて』
	——	08.—	Nachwort	後記	同上
1922	Die Wiedergabe	——	Karl Marilaun: Gespräch mit Adolf Loos	カール・マリラウンによるロース・インタビュー	未収録
1923	草稿	——	Nacktheit	裸体	『ポチョムキン都市』
	Zeitschrift des Österr. Ingenieur- und Architekten-Vereines	1.26	The Chicago Tribune Column	シカゴ・トリビューン円柱建築	同上
	Die neue Wirtschaft	12.20	Das Grand-Hotel Babylon	グランドホテル・バビロン	同上
1924	Wohnungskultur	——	Ornament und Erziehung	装飾と教育	『にもかかわらず』
	Wohnungskultur	——	Von der Sparsamkeit	節約について	『ポチョムキン都市』
	Die neue Wirtschaft	2.14	Die Einrichtung der modernen Wohnung	家具の終焉（初出タイトル「現代住宅の潮流」）	『にもかかわらず』
	Neue Freie Presse	7.29	L'Inhumaine. Histoire Féerique	『人でなしの女』——メルヘン	『ポチョムキン都市』

	Anbruch	8.—	Arnold Schönberg und seine Zeitgenossen	アーノルト・シェーンベルクと同時代人	『にもかかわらず』
1925	Tagesbote	2.06	Moderne Siedelung	近代の集合住宅（質疑応答）	未収録
	Neue Freie Presse	5.26	“Ornament ist ein Verbrechen”	「装飾は犯罪である」という表現をめぐって	同上
	Die literarische Welt	11.27	“Die Eisenbahn hat die Menschen auseinandergebracht…”	鉄道が人々を引き離す	同上
1926	Neues Wiener Journal	2.21	Der Mensch mit den modernen Nerven	現代感覚の持ち主	同上
	Stavitel	3.—	Ohne vergoldeten Wagen	黄金の馬車ではなく	『ポチョムキン都市』
1927	Für Bauplatz und Werkstatt	1.—	Die moderne Siedlung	現代の公団住宅について	『にもかかわらず』
	Berliner Tageblatt	2.28	Von der Herrentracht	紳士服	未収録
	Vossische Zeitung	3.01	Über Hosenträger, Gamaschen und den europäischen Geist	サスペンダーとゲートルとヨーロッパ精神について	『ポチョムキン都市』
	Neue Freie Presse	4.21	Adolf Loos über die Wiener Werkstätte	アドルフ・ロース、ウィーン工房について語る	未収録
	Neues Wiener Journal	4.23	Ich - der bessere Österreicher	私――よりよきオーストリア人として	『ポチョムキン都市』
	Wiener Allgemeine Zeitung	5.05	Der Überfall auf das Wiener Kunstgewerbe	ウィーン工芸襲撃	同上
	Vossische Zeitung	5.05, 5.15	“Das Wiener Weh”	ウィーンの癌	同上
	Wiener Allgemeine Zeitung	9.17	Adolf Loos ist gegen den Wiederaufbau des Justizpalastes	アドルフ・ロース、裁判所旧庁舎再建に反対する	未収録
1928	——	——	Zu Modern - Verboten!	新しすぎるから禁止！	同上
	Neue Freie Presse	4.15	Kurze Haare	短い髪	『にもかかわらず』
	Neue Freie Presse	9.09	Adolf Loos über seine Einstellung zu Künstlern und Kindern	アドルフ・ロース、芸術家と子供へのみずからの態度を語る	『ポチョムキン都市』
1929	草稿	——	An einen großen Möbelfabrikanten in Deutschland	ドイツ大手家具メーカーへの公開書簡	未収録
	Frankfurter Zeitung	3.21	Josef Veillich	ヨーゼフ・ファイリッヒ	『にもかかわらず』
	Frankfurter Zeitung	4.29	Und noch einmal zum Thema: “Der Stuhl”	もう一度「椅子」について	未収録
	Frankfurter Zeitung	8.25	Möbel und Menschen	家具と人間	『にもかかわらず』
1930	草稿	——	Die Wiener Gemeindebauten vertragen keine Kritik	ウィーンのゲマンデバウテンはどんな批判も受け入れない	未収録
	Die Stunde	3.20	Der große Gott Loos. Gespräch mit dem berühmten Architekten	偉大な神ロース――有名建築家へのインタビュー	『ポチョムキン都市』
	Der Querschnitt	10.—, 12.—	Kontroverse im “Querschnitt”（＊4）	「クヴェアシュニット」誌上の言い争い	未収録
	——	10.—	Vorwort zur Erstausgabe von TROTZDEM	『にもかかわらず』初版序文	『にもかかわらず』
1931	草稿	——	Über Josef Hoffmann	ヨーゼフ・ホフマンのこと	『ポチョムキン都市』
	——	——	Herr Loos erzählt uns	ロース氏、われわれに語る	同上
	——	——	Anmerkungen von 1931	『虚空へ向けて』新版への注	未収録
	Ausstellungskatalog, Städtische Kunsthalle Mannheim	1.—	Oskar Kokoschka	オスカー・ココシュカ	『ポチョムキン都市』
	Das Neue Frankfurt	2.—	Adolf Loos über Josef Hoffmann（＊1）	アドルフ・ロース、ヨーゼフ・ホフマンについて語る	同上
	Prager Presse	3.19	(ibid.)	（同上）	（同上）
	L’architecture d’aujourd’hui	10.—	Projet de sauvetage d’une pinède	松林の救済プロジェクト	同上
1932	Der Adler , Unabhängiges Tagblatt für bodenständige Politik und Kultur	7.16	Vom Nachsalzen	塩入れ	未収録

＊1　底本から初出情報が複数得られたが、中谷研究室の調査では特定にいたらなかった。
＊2　掲載された初出媒体はロース自身による自費出版である。
＊3　日付はロースがおこなった講演の記録のうちで最初のものである。
＊4　複数の記事にわたって掲載された論考。

アドルフ・ロース全論考リストについて

本リストは、早稲田大学中谷礼仁研究室アドルフ・ロース翻訳出版ゼミと翻訳者の加藤淳が本書刊行までに確認し邦訳したアドルフ・ロースの全論考145編について、その執筆年、原題、邦題、初出媒体、掲載月日、収録著作集を編年順にリスト化したものである。以下にリスト編纂の経緯をのべる。また読者への一助として、今回のリスト作成によって判明したロースによる刊行時の自著編纂方針について紹介する。

リスト編纂の経緯

初出媒体の特定にはロースが生前に自身で編纂した2冊（A）（B）と、死後に編纂された3冊（C）（D）（E）の計5冊を底本とした。それぞれの書誌情報は以下のとおりである。なお本書には（C）（D）（E）に収録の論考から（A）（B）との重複を除外し、さらに内容が大きく重複するものやきわめて断片的な小論などを除いて選別が重ねられ、最終的に計45編を収録した（収録方針について詳細は訳者あとがきおよびリストの収録著作集欄を参照）。刊行された（A）（B）ならびに本書に収録されなかった35編については早稲田大学中谷礼仁研究室管理のウェブサイト（http://www.nakatani-seminar.org/loos/）にて閲覧可能である（2017年9月現在）。これらにより、現在確認されているアドルフ・ロースの全論考をすべて邦訳にて確認することができる。

（A）Adolf Loos, *Ins Leere Gesprochen 1897–1900*. Georges Crès et Cie, 1921（邦訳は『虚空へ向けて 1897–1900』加藤淳訳、アセテート、2012年刊）
（B）Adolf Loos, *Trotzdem 1900–1930*. Brenner, 1931（邦訳は『にもかかわらず 1897–1900』加藤淳訳、みすず書房、2015年刊）
（C）Adolf Loos, *Sämtliche Schriften 1*, Verlag Herold, 1962
（D）Adolf Opel（Ed.）, *Die Potemin'sche Stadt*, Prachner, 1983
（E）Adolf Opel（Ed.）, *Gesammelte Schriften*, Lesethek, 2010

またこれらの著作集において初出媒体と年月日が明らかにされているものについては、オーストリア国立図書館のウェブアーカイブ「ANNO」や海外図書館からの複写物取り寄せを利用し、可能なかぎり初出媒体紙面を直接確認することで上記5冊の史料批判をおこなった。

初出媒体の特定にあたり既刊の著作集を参照するなかで、初出年月日に諸説ある事例も発見された。たとえば『にもかかわらず』収録の「私の建築学校」は、（B）では1907年、（C）では1913年と記載されている。中谷研究室の調査では1907年の記事は確認できず、また既往研究ではロースの建築学校開校は1912年とされていることから本リストでは初出を1913年とした。そのほかのケースに関しては、リストの初出媒体欄および各訳注を参照されたい。

ロースの執筆活動と編纂作業の編年的傾向

本リストを、ロースの活動歴とその社会背景を一覧にした活動年譜（『にもかかわらず』所収）と比較しながら考察することで、ロースの制作活動と執筆活動との関係や、生前にみずからの手で編纂した著作集の編集意図が浮き彫りになる。

たとえば晩年の1931年に刊行された主著（B）には1903年から1930年までの論考が収録されているが、なかでも1908年から1913年の期間に執筆された論考の掲載率が高い。この期間は後述の《ロースハウス》（1911）をはじめとした《クニーシェ洋服店》（1913）や《ショイ邸》（1913）などの設計、建築学校の設立など精力的な活動を展開した時期と重なっており、ロース自身が一生涯のなかでこのころの活動や言説を重視していたことがうかがえる。

またロースは自作に言及する論考が少ないが、《ロースハウス》に関しては「私の設計による最初の建物」「ミヒャエル広場の私の建築」などで繰り返し言及している。彼が（B）の編纂にあたって、建設から20年が経ったこの作品をとりあげたことから、ロースはこの建築をめぐってさまざまな批判を受け、それに対する反論を重ねるなかで建築論や思想を強めていった経緯をみずからの歴史として重視したと推察される。

一方、「国家経済」「芸術局のためのガイドライン」「都市住民が移住する日」など1918年以降はそれまでの論考では扱われていなかった国家や郊外住民をテーマとし、より社会に向けた論考が発表された。ロースはこの時期を自選集において相対的に重視している。これは第一次世界大戦が終了し、オーストリア＝ハンガリー帝国崩壊の後にオーストリア第一共和国が立国された時期と重なっている。またロースはこのころ、ウィーン市において入植者の住宅建設を指導する住宅建設局で主任建築家として働き、公団住宅の計画を複数作成している。論考のなかでも国家の政策に口をはさんだり、労働者の生活について細かに説いており、自国民をとりまく状況の急変と国家の新たな体制に強い興味を抱くとともに新しい時代の文化を牽引する者としての責任感を強く打ちだしていたことがうかがえる。

自選集と本書の性格の違い

ロースの遺した145編の論考のなかで、実現案か計画案かにかかわらずみずからの作品に言及した論考は13編と非常に少ない。かつうち10編は生前の著作集に収録されることはなく、補遺集として後年の（C）（D）（E）に収録された。それらはすべて今回みすず書房から刊行された『ポチョムキン都市』に収められている。すなわち、本書によってはじめて彼自身の建築作品論が大きく露出したのである。

しかし本書においても、またいつものごとくロースは建築家批判を続けている。自分が建築や家具をいかにデザインしたかを事細かに説明することは避け、それ以前に当時のウィーンの状況を人々に自覚させることや、すべてのデザインがどのようにおこなわれるべきか、建築に限らない多様なジャンルから説くことに重きを置きつづけた。ロースは建築や空間、家具を手がけながらも、当時のウィーンにおけるいわゆる「建築家」とは別種の存在としてみずからを強く意識しつづけたのであった。

「私は建築家と呼ばれるのはうれしくない。単純にアドルフ・ロースと呼んでほしい」（アドルフ・ロース「節約について」）

（早稲田大学中谷礼仁研究室　太田紀子）

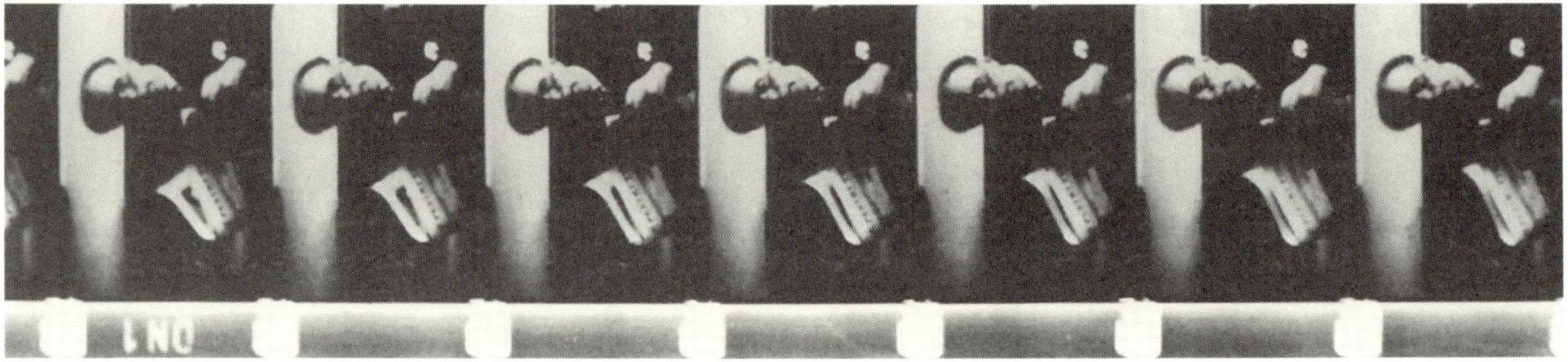

著者略歴

(Adolf Loos, 1870-1933)

オーストリアの建築家．1870年，モラヴィア地方ブルノ市（現チェコ共和国）に生まれる．ドレスデン工科大学で学び，1893年より3年間アメリカに滞在．帰国後ウィーンで建築家としてキャリアを積むかたわら種々の新聞・雑誌に多くの批評を寄稿．1922-28年，パリに拠点を移すも晩年はふたたびウィーンに戻って活動を続けた．1933年没．作品「カフェ・ムゼウム」（ウィーン 1899）「アメリカン・バー」（別称「ケルントナー・バー」，同 1908）「シュタイナー邸」（同 1910）「ミヒャエル広場に建つ建築」（通称「ロースハウス」，同 1911）「ショイ邸」（同 1912）「ホーナー邸」（同 1912）「ルーファー邸」（同 1922）「トリスタン・ツァラ邸」（パリ 1926）「モラー邸」（ウィーン 1928）「ミュラー邸」（プラハ 1930）ほか．

監修者略歴

鈴木了二〈すずき・りょうじ〉 1944年生まれ．早稲田大学大学院修士課程修了．建築家．早稲田大学栄誉フェロー．作品「物質試行 20　麻布 EDGE」（1987）「物質試行 37　佐木島プロジェクト」（1995／日本建築学会賞）「物質試行 47　金刀比羅宮プロジェクト」（2004／村野藤吾賞，日本藝術院賞）ほか．著書『非建築的考察』（筑摩書房 1988）『建築零年』（筑摩書房 2001）『物質試行 49　鈴木了二作品集 1973-2007』（INAX 出版 2007）『建築映画　マテリアル・サスペンス』（LIXIL 出版 2013）『寝そべる建築』（みすず書房 2014）『ユートピアへのシークエンス』（LIXIL 出版 2017）ほか．

中谷礼仁〈なかたに・のりひと〉 1965年生まれ．早稲田大学大学院前期博士課程修了．早稲田大学理工学術院建築学科教授．歴史工学・建築史．著書『国学・明治・建築家――近代「日本国」建築の系譜をめぐって』（波乗社 1993）『セヴェラルネス＋（プラス）――事物連鎖と都市・建築・人間』（鹿島出版会 2011）『動く大地，住まいのかたち』（岩波書店 2017）ほか．

訳者略歴

加藤淳〈かとう・じゅん〉 1972年生まれ．慶応義塾大学文学部卒業後，ベルリン工科大学ドイツ文学科に学ぶ．ベルリン在住10年を経て帰国後は翻訳，通訳，フリーライターとして活動．訳書ロース『虚空へ向けて』（アセテート 2012）『にもかかわらず』（みすず書房 2015）ほか．

アドルフ・ロース

ポチョムキン都市

鈴木了二・中谷礼仁監修
加藤淳訳

2017年9月5日　印刷
2017年9月15日　発行

発行所 株式会社 みすず書房
〒113-0033 東京都文京区本郷5丁目32-21
電話 03-3814-0131(営業) 03-3815-9181(編集)
http://www.msz.co.jp

本文組版 キャップス
本文印刷所 平文社
扉・カバー印刷所 リヒトプランニング
製本所 誠製本
書容設計 羽良多平吉@EDiX with ehongoLAB.

Printed in Japan
ISBN 978-4-622-08567-6
[ポチョムキンとし]